迎接
汽车革命

陈清泰◎著

中信出版集团 · 北京

图书在版编目（CIP）数据

迎接汽车革命 / 陈清泰著 . -- 北京 : 中信出版社，2018.1
ISBN 978-7-5086-8486-4

Ⅰ. ①迎… Ⅱ. ①陈… Ⅲ. ①汽车工业－工业发展－研究－中国 Ⅳ. ① F426.471

中国版本图书馆 CIP 数据核字（2017）第 316018 号

迎接汽车革命

著　　者：陈清泰
出版发行：中信出版集团股份有限公司
（北京市朝阳区惠新东街甲 4 号富盛大厦 2 座　邮编　100029）
承 印 者：三河市西华印务有限公司

开　　本：787mm×1092mm　1/16　　印　　张：16.75　　字　　数：205 千字
版　　次：2018 年 1 月第 1 版　　印　　次：2018 年 1 月第 1 次印刷
广告经营许可证：京朝工商广字第 8087 号
书　　号：ISBN 978-7-5086-8486-4
定　　价：48.00 元

目　录

导　言　Ⅲ

第一部分　汽车观念转变和政策转型

跳出传统思维定式看汽车 / 3
迎接中国大众汽车消费时代 / 8
汽车产业与汽车社会 / 17
把大众汽车消费引向可持续发展的轨道 / 24
从重视产业政策转向重视社会政策 / 31
建设节约型社会与交通节能 / 36
消费引导是“牛鼻子” / 41
汽车企业的自主创新和自主品牌 / 49
掌握核心技术，加强品牌建设/57
迎接汽车社会，培育汽车文明 / 69
由政策驱动向市场、政策双驱动转型 / 78
面对汽车产业的创造性破坏 / 83
创新引领与安全保障 / 92

第二部分　电动汽车和汽车产业振兴

电动汽车正在改变世界 / 99
改变交通能源结构势在必行 / 105
电动汽车的发展形势与展望 / 112
2016 年以来电动汽车的发展态势和传递的信息 / 118
电动汽车产业发展的战略和政策要点 / 125
放宽市场准入，探索新的生产组织模式 / 130
电动汽车发展需要稳定的预期 / 136
两种选择，两种结果 / 142
加快电动汽车发展的几点建议 / 147
走出电动汽车产业化困境 / 153
提高动力电池水平，支撑电动汽车发展 / 159
促进电动汽车发展中的政策创新 / 163
把握机会，未来愿景更加值得期待 / 169

第三部分　附　录

日本未来汽车发展战略 / 175
奥巴马的新能源计划和电动汽车政策 / 195
一盘未下完的好棋 / 204
汽车工业的亲历与思考 / 234
关于禁售燃油车时间表 / 252

导　言

我国自己制造的第一辆汽车——解放牌卡车1956年7月15日在长春第一汽车制造厂下线。次年我进入清华大学，就读于汽车专业。我的汽车情结引导我参与和见证了中国汽车产业半个多世纪的发展历程。

汽车是工业化过程最好的“带头产业”。改革开放后我国工业化进程加快，汽车产业发展越来越受到国家重视，但在那百废待兴的年代也引来诸多的争议。我1982年出任第二汽车制造厂总工程师，1984年任厂长。在这期间，为了获得企业发展项目的审批和政策支持，我不得不到处宣讲汽车产业发展的意义和规律，并解答来自各方面的争议。那时我用了不少精力研究汽车的属性、汽车产业与经济社会发展的关系和相关政策。

1992年我到了国家经贸办、经贸委。为了避嫌，我不再介入汽车产业的事务，但对汽车产业的思考并没有中断。

1998年我进入国务院发展研究中心，分工负责产业经济研究部。这使我有机会参与了不少有关汽车产业的调查和课题研究。

亚洲金融危机之后，为启动内需，在世纪之交，我国大众汽车消费由抑制性政策转向鼓励性政策。政策的大转弯使多年被政策压抑的汽车消费需求迅速释放，汽车的产销呈现爆炸式增长。

中国人的消费有明显的从众心理。无论是20世纪80年代初期手表、自行车、缝纫机的百元级“三大件”，还是90年代初期电视机、电冰箱、洗衣机的千元级“三大件”，都曾出现“排浪式消费”的特点。这一轮几万至十几万、几十万级的汽车消费来势之猛，几乎把发达国家曾用三四十年的汽车消费增长历程压缩到了十年。

但是，与前两类“三大件”不同，汽车消费需要强大的消费条件的支持，还需要全社会基于对汽车属性的深刻理解而形成的汽车文化。但是这一切我们都缺乏必要的准备。

近十年我国汽车产业可以用“飞速发展期”来描述，每年都有新气象、每年都有新问题。其中有汽车产业发展问题、汽车消费条件问题、能源环境问题，也有进入汽车社会面临的问题。我参与汽车发展研究侧重的是相关战略和政策。这可能与国务院发展研究中心的职业特点和我个人经历有关，因为我总希望结合汽车产业发展的不同时期，从战略性、前瞻性视角，尽我所能提出问题，引发人们的思考；从政策层面进行讨论，为政府和企业提出建议。进入大众汽车消费的初期，人们关注的是汽车产业的自身；进一步，关注的重点就转向了基础设施的支承能力、能源的保障能力和环境的承载能力。这些都是长期政策研究的重点，但是涉及的问题不仅于此。

与一般商品消费品不同，汽车消费有极强的文化道德示范和扩散效应。从这个意义上说，汽车社会是一所大学校。汽车消费的过程在众目睽睽的公众场合进行，具有流动性、展示性和可比性。这就使汽车选购、使用、驾驶等各个环节的消费行为不仅反映消费者自身的偏好，而且在向社会传播文化、展示道德风尚，会产生强烈感染力和模仿效应。

我深深地感悟到，进入大众汽车消费时代之后，居民的生活方式悄然转变，此时影响更加深刻和深远的是怎样形成良好的汽车文化、汽车文明和汽车社会，使汽车成为我国实现现代化的载体，推进社会进步的车轮，提高居民素质的平台。中国汽车社会的到来如此之快，以致我们缺乏这方面的理念和启蒙。当前和今后制约中国汽车发展的主导因素已经不在汽车产业自身。继续把汽车只看作一个产业，肯定是一种失误，现在出现的很多问题恰恰就是因为仅仅把汽车当作一个产业，而对汽车进入大众消费之后，对全社会的生产方式、生活方式、社会文化、社会道德带来的冲击，冲击的深度、广度和辐射力缺乏基本的认知。我在一些文章中尽力对此进行了“鼓与呼”。

全球金融危机使我国产业结构失衡的矛盾充分暴露，也对结构升级形成倒逼力量。2008 年国家在部署“4 万亿”拉动经济增长措施的同时，国务院领导召开座谈会听取促进经济发展的意见。之前我到吴敬琏老师家与他交换意见，我们一致认为，“4 万亿”可以稳住经济增长态势，但不能解决优化结构的问题；而淘汰落后生产能力，在相当程度上要以振兴有前景的产业为前提。在座谈会上，我提出别国经济不景气为我国产业和企业的快速追赶，甚至后来居上提供了机会。当前应当制定和实施产业振兴计划，促进包括电动汽车在内的具有先导性、带动能力强、条件成熟的产业有较快的发展，培育新的消费热点和新的产业增长支柱。

之后我和吴敬琏老师、发展研究中心的高世楫、张永伟、王青等成立了“培育新一轮经济增长的产业支柱与建设经济长期发展的体制环境”课题组，关注新兴产业的发展，包括电子信息、新能源、新能源汽车、电子商务、页岩气、医疗设备等。我们在电动汽车上下了不少功夫，陆续给政府提出了一些政策建议。本书收集的部分报告是课题组的研究成果。

本书共分为三个部分。第一部分是十多年来各个时期针对汽车产业发展和汽车社会形成提出的问题以及为政策制定者提出的建议。我想这些文字不仅是我国汽车产业快速发展中的历史记忆，也有许多是至今尚需补救和完善的工作进程。面对进入大众汽车消费阶段后出现的种种现象，我最想传达给读者的是，希望政府和社会更加关注汽车的属性，充分重视和努力培育中国的汽车文明及汽车文化，建设一个好的汽车社会。第二部分是电动汽车和汽车产业振兴。在中国成为汽车大国、努力实现汽车的技术跨越和产业追赶的时候，我们迎来了百年不遇的汽车动力技术的革命，使我真有一种“天赐良机”的感觉。这部分报告和文章的主要内容是对电动汽车发展形势的判断、发展战略和相关政策的研究。第三部分是附录，提供一些背景。

本书不是理论著述，大多数文章属于问题导向的政策研究，主要是针对汽车产业发展形势、出现的问题、遇到的体制掣肘和政策障碍进行分析判断，并提出解决方案和政策建议。其中有些问题在多篇文章中不得不重复提起。这主要是对问题的理解需要不断深化、形成共识，解决问题的方案需要反复磨合，而问题的解决也需要把握时机。例如放宽市场准入、低速电动汽车问题等。

本书主要为汽车企业、政府人员和相关学者研究十多年来中国汽车产业和汽车社会发展的脉络和政策提供参考。

第一部分

汽车观念转变和政策转型

跳出传统思维定式看汽车*

纵观当今世界，可能没有哪个发展中国家的哪个产业，像中国汽车产业这样受到全世界的瞩目。我想其深层背景主要有两个：一是有正在步入小康的13亿人口作支撑，这是一个全球最庞大的潜在汽车市场，不仅对中国，而且对21世纪世界汽车产业发展格局都会产生重要影响。开放和发展中的中国，正在成为一个巨大的汽车消费国，同时也完全可能成为有竞争力的汽车生产大国。二是中国汽车产业正在坚定地走向开放，人们关注的已不再是中国汽车产业是否应该参与经济全球化背景下的世界汽车产业“重新洗牌”过程，而是中国汽车产业应以何种方式、在何种程度上融入世界汽车产业的全球化浪潮。长期以来，人们担心中国汽车产业如此“幼稚”，以致一旦加入WTO（世界贸易组织），失去政府“呵护”的“民族汽车工业”将面临生存危机。然而，当我们迈入21世纪，越来越多的人清楚地看到：只要充分利用国内国际两种资源，在开放中寻求和实现竞争优势，中国汽车产业的前景并不悲观。相反，只要我们的体制和政策调整到位，汽车产业完全有可能成为未来中国经济发展中最具潜力和活力的新的经济增长点之一。

---

* 本文系作者2001年6月23日在北京召开的“WTO背景中国汽车产业发展战略与支持研讨会”上的讲话，有删节。

今天，在我们构想中国汽车产业未来发展、评估可能遇到风险的同时，应该清楚地认识并充分利用经济全球化和国际分工调整的机遇，跳出三种传统思维定式的桎梏，在更高层面上把握中国汽车产业的发展意义与趋势。

跳出汽车看汽车

汽车是经济持续增长的发动机。对于中国大众汽车消费，在国内外一直是一个有争论的问题。但总体而言，各国人均收入水平提高后，消费结构升级的共同轨迹，对中国人来说也难以绕过。也就是说，在解决了温饱、满足了一般家庭用具的需求之后，就会进入以住房、汽车为代表的改善生活质量的消费时代，这是不以人的意志为转移的社会进步规律。我国从发达地区开始正在梯级步入居民汽车消费时代。居民汽车消费一旦形成气候，就会创造一个年销售和服务额几千亿元，乃至几万亿元的持续增长的市场，从而构成以内需为主的经济发展模式的一块重要基石，是持续经济增长的动力之源。

汽车是产业结构升级的推进器。汽车产业的前向关联、后向关联和旁侧关联效应，使它荣登制造业皇冠的地位。这种集零件数以万计、年产量以千万计、保有量以万万计为一身的百年不衰的产品，在世界上几乎是绝无仅有的。在中国逐渐成为新兴汽车生产基地的同时，汽车产业将成为我国实现工业化的重要载体，制造业产业升级的领头羊。汽车可以带动的行业和产业面之宽，能包容和吸收各种新技术、新材料、新工艺、新装备之广，可形成的生产规模、市场规模之大，可创造的产值、税收和就业岗位之多，对国民经济拉动作用之大、之持久，对改善人民生活质量作用之显要，是其他产业难以相比的。这一结论已被诸多国家的实践所证实，正逐渐成为国人的共识。

汽车是“改变世界的机器”、推动社会进步的车轮。大众汽车消费对社会的影响，远远超出了汽车产业本身。汽车的广泛应用不仅会扩大人们的活动半径、加快社会活动节奏，而且会改变人们的距离和时间概念。在这个过程中，人们的生产和出行方式、居住选择、城市和乡村结构、生活方式、休闲方式、消费结构、商业模式也将随之改变，进而影响到就业结构、社会关系、沟通方式、活动节奏，以及知识结构、文化习俗等，使大家享受到先进的汽车文明，并逐步形成中国的“汽车文化”。轿车进入家庭还会增加国民在机械、电子、自动控制、能源、环境、社会和地理、法律等方面的知识，对社会进步产生巨大而深远的影响。人群良好的流动性不仅有利于统筹城乡发展和区域发展，减少沿海与内地、城市与乡村之间的差别，而且从长远看，它有利于各地生活习俗的共通、各民族文化和情感的融合，增强民族凝聚力。

跳出国门看汽车

多年来受经济体制、发展战略和国际环境影响，中国人梦寐以求地发展民族汽车工业。经过一代又一代人的不懈努力，初步形成了相对完整的汽车工业体系，为中国汽车工业全面发展培养了人才，奠定了产业基础。随着市场取向改革的深入和经济发展战略的调整，中国汽车工业原有的封闭模式逐渐被打破。进入 20 世纪 90 年代，经济全球化极其深刻地影响着全球汽车产业，使全球汽车市场竞争更加激烈，汽车的寿命周期缩短，技术开发投入大量增加，生产的经济规模不断提高，汽车市场的国际化推动着国际分工的重新调整和汽车企业的国际重组，使汽车进一步成为国际化产品。当年“民族汽车工业”发展成功的典型日本、韩国也不得不调整政策，适应全球化的开放与竞争格局。中国加入 WTO 将使对外开放进入一个新阶段。如果说高关税情况下外商为了进入中国市场，不得不带着产品和技术到中国合资建厂，中国企业还可以选择外商的话，那么随着关税水平的大幅降低，外商进入中国就有了两种选择：向中国汽车产业投资，或在周边国家设厂向中国出口汽车。新的形势使我们面临战略选择。此时，封闭式发展的历史条件已经不复存在，离开国际分工封闭地经营一个汽车市场、构建一个汽车制造体系已经不可能。在经济全球化背景下，任何一个国家都不会有全方位的比较优势。在现阶段，制造业恰恰是中国的优势所在，蕴涵着巨大的潜力。国际产业转移给中国汽车工业带来了新的机遇。如果我们充分利用已有的工业基础，以不断扩大的国内市场为背景，及早确定以“本土制造”、满足国内需求、力争实现净出口为目标，采取积极措施，放宽国内投资者的市场准入，同时投身国际重组，主动参与国际分工，我们就可以争取到一个有利的竞争和发展局面。

跳出汽车工业看汽车

在中国，汽车供应短缺的惯性使人们将目光过多集中于“汽车工业”，试图在制造业领域内解决中国汽车产业发展面临的所有问题。然而，近年越来越多的事实表明，影响汽车产业进一步发展的因素已经大大超出制造业本身，特别是受到来自市场需求因素的制约。当前影响中国汽车市场需求进一步扩大的主要因素集中在政策层面。面对大众消费时代的到来，政府可以有两种政策选择：其一是认为有能力购车者是当前富有人群，应当在他们购车时征收足够的税费，以补偿政府的需要。但过多的收费和繁杂的手续使购买者望而却步，在“买得起车，用不起车”的呼声中政府想得到的东西实际上也得不到。其二，改善汽车消费环境，政策导向由抑制转为鼓励，在“有车族”不断增加的过程中，政府可以持续获得税费收入以及增加就业、拉动经济增长的好处。究竟如何选择，道理不言自明。

从“汽车工业”到“汽车产业”的转变还意味着中国必须大力

发展汽车贸易和服务业。汽车制造业的激烈竞争使汽车产业的盈利向贸易与服务业转移，在世界经济全球化趋势日益加深的今天，以市场营销全球化、售后服务全球化和服务贸易全球化为核心内容的汽车服务业的全球化进程和汽车金融、电子商务等新型贸易方式的广泛应用，加快了国际竞争由制造业向贸易与服务领域延伸的步伐，这在很大程度上决定着21世纪全球汽车业的竞争格局。这些恰恰是我国汽车产业存在的严重缺陷。近年来风起云涌的汽车巨头间的跨国兼并与联合重组浪潮，一个重要目的就是通过贸易与服务领域的整合，优势互补，实现共赢。从“汽车制造业”到“汽车产业”的延伸，我们必须做出巨大努力，其中不仅需要产业界重新审视自身发展战略，还需要政府汽车政策的相应调整。

中国汽车产业正在成为世界汽车产业一个不可分割的重要组成部分。在21世纪世界汽车产业的大格局中，中国汽车产业的位置与作用，在很大程度上将取决于我们今天所做的选择与努力。

迎接中国大众汽车消费时代*

中国这样一个人口众多的大国，能不能发展汽车工业，怎样发展汽车工业，中国的平民百姓能不能拥有汽车，始终是一个争议不休的问题。在人均 GDP（国内生产总值）直逼 1000 美元水平的时候，这一争论已经转化为现实的矛盾。形势迫使我们必须做出战略性抉择。

我国未来 20 年经济持续增长的趋势和当前国际产业分工调整的机遇，为推进中国汽车产业在自主、开放中扩大竞争优势创造了极为有利的条件。中国汽车产业正进入重要机遇期。我们必须跳出传统思维定式，借鉴国际经验，在更高层面、更加全面地认识发展汽车产业对中国经济、技术、社会、文化进步方面的重要意义和可能产生的弊端，把握中国汽车产业发展的趋势。

中国进入汽车产业发展的重要机遇期

持续扩大的汽车市场展现出良好前景

在人均 GDP 接近 1000 美元时，随着汽车消费环境的改善，居民汽车消费潜能逐步释放，近年迅速转化为购车热潮。2002 年全国汽车销售量增长了 36%，其中轿车增长了 56%。进入“十五”规划的

---

* 本文系作者 2003 年 12 月 9 日在上海“汽车产业高峰论坛”上的演讲。

第二年，汽车销售量就达到“十五”规划结束时的目标，这是政府没有预料到的。值得特别注意的是以北京为例，在轿车销售中，私人购车占了97%。汽车服务业也得到了相应的发展。2003年汽车产销仍保持了快速增长的态势。这一切表明，2002年可以算是中国大众汽车消费的元年。

2002年和2003年汽车销售增长率是GDP增长率的4.2和3.5倍。这里既有长期压抑的购买力释放的短期因素，也有消费升级的必然原因。到2001年末，中国汽车保有量1820万辆，千人拥有汽车约13.8辆，不仅与120辆/千人的世界平均水平有很大差距，而且与同等发达程度的国家相比也相差很多。这个巨大差距就是汽车产业增长的广阔空间。十六大提出国民经济增长翻两番的目标，就是说到2020年的近20年时间，中国经济年增长率将大于7%。无论按GDP与汽车增长率的弹性系数，还是中国消费结构升级规律看，可以预料，未来20年是中国居民汽车消费高速增长期，汽车销售保持年均两位数增长是完全可能的。两位数增长是什么含义？以2003年400万辆、年增长率10%计，10年后的销售量将达到1038万辆；如果前5年增长15%、后5年增长10%，10年后的销售量将达1296万辆。可以预计这是世界增长最快的汽车市场，中国汽车产业有广阔的空间。

中国汽车产业开始步入良性循环

在加入WTO前后，中国政府采取了正确的政策，改善汽车消费环境，促进消费结构升级，居民汽车消费的能量逐渐释放，私人购车逐渐升温。以此为起点，中国汽车产业逐渐走向消费与生产的良性循环。

- 政府采取制止乱收费等在内的各种措施，使汽车消费环境不断改善。
- 私人购买汽车数量较快增长。
- 厂家产销量增加、成本降低，外资加快登陆、民营经济开始进入，市场竞争日趋充分，汽车价格陆续下调。

• 新的汽车产品不断推出，客户的可选择性增加，汽车金融、销售、保险、维修等配套服务逐渐完善。

• 汽车产业拉动经济增长的力量充分显现，对汽车产业应成为持续拉动内需的支柱产业形成共识，政府对包括道路条件在内的基础设施投入增加，汽车使用条件不断改善。

• 这一切又进一步促进了汽车消费。

近几年政府的政策调整与居民购车及厂家不断调整生产经营活动互动，逐步形成了面向大众的汽车生产、消费和服务的良性循环。

结构调整取得进展

市场竞争促进了结构调整，汽车产业在规模扩张的同时，结构不断优化。

• 大汽车公司整合基本到位，国有企业改革取得进展。

• 民营资本开始进入汽车企业，所有制结构得到改善，增强了市场竞争的活力。

• 零部件制造业迅速发展，汽车产业的社会化分工、专业化生产水平进一步提高，生产组织结构升级。

• 轿车市场份额较快增加，商用车中重型车、轻型车和柴油车比例提高，市场结构进一步优化。

• 新投放市场汽车的技术含量普遍提高，逐步达到当代世界水平。

• 汽车“前市场”，如汽车金融、汽车广告、消费咨询、销售网点等，和汽车“后市场”，如汽车维护、保养和修理、零配件、材料供应、二手车市场和汽车保险业、汽车休闲等快速成长，汽车产业结构的整体雏形形成。

• 国际汽车巨头进入中国，国内汽车和零部件企业参与国际重组步伐加快，中国汽车产业进一步融入国际汽车产业体系。

汽车产业结构的优化为产业发展创造了条件。但是结构优化不是一次性的。正在形成的结构不断优化的机制更具有本质意义。

把握汽车产业发展的机遇

进入新世纪，中国汽车工业迎来新的发展阶段，面对加入 WTO 的形势，可以说挑战与机遇并存。

亚洲金融危机后为扩大内需，政府着手改善汽车消费环境，被政策压抑的居民汽车消费潜能逐步释放，近年迅速转化为购车热潮，全国汽车销售量连年激增，2002 年突破了 320 万辆，增长了 36%，其中轿车销售了 120 万辆，增长了 51%。进入“十五”规划的第二年，汽车销售量就达到了“十五”规划结束时的目标，这是政府没有预料到的。值得特别注意的是以北京为例，在轿车销售中，私人购车占了 97%，汽车服务业也得到相应的发展。这在中国历史上都是前所未有的。这一切表明，2002 年可以算是中国大众汽车消费的元年。

2003 年中国汽车的生产与销售仍保持了快速增长的态势。据国家统计局统计，1—8 月全国生产汽车 278. 18 万辆，同比增长 35. 99%，其中轿车 122. 34 万辆，同比增长 91. 72%。1—8 月全国销售汽车 272. 35 万辆，同比增长 30. 65 万辆，其中轿车 115. 75 万辆，同比增长 72. 61%。这在全世界是绝无仅有的。

2003 年是中国加入世界贸易组织的第二年，汽车进口关税比 2001 年有较大幅度的降低，1—7 月汽车零部件进口额 35. 4 亿美元，轿车进口 6. 1 万辆，同比都有较大幅度的增长，但从整体来看，国内市场没有受到严重冲击。

从改革开放后的经历可以看出，中国居民消费有“排浪式”的特点。当某一产品消费的内外条件具备时，就会形成一股强大的消费浪潮，这个产业随之成为高增长产业，构成一段时间内拉动中国经济增长的主导力量。在冰箱、彩电、空调等千元级消费热潮过后，城市消费悄然升级为汽车、住房等万元和十万元级的消费。与很多发达国家一样，住房、汽车、电信等在相当长的时间内将成为中国高增长产业、带头产业，成为拉动中国经济增长的“火车头”。

随着人均 GDP 的增长，居民消费结构升级是有规律性的。在几乎所有发达国家，老百姓在满足吃、穿、用后，消费重点即转向住房、汽车等以改善生活质量为标志的产品和服务。这个消费升级的规律在中国也不能绕过。按十六大建设小康社会的目标，未来 20 年，中国经济增长将保持年均 7% 以上，人均 GDP 将由 1000 美元增长到 4000 美元。可以预计，在这期间居民汽车消费量将保持两位数增长。

两位数增长是什么概念？如果每年递增 10%，10 年后的年汽车销售量将达到 830 万辆，如果年增长 15%，将超过 1290 万辆。那时，中国人均汽车保有量还远未达到世界平均水平，也未达到同等人均 GDP 国家的平均水平。如果以销售 1000 万辆，每辆车 10 万元计，年汽车销售总额将达 1 万亿元。由于汽车保有量增加而增加的消费量将达到几千亿元。为保证汽车正常使用，每年将增加基础设施投入几千亿元。由此，汽车产业将稳固地成为中国经济增长的支柱。

但是汽车消费增长这个诱人的蛋糕谁来分享？

经济全球化是一把双刃剑。在我们可以利用国际市场加快发展的同时，中国的市场也成了各国企业驰骋的疆场。如果中国本土汽车企业没有能力或缺乏足够的竞争力，那么诱人的中国汽车市场将被国际竞争者吞食。

在中国几代汽车业界人士企盼的汽车产业黄金时代到来之际，我们多少又有些迷茫，我们准备好了吗？换言之，汽车消费的高速持续增长只是一种潜力，能否变成现实的汽车消费，对我们来说，还是巨大的挑战：

- 汽车消费政策到位了吗？
- 汽车消费环境能适应居民汽车消费的要求吗？

- 汽车产业政策能保证中国汽车消费的持续性和制造业的竞争力不断提高吗？
- 基础设施的建设跟得上吗？
- 城市规划和改造在多大程度上考虑了家庭拥有汽车这一新形势？
- 能源需求如何保障？环境容量许可吗？
- 对汽车企业而言，在全球化背景下我们的汽车产业结构能适应市场需求快速增长、国际竞争日益激烈的形势吗？我们汽车产业的结构优化，企业重组进行得如何？汽车作为一个国际化程度很高的产业，我们在利用国际机会、参与国际分工方面做得怎样？
- 面对汽车消费量的持续增长，10 年间有可能增加 700 万辆的年汽车销售量，意味着平均每年要有两个以上年产 30 万辆汽车的工厂投产。我们生产的汽车质量、品种和能力能适应吗？
- 要走向汽车和零部件的“中国制造，全球销售”，我们的竞争力能与国际对手一比高低吗？
- 在汽车制造竞争激烈，利润摊薄的同时，包括汽车金融在内的汽车服务领域却在扩大，利润空间在拓宽，对此我们做好准备了吗？
- 更值得研究的是，由此而需要的技术开发、生产管理、营销业务、汽车金融、售后服务等大量高水平的人力资源从哪里产生？

汽车消费大众化面对诸多挑战

在汽车走向家庭的进程中，中国面对着诸多方面的挑战。我们应借鉴国际成熟经验，尽早制定科学的应对策略。

一是来自能源问题的挑战。2000 年，我国机动车消耗的石油为 6560 万吨，约占全国总石油消费的 1/3。据预测，2010 年和 2020 年机动车的燃油需求分别为 1.38 亿吨和 2.56 亿吨，为当年全国石油总需求的43%和57%。由于国内的石油储藏量和开采量有限，新增的石油需求将越来越多地依赖进口。高对外依存度将影响国家的石油安全。所谓石油安全就是可以保障必要的数量，而且价格可以被社会接受的持续的石油供应。所谓石油不安全主要体现在石油供应突然中断或短缺和价格暴涨对国家经济造成损害。应在准确把握现代国际石油市场和石油地缘政治特点的基础上，树立我国正确的石油安全观，并采取综合措施保障石油安全。而提高燃油经济性和开发替代能源是汽车能源战略中的两个重要领域。

二是来自环境问题的挑战。随着汽车保有量的增加，我国汽车污染物排放总量也日趋上升。2000年一氧化碳排放量达到3000万吨，氮氧化物排放量也达到380万吨。在北京、上海、广州等大城市的市区，机动车排放已经成为一氧化碳、氮氧化物、碳氢化合物等污染物的第一大污染源。据中华人民共和国环境保护部预测，2005年我国机动车尾气排放在城市大气污染中的分担率将达到79%左右。尽管目前我国的大气污染仍以煤烟型为主，但从环境变化的趋势看，如果不能有效控制汽车污染，汽车尾气污染的分担率将日趋上升，城市污染也将从煤烟型污染向汽车尾气型污染转化。通过多种途径降低燃料消耗、发展清洁能源技术是通往经济社会可持续发展的道路。

三是来自交通问题的挑战。我国许多大城市交通状况欠佳，机动车平均车速很低。在交通高峰期，北京市市区一些主要道路的车速仅每小时11公里左右，这与自行车的速度差不多。这就形成了一个悖论：为便于出行，获得更高的速度而买车；私家车越多交通越拥堵，反而失去了效率和速度。在国际上可以举出不少城市规模不及北京，汽车拥有量大大超过北京，而交通状况相当不错的例子。重要的是必须用新的理念规划城市、调整交通结构，改进交通管理。

正确处理好几个关系

对于中国大众汽车消费，在国内外一直是一个有争论的问题。但总体而言，各国人均消费水平提高后，消费结构升级的轨迹，对中国人来说也难以绕过。就是说，在解决了温饱、购足了一般家庭用具之后，就会进入以住房、汽车为代表的改善生活质量的消费时代，这是不以人的意志为转移的社会进步规律。重要的是要正确处理好几个关系。

一是政府政策引导与居民自主选择的关系。政府的责任不是规定此时居民只能消费什么，不能消费什么，而是从长期、可持续发展的公众利益出发，制定政策，加以引导。与此同时，尊重居民购买汽车、享受汽车文明的权利，把消费的选择权交给居民。

二是公共交通与私人交通的关系。在我国，大城市应以公交为主，这是人们的共识，但不应与私人拥有交通手段相对立。公共交通与私人交通不能构成完全的替代关系。要合理设计不同规模城市的交通结构和居民出行方式，同时给居民以出行方式的选择权。正如东京、巴黎、伦敦、纽约等大城市，人均拥有汽车数很高，但发达的城市公交系统使人们在正常工作生活中可以不使用个人交通工具。

三是大众汽车消费与基础设施的关系。汽车消费与基础设施是互动促进的关系。不应当因一时基础设施不足，就简单地限制居民的汽车消费。只有在合理的政策框架下，形成基础设施不断完善与汽车消费不断扩大的良性循环，才能使汽车拉动经济增长的潜力充分发挥。

四是汽车消费与能源环境的关系。能源和环境是制约汽车消费可持续的主要制约因素。私人交通工具由个人享受，而消耗资源和损害环境的后果却由全社会负担。这种“外部性”使完全靠市场调节不能实现持续发展，需要政府发挥作用。在中国大众汽车消费起步之时，就应当用税收、价格等经济手段，用法规、法令等法律手段以及标准、透明度等工具，把居民消费引导到能源环境可承受的范围。

五是大众汽车消费与社会进步的关系。大众汽车消费不能只看作一种经济现象，它是可以改变社会、推进社会文明进步的有效工具。如果有所准备、正确引导，无论在提高人们的守法意识、提高社会活动节奏、调整城市和农村结构、融合区域间文化差异、改变人们的休闲和生活方式等方面都可以发挥不可替代的作用。

汽车产业与汽车社会*

中国汽车工业顺利度过了加入WTO的过渡期，大众汽车消费不断升温；汽车产业拉动经济增长的格局已经显现；中国汽车产业布局初步形成；市场竞争愈加充分；汽车消费和生产对全社会的渗透作用和影响力快速扩展。与此同时，中国汽车产业与能源、环境等的矛盾也迅速上升。种种迹象表明，中国正快步进入汽车社会。

汽车社会涉及的领域十分广泛，对当前和未来的经济、社会、人文影响极其深刻。这些影响有正面的，也有负面的。在进入汽车社会的起点，政府面临一系列需要认真研究和解决的问题。此时，以怎样的理念、采取怎样的政策，将决定国家和居民能否更多分享汽车社会的正面效益。

随着形势的发展，政府应及时从对汽车生产经营的微观干预中淡出，国家有关汽车政策关注的重点应及时转向迎接汽车社会所面临的机遇和挑战。

由关注汽车制造业转向关注汽车产业链

工业化是一个复杂的系统构建过程，往往需要有“带头产业”

* 本文系作者2007年10月29日在上海中欧商学院召开的“国际汽车峰会”上的演讲。

的拉动。以带头产业的发展，对相关产业提出需求、促进技术进步、为相关产业提供市场，拉动产业结构升级。中国曾提出“以钢为纲”“以粮为纲”，就是选择带头产业的尝试。但由于选择不当，没有取得成功。

汽车是可以被大众消费的最终产品，具有产业链特别长、产业规模特别大和技术密集、资本密集的特点。这个集“零件数以万计、年产量以千万计、保有量以万万计”于一身，能不断吸收当代众多领域的科技和产业成果，而又百年不衰的商品，在世界上几乎是绝无仅有的。这就使它登上了制造业皇冠地位。

汽车可以带动的行业和产业面之宽，能包容和吸收各种新技术、新材料、新工艺、新装备之广，可形成的生产规模、市场规模之大，是其他产业难以比拟的。这就使汽车产业成为工业化最为理想的“带头产业”。无论是100年前的美国，还是“二战”后的日本、德国和近代的韩国，都曾有意无意地把汽车产业当作带头产业，拉动产业结构升级，并取得了很大成功。

当代，用引进的产品、引进的装备、引进的零部件、引进的主要原材料加工组装汽车，并不是一件非常困难的事，但这样的“本土制造”只是外资的一种销售模式，对当地的产业升级很难有引领作用，不是我们的政策目标。

在汽车工业规模化发展格局形成后，政府应更加关注如何发挥汽车工业助推工业化的积极作用，政策的重点应转向关注整个产业链，特别是产业链中的薄弱环节，把一个个瓶颈当作本国企业技术进步的命题、产业升级的突破口。在这些领域，有汽车产业强大的需求拉动，政府有限的政策投入，就会产生较大的政策效果。汽车作为带头产业，在持续拉动产业结构升级的过程中，将使自身立足于根深叶茂的科技、工业基础之上，使汽车这朵“工业之花”保持绚丽和光彩。

由专注汽车产业自身转向更多关注汽车产业外部性因素

汽车是个耗能、污染环境和需要大量基础设施支持的产品。制约汽车消费持续性的主要因素不在汽车产业内部，而是涉及能源、环境、交通通畅和交通安全等外部性因素。中国汽车能耗在石油消费中，2000 年占 1/3，2010 年预计超过 40%，2020 年将达到 57% ~ 60%；在一些大城市，机动车排放的一氧化碳、氮氧化物、碳氢化合物很快成为第一污染源；有的城市，如北京交通高峰期，主要道路平均车速只有 11 公里/小时；另外，多年统计表明，全国非正常死亡中交通事故是第一杀手，一年夺去约 9 万人的生命。

可以看出，汽车是一个外部性很强的产业。厂商在汽车产销和服务中获得了利润，消费者因拥有私人交通而提高了生活质量；由这一过程而消耗的资源、损害的环境和带来的交通安全损失却留给了社会。在这些市场失灵的领域，政府应从社会公众利益出发，通过设定市场准入门槛、利用技术法规、税费等工具进行调控，发挥不可替代的作用。例如，有步骤地提高燃油消耗量限值标准、汽车排放标准和汽车安全标准等，对可能产生负面影响的部分，设定市场准入门槛，促使厂家改进技术、制约粗放型发展。同时，实施对节能、环保汽车的经济性激励和对大型、高油耗汽车的经济性限制政策，引导厂商的研发、投资和生产经营行为。

由侧重经济性管制转向更加关注汽车消费政策

较长时期以来为抑制过度投资和提高产业集中度，政府强化行政审批，从生产侧对汽车产业的准入、投资等进行了严格管制。这一政策在抑制地方政府对汽车的投资热中发挥了一定作用。但随着形势的变化，过度的经济性管制，也产生一些负面效果。例如 1994

年和2004年发布了两个“汽车产业政策”。一个共同的侧重点是从投资、生产侧进行严格控制，产生的负面效果是“管制越严格，低水平重复的冲动越严重”“放行了外资、堵住了民企”。如奇瑞、吉利等都冒险走过了非常扭曲的途径，才免于被扼杀在摇篮中。再如，“十五”规划规定，2005年中国的汽车产量320万辆，而这一年实际销售了571万辆。如果严格按计划目标控制生产能力，那么2005年社会需求的44%就得依赖进口。

实践证明，在市场经济体制逐渐完善的今天，政府必须尽快从代替市场的角色中淡出。在市场约束比较充分、产权约束逐步到位的情况下，政府的政策重点应及时由投资、生产侧的经济性审批，转向更加重视对消费需求引导。

实现汽车产业可持续发展，最终取决于居民的汽车消费方式和消费行为。制定和实施汽车消费政策具有特别重要的意义。

是否购买汽车，是居民在一定的消费环境条件下的自主选择。在竞争性市场中，不是厂家生产什么，居民只能消费什么。相反，居民有什么消费偏好，厂商就会追踪研发、生产什么和生产多少。而居民的消费倾向在很大程度上取决于由政府提供的消费环境。美国特殊的消费环境导致大型车盛行；西欧国家的消费政策造就了对小型、节能车的偏好。从这个意义上说，政府通过制定和实施符合国情的汽车消费政策，创造可持续的汽车消费环境，就能抓住汽车产业的“牛鼻子”。例如，燃油价格充分反映能源的稀缺程度，就能引导节能型汽车的普及；进一步拉大不同排气量汽车的消费税费，会鼓励小型车的消费；对节能环保效果特别明显的汽车采取减免税费等激励政策，会刺激购买节能环保汽车；对排量特别大的汽车，加收“油老虎税”，会抑制对大型、高耗能汽车的偏好；市中心或繁华地段提高停车费等措施，会鼓励居民使用公共交通。如此等等。

在放弃对企业直接干预后，政府有足够的政策工具对汽车产业进行调控。只要设定科学合理的目标，政府总可以制定出适当的消费政策，引导居民的汽车消费倾向；而消费者的“货币选票”又是对厂商研发和生产的强烈导向，最终形成汽车生产、消费的良性循环。

由专注汽车产业本身转向关注汽车社会

汽车是“改变世界的机器”，它的影响远远超出了汽车产业自身的范畴。汽车消费普及到一定程度，特别是轿车较大规模进入家庭后，个人有了交通工具，距离和时间的概念就发生了变化。在这个过程中，不仅会改变人们的生产和出行方式，而且会改变城市结构和就业结构，改变人们的区域概念、住地选择、消费结构、商业模式、生活方式和休闲方式，改变人们的社会关系、沟通方式、活动节奏，以及知识结构、文化习俗，逐步形成中国的“汽车文化”。

“汽车社会”带来的变化是悄然发生的。国际经验显示，这是极其深刻的系统性的社会变化。如果有所准备，正确引导，不仅会拉动经济增长，而且会提高居民生活质量、推进社会进步；如果对这一形势准备不足，或引导不当，要么可能错过推进经济增长、提高居民生活质量的机会，要么由于盲目性而带来资源、环境和社会等方面的灾难性后果。因此，在进入汽车社会的起点，应该就未来城乡居民出行方式和物流运输模式，城乡布局和城市结构，交通网络和基础设施，交通效率和交通安全，汽车能源结构、能源安全、替代能源和节约能源，汽车减排和生态保护，发挥汽车带头产业作用和与汽车相关的服务业发展，以及汽车文化等，经科学论证和反复研讨，形成具有前瞻性、全局性、战略性的大思路和顶层政策框架，这是当务之急。以顶层政策框架指导政府部门制定具体政策，给厂商和消费者以一致性的、稳定的预期，才能引导中国的“汽车社会”朝着有益于社会进步、可持续的轨道前进。

注重政策与政策目标的一致性

目前，为应对因汽车保有量增加不断出现的问题，相关部门和地方不断出台有关政策。在缺乏顶层政策框架指导的情况下，不时暴露出顾此失彼的矛盾。

政策间不一致。如一方面期盼发展本国资本为主的汽车工业，另一方面又设置种种障碍，在外资已全面进入的背景下，事实上是限制了内资特别是民营资本的进入；一方面实施节能优先政策，另一方面对成品油价格、燃油税等的改革迟迟不出台。偏低的油价与偏高的车价相叠加，政策效果是鼓励消费大型车。一方面制定了汽车减排和提高油品质量标准时间表；另一方面，由于油价倒挂、炼油亏损，炼油企业没有通过技术改造使燃油质量达标的积极性。

部门间不协调。如企业逐渐发现，第三阶段汽车排放标准能否在2008年实施，政府部门间看法并不一致。炼油和汽车企业大都左顾右盼，谁也不愿贸然先行投入达标的燃油和汽车，以免遭受市场损失。2003年中华人民共和国环境保护部发文，要求对先进柴油机轿车的生产使用“不应采取歧视性政策”，但至今主要大城市“柴油车不能进城”的禁令依然没有解禁。

政策执行不到位。如汽车燃油消耗量限值标准已经出台，二阶段排放标准已经执行。但据抽查检测结果，不同地区、不同厂家的差异性极大，不达标的产品可以销售，就把守法企业推到了劣势地位。

政策不稳定。如一些城市一度提倡汽车使用液化天然气，还设立加气站网。几年后的今天，液化天然气汽车已经很少看到。2006年1月生效的《可再生能源法》鼓励开发可再生能源，但只有原则，没有细则。在石油价格不断走高的情况下，企业的大量投资涌向燃料乙醇、煤制油和煤制甲醇等。许多项目尚未建成，政府又紧急叫停，使很多投资者陷入进退两难的境地。

无论是政策与政策目标不一致、政策间相互矛盾，还是政策执行不到位、政策缺乏稳定性，都在发出不一致的信息。这不仅使多数人无所适从，而且企业和消费者都可以按自己的偏好解读政策，不同的行为取向都可以找到政策依据。结果，出台的政策很多，但不能为实现总的政策目标形成合力，使政策效力大打折扣。

为应对加入 WTO 的严峻形势，国家制定和实施了一系列政策，使中国汽车产业顺利度过了过渡期。随着形势的发展，政府政策的重点应当及时调整。

把大众汽车消费引向可持续发展的轨道*

汽车产业发展必须考虑的最重要因素是可持续性。为使大众汽车消费产生好的效果，首先应发挥市场作用，这是不容置疑的。中国汽车产业和汽车工业发展中的许多问题离开了市场作用是不可能解决的。但是，由于汽车生产和消费涉及能源、环境、安全等大量“外部性”因素，离开了正确的政策导向，仅靠消费者和厂商的自发倾向和市场那只“看不见的手”并不必然能走向可持续发展。

汽车是高价值的耐用消费品，只有明确的消费导向政策和稳定的消费环境，才能抑制过度消费和奢侈性消费，引导居民走向与资源环境水平相一致的汽车消费。汽车的研发和生产具有长周期、高投入的特点，国家有关技术法规升级时间表、可预期的法律环境和经济政策，可以把厂商的资金引向有效投入。汽车又是一种大量耗能、影响环境的产品，需要一套科学、严谨的政策和法规，才能引导汽车生产和使用走向节能、环保和安全的可持续轨道。

因此，借鉴国际经验，从中长期着眼，制定汽车消费可持续的法律、政策框架，使大众汽车消费始终与我国经济和资源环境水平相一致，是政府和社会必须高度关注的重大问题。以法律、政策的稳定性，给消费者、厂商和服务机构以长期、稳定的预期，一方面

---

* 本文系作者 2004 年 6 月 7 日在“北京国际汽车论坛”上的讲话。

可以有效引导大众消费，另一方面可以积极影响厂商的开发和投资计划。目前，在缺乏有效政策引导的情况下，居民汽车消费快速增长和汽车产业大量投资，从某种意义上说，带有一定的盲目性。政府有关政策、法律框架早制定、早颁布和早实施，会少走弯路，少支付十分昂贵的学费。

为此，必须有政府、企业和消费者的共同努力。汽车大量进入社会后，汽车与经济、社会、环境协调发展所涉及的问题远远超出了汽车投资和生产层面。消费者应牢固建立节能和环保意识；厂商应主动承担起“企业公民”的社会责任；而政府政策的重点应转向汽车生产与消费的“外部性”问题，即节能、环保与安全等问题。要从引导和释放汽车社会积极效应出发，关注汽车产业，从汽车产业的可持续发展看待汽车工业。其中政府的有关政策和法律框架处于基础地位。

当前至少有以下几个方面应当引起重视。

设定清晰而富有远见的汽车产业的战略目标

- 把节约资源、改善环境放到优先位置。在进入“汽车社会”的起点，就要以能源消耗最少、环境污染最小为前提，保障大众汽车消费的可持续性。

- 注重基础设施建设和与汽车相关的行业、服务业以及配套领域的发展，使通过汽车消费提高居民生活质量和推进社会进步的目标顺利实现，使汽车产业稳定地成为扩大内需、拉动经济增长的主要动力。

- 发挥汽车产业链条长、包容新技术能力强的特点，把汽车作为战略产业，使之成为技术进步的重要载体、产业结构升级的领头羊。

- 主动参与汽车产业的国际分工、重组，引进战略投资者，优化产业和企业结构，壮大本国、本土企业，提高技术水平，成为汽车产业强国，实现大宗汽车产品的净出口。

制定汽车消费政策，引导大众汽车消费

汽车消费政策有两方面的任务：一是净化汽车消费环境，废止各种抑制性政策，使汽车消费成为稳定的拉动内需、促进经济增长的主要动力。二是使居民汽车消费与中国小康社会的经济水平相适应，与资源环境可持续发展相协调。其中车型结构是影响燃油消费总量的主要因素。

总体而言，在中国大众汽车消费起步之时，与人均 GDP 只有 1000 美元的水平相比、与资源环境的制约条件相比，车型结构不尽合理。在中国大城市，轿车的排量、车身尺寸、汽车重量的平均水平不仅比 20 世纪 50 年代欧洲、60—70 年代日本大众汽车消费起步时高了许多，甚至比今天欧洲一些大城市的平均水平还要高。由此使中国轿车平均百公里油耗高于欧洲和日本，略低于美国。对刚刚走出低收入国家的中国来说，这过于奢侈了。2003 年，高燃油消耗的 SUV（运动型多用途汽车）四轮驱动车销量增长 180%，在各类车中增长最快，至今势头不减，就是例证。

造成这一结果的原因，一方面是长期受官本位的影响，人们不仅把汽车作为身份的象征，而且更不应该的是，不少城市对燃油消耗量较低的小型车、两厢车、柴油车不断出台歧视性政策，使消费者产生不稳定的预期。这种强烈的逆导向人为地扭曲了大众汽车消费起步时的车型结构。

另一方面，中国轿车价格比国外高许多，而燃油价格又比主要国家低了许多。在没有税费政策引导的情况下，这就使居民较多考虑的是买车时的一次性投入，较少顾及使用过程中燃油消耗量高低和相关税费的影响。只要有一次性购买能力，就倾向于选购较大车型。

就现在的技术，节能环保的小型车同样可以做得舒适、安全、美观和高性能。因此，在大众汽车消费的起点，政府就应向社会明确无误地传达鼓励低油耗、少污染和限制奢侈的汽车消费政策。我们应借鉴国际经验，在汽车购置、保有和运行环节都应以促进节能和环保为原则实行差别税费。例如，按汽车重量或发动机排量或百公里耗油量实行差别税费，鼓励购买和使用重量轻、排量小、污染少、油耗低的汽车。

制定基于节能和环保的燃油政策

燃油政策包括燃油清洁化政策和节约政策。城市大气污染中，机动车排放所占份额逐年上升，并将由煤烟型污染为主，转变为汽车尾气型污染为主。燃油清洁化对改善机动车排放具有基础意义。目前中国燃油质量与国际水平有较大差距，要以改善城市大气环境的需要为依据，制定分阶段的长期燃油改善计划；配合机动车排放标准提高及实施的时间表，制定燃油质量标准提高和实施的时间表。

在今后20年或更长一段时间内，可以预计机动车燃油消耗不仅是中国石油消费总量中增长最快的部分，而且所占份额很快就会上升为第一位。中国新增石油消耗的绝大部分依赖进口，石油安全已经成为国家经济安全的主要因素。汽车节油是国家石油战略的核心部分，是降低石油风险中最现实、最有效的战略。

燃油税政策是调节汽车消费和发展节能技术最有力的经济杠杆，各国都十分重视用燃油税调节需求、推动节油技术发展。国际能源署的一份研究表明，燃油价格上升1%，美国居民燃油需求减少0.22%，欧洲减少0.84 %，日本减少0.26%。减少的幅度与各国的燃油税水平大体一致、与新型节油车上市和销售比例增长相一致。也就是说，燃油税对用户的节油倾向作用明显，对厂家节能技术发展有强大的推动作用。

在不同国家，燃油税是影响燃油价格的主要因素，而不同的油价水平导致了差异性很大的车型结构。以汽油为例，美国税率为30%，日本为120%，德国为260%，法国为300%。最高与最低税率竟差了10倍。美国的低油价政策导致美国轿车普遍偏大、偏重，油耗偏高；欧洲的高油税政策促进了节油技术的发展和小型车的普遍使用。中国目前燃油价格中不含税，因此与主要国家相比，价格最低。如折合美元计算，2003 年每升汽油，中国 0.32 美元，美国 0.43 美元，法国 0.97 美元，德国 0.99 美元，日本 1.0 美元，英国 1.22 美元。中国的油价不足欧洲的 1/3。从长期看，中国目前的低油价政策会带来严重的后果。类似美国的油价，会导向“类美国”的车型。这是中国人口、资源、环境无法承受的。实质上鼓励高耗油的政策，一方面导致居民选购和使用汽车时较少顾及燃油消耗，另一方面会削弱厂家开发节能车型、发展节能技术的动力，最终，必然加剧能源的供需矛盾和环境保护的压力。

中国汽车燃油税方案已经制定，应择机出台。在实施中需要进一步研究的是，现在的燃油税方案仅包括养路费的含量，这一政策力度是否能对汽车节油发挥足够的导向作用。

制定燃油经济性限值标准

在石油危机冲击下，1975 年美国制定了强制性汽车燃油经济性法规，并于 1978 年生效，要求各汽车公司出售汽车平均燃油消耗达到国家规定的标准。这项法规的执行，使美国新生产的轿车平均燃油经济性从 1975 年 6.8 公里/升，提高到 1986 年的 11.8 公里/升；新的轻型卡车由 5.9 公里/升，提高到 8.9 公里/升。10 年间燃油经济性提高了 73.5% 和 50.1%。和标准实施前相比，仅 2000 年美国节油 1.9 亿吨，节约资金 920 亿美元。这是一个很好的政府调控的案例。

中国燃油经济性现状，以每升燃料行使里程计算，与日本 2000 年目标相比低 24.7%，与欧盟第二阶段将达到的目标相差高达 48.4%。

根据中国汽车技术中心的一份研究，以 2000 年中国汽车燃油经济性为基准，对乘用车实行以重量分组的强制性燃油经济性限值标准，平均百公里油耗将逐年降低。考虑到汽车保有量增长的因素，到 2020 年，按低方案当年可节油 4000 万吨，中方案节油

5000万吨，高方案节油6000万吨。高方案2020年节油量相当于2000年中国石油进口总量，并可减少相应的碳排放。

制定和实施越来越严格的排放标准

发达国家通过制定和实施越来越严格的汽车排放法规，在千人保有汽车400—700辆的情况下，仍保持了较好的环境状况。这对我们具有重要借鉴意义。我们要通过制定和实施越来越严格的排放标准，控制汽车对环境的污染。但是，标准的制定和实施是一项技术性很强、对经济社会影响重大的举措，必须用科学的方法推进。

首先，新标准是对新车的要求，新标准对在用车不具有追溯性，即不能用新标准要求其出台以前的车辆。因为居民过去购买汽车时是符合当时国家标准的。在它的寿命周期内用新的标准来要求，既侵犯了消费者权益，也缺乏依据。

其次，与实施燃油经济性限值标准一样，实施新的排放标准必须给出必要的准备期。因为生产符合新标准的汽车，涉及庞大的系统升级和改造。在准备期，汽车制造厂商要进行技术开发和生产准备，石油化工企业要开发相应的燃油、改造工艺流程，并能大量生产和普遍供应，还有新标准的监督、检测方法，相应的检测系统改造，以及汽车售后服务、备品备件的准备等都需要一个准备期。

因此，政府应统筹经济技术和资源环境因素，从长计议，经科学论证，及早制定并颁布中长期的汽车排放标准升级时间表。一方面，保证政府官员和专业人员从交通可持续发展的角度考虑污染控制，提高社会性管制的科学性；另一方面，使厂家以长远眼光考虑开发新的技术、进行技术改造。

把握参与国际重组的机会

中国加入WTO，意味着包括巨型汽车跨国公司在内的外资企业进入中国市场拥有法定的权利。对于世界上独一无二的巨大潜在汽车市场，任何一个大型汽车公司都不会放弃这一权利。

从中长期来看，中国持续增长的汽车大市场，能够构成经济规模。如果战略、策略把握得好，中国制造的汽车和零部件在充分满足国内需求的同时，将来完全可能实现净出口。

汽车是典型的国际化产品，随着经济全球化的迅速发展，中国离开国际背景独立发展汽车业的可能性逐渐消失。面对这一形势，我们关注的不应是中国汽车产业是否应该参与世界汽车产业“重新洗牌”的过程，而是中国汽车产业抱以什么目标、以何种方式、在何种程度上融入世界汽车产业全球化浪潮，才更能发挥优势，分享更多的利益。中国汽车产业正面临重大的战略选择。为此，政府必须调整有关政策，企业必须制定中长期战略，以“入世”为契机，以实现在中国的大规模生产和实现净出口为目标，积极投身国际重组、参与国际分工。这是中国汽车业发展一种可选择的出路。

中国进入大众汽车消费时代，是时代的伟大进步。中国汽车产业正在成为世界汽车产业的一个不可分割的组成部分。已经起步的大众汽车消费，能否保证中国人健康、持久地享受汽车文明，提升中国汽车产业在世界汽车产业大格局当中所处的位置与作用，在很大程度上取决于我们今天所做的选择与努力。

从重视产业政策转向重视社会政策*

在未来一二十年里，中国将逐步走向“汽车社会”，从现在开始，我们需要就应对未来一二十年汽车大量进入社会所面临的形势有所觉醒和准备。政府关注的重点必须从汽车产业转移到汽车社会。

中国正在自觉不自觉地进入汽车社会，根据国际机构研究，GDP每增加1%，机动车保有量就会增加1.02%~1.95%，人均GDP达到1000—2000美元时，小汽车保有量进入高增长期。目前，我国的人均GDP已经超过1000美元，北京、深圳、广州等城市私人汽车保有量急剧上升，中国已开始进入大众汽车消费时代。国务院发展研究中心专题研究结果显示，按保守估计，中国汽车保有量将在2005年达到3356万辆，2010年达到5669万辆，2020年达到13103万辆。可以预计，在未来一二十年里，中国将逐步从“自行车社会”走向“汽车社会”。

汽车被称为“改变世界的机器”，它的大量使用将给我们的社会生活带来极其深刻的影响，甚至会改变人们的生活习惯和文化。由于汽车产品的特殊性，大众汽车消费对社会的影响，远远超出汽车产业本身。人们的生产和出行方式、居住选择、城市和乡村结构、生活方式、休闲方式、消费结构、商业模式也将随之改变，进而影

* 本文系作者2005年4月接受《人民日报》记者欧阳敏采访文稿整理而成。

响到就业结构、社会关系、沟通方式、生活节奏，以及知识结构、文化习俗等，并将逐步形成中国的“汽车文化”。在没有私人交通工具的时候，大家都愿意居住在市中心，有了私人交通工具后，大家就要追求优良的生活环境，就愿意住到郊区；到郊区、山上的人多了，导致那里的地价升值。汽车本身是财富，但汽车还是创造财富的工具。但是，在汽车消费过程中，厂家卖车赚了钱，售后服务赚了钱，修车赚了钱，生产零部件赚了钱，出口赚了钱，消费者享受汽车带来的快乐和方便的同时，它污染了环境，却要全社会来承受；宝贵的不可再生能源，是属于全社会的，现在却被有车族大量消耗；车多了，交通事故日益上升，给很多家庭带来了不幸。这说明汽车是社会进步的工具和手段，但它也存在负面影响。汽车给我们带来方便和快乐的同时，也带来了很多问题。快乐的是少数有车人，而这些问题却要全社会来分担。这就是汽车发展的“负外部性”问题，如果政府能早点意识到，通过相关的政策趋利避害，加以引导，把负面影响抑制到最低，我们就可以少走弯路，就可以持续地享受汽车文明带来的好处。从现在开始，我们就应对未来一二十年汽车大量进入社会所面临的形势有所觉醒和准备。如果我们对“汽车社会”的到来准备不足或引导不当，会带来资源、环境和社会等方面的灾难性后果。

首先是来自能源的挑战。2000 年，我国机动车消耗的石油为 6560 万吨，约占全国石油总消费的 1/3。据预测，2010 年和 2020 年机动车的燃油需求分别为 1.38 亿吨和 2.56 亿吨，为当年全国石油总需求的 43% 和 57%。由于国内的石油储藏量和开采量有限，新增的石油需求将越来越多地依赖进口。这种能源的对外高依存度将影响我国的石油安全。

其次是来自环境问题的挑战。随着汽车保有量的增加，我国汽车污染物排放总量也日趋上升。2000 年一氧化碳排放量达到 3000 万吨，氮氧化物排放量也达到 380 万吨。在北京、上海、广州等大城市的市区，机动车排放已经成为一氧化碳、氮氧化物、碳氢化合物等污染物的第一大污染源。据预测，到2005年，我国机动车尾气排放在城市大气污染中的分担率将达到79%左右。

第三是来自交通问题的挑战。这个问题在中国的城市，尤其是大城市更为突出。北京一些主要道路的汽车拥堵状况日益严重，由高峰时段向非高峰时段延展，由主要交通干线向非干线发展，交通事故率也居高不下。

这些问题的严重程度已引起人们的广泛关注和担忧。汽车社会牵动经济、社会全局。现实情况已经清楚地显示，汽车产业与经济、社会、环境协调发展所涉及的问题远远超出汽车投资和生产层面的问题。政府关注的重点必须从汽车产业转移到汽车社会，从未来汽车社会的角度关注汽车产业，再从汽车产业的发展看待汽车工业。必须加强对汽车社会的关注和研究，要认真研究和吸取世界先进国家进入汽车社会的经验教训。从社会稳定和谐、可持续发展的角度用经济、法规、技术标准等工具，制定汽车消费政策、燃油政策、汽车排放和安全法规，支持汽车技术特别是节能技术和替代能源的发展，关注改善城市规划、交通管理、环境保护等关系国计民生的重大问题。这些都是仅靠市场力量做不到、市场主体做不了的事。

现在的问题是，政府对企业“外部性”的管理尚未到位，对企业内部的事务又有些“越位”。在市场竞争已经比较充分的情况下，国内企业的市场准入应进一步放开。进入轿车生产，必须达到什么规模、投入多少资金等，这些事情可以交给市场。政府要发布投资和市场信息，制定强制性的安全、节能、环保等法规，出台如产品质量召回制度、售后服务保障等相应的政策规定，并加强市场监管力度。只要政府不投资，也不鼓动企业投资、不强制银行贷款，投资者算经济账，比我们要精明得多。另外，人为地给企业规定最低投资数量、生产规模也是不可取的。汽车是一个规模经济特别强的产业，这是众所周知的。“年产30万辆是最低经济规模”，这是汽车行业自己说出来的，结果却捆住了自己的手脚。实际上，生产规模是一个可灵活变动的指标，它并不是形成市场竞争力的唯一条件。各个生产线的规模设计与产品结构、市场规模、技术方案、生产组织方式和经营战略密切相关。我们怎能人为地设定一个生产规模作为进入这个行业的门槛呢？我记得，上海“桑塔纳”起步的时候，它的生产规模只有 2 万辆，市场看好后才逐步扩大产能，成为一个投资效益很好的项目。“富康”项目开始时，我们按年产 15 万辆一次设计，起步的生产规模是 3.75 万辆，这样有利于减少初始投资，可实现滚动发展。但是，当时的上级主管部门就是不同意，理由是：国家批的是 15 万辆，就必须一次上 15 万辆。真是“秀才遇到兵”。结果一次投资 100 多亿，才生产出第一辆车，经济压力可想而知。殊不知，新产品投放有一个市场开拓的过程；初始投资少，企业负担轻，才有利于渡过初期的艰难；一个新企业，最难的是在正规生产线上产出第一辆合格的汽车，而能力的扩张则是相对容易的事。我们有些企业直到现在也没有达到年产 30 万辆的规模，但并不一定就没有竞争力。

再如，汽车是一个对能源、环境和社会有巨大影响的特殊商品。在大众汽车消费起来后，应有强有力的消费政策加以引导，才能实现可持续发展。考虑到中国的国情，必须以各种政策工具鼓励购买和消费排量小、重量轻、省油、环保的汽车，抑制高耗能、高污染的汽车，把大众汽车消费引导到当期国家能源、环境可承受的范围内。实际上，现在不仅对鼓励消费省油车、环保车的政策信号十分微弱，而且各地还不断出台逆向调控的政策，如对小型汽车的上牌歧视，微型车、两厢型车、柴油车的行驶歧视，取缔小排量的出租车等。

现在能源紧张，政府应该考虑实行燃油税政策。现在我们的轿车价格比国外高，燃油价格比国外低，这就造成消费者购车时，考虑的多是一次性投入，只要买得起，就买大型车。我看了北京的车展，不仅各个厂商纷纷推出高耗油的SUV，而且世界顶尖的高端车型，如劳斯莱斯、凯迪拉克、宾利等都希望打入中国市场，而奔驰、宝马、凯迪拉克等都要落户中国生产销售。这不能不承认和政府消费导向不利甚至逆导向以及某些非理智消费有关。这和我国现阶段的经济水平相符吗？现在中国城市轿车的平均尺寸、重量、发动机排量普遍偏高，导致平均轿车百公里油耗比欧洲国家高25%，比日本高20%。国际经验表明，燃油税是引导汽车消费的重要经济手段。欧洲的燃油政策，导致居民大量使用节油型车。目前中国燃油不含税，比美国的油价还低。类似美国的油价，会导致类美国车型。这是中国的经济能力和资源、环境都无法承受的。中国的燃油税出台是大势所趋。燃油税税制如何设计、税率什么水平、如何一步到位等应及早进行研究。

我想，总体上应该形成这样一种良性循环：政府根据国情设定可持续的大众汽车消费的政策目标；用多种政策工具引导居民汽车消费、以强制性法规和标准规制企业的产品和服务；消费者的“货币选票”引导企业的开发和投资。

对汽车社会的形成过程，政府负有重大责任。贯彻以人为本、可持续发展的方针，实现政府管理理念和职能转变是关键。具体来说，对汽车产业的调控应当实现几个转变，即：从主要关注汽车投资和生产的一侧，转向更多关注汽车消费政策；从关注汽车企业内部性问题，转向关注汽车生产、消费中产生的土地使用、环境和社会问题；从较多地使用行政手段调控，转向更多地使用经济、法规、技术标准等工具。一句话，要从只重视汽车产业政策转向更多地关注汽车所涉及的社会政策，以此为汽车社会的到来和可持续性做好准备。

建设节约型社会与交通节能*

第一，本次会议受到国内外政府官员，专家学者，一些公司，特别是油公司、车公司领导人员的关注。大家从中国“十一五”面临的能源环境形势出发，就交通节能环保等广泛的议题进行了交流和讨论。会议还从能源环境层面、技术层面、政策层面，对发展先进柴油机技术进行了更加深入的对策研究。

本次会议是在中国“十一五”规划起步之年召开的，在“十一五”规划中，中国已经把能源环境问题放到了更加突出的位置。在中国汽车消费快速增长的今天，研讨交通节能和环保，对可持续发展有非常重要的意义。本次会议将对中国实施汽车节能环保战略产生积极的影响。

第二，实现交通可持续发展，要两条腿走路、从两条战线开展工作。一条战线就是提高传统燃料内燃机的燃油效率，降低排放；另外一条战线就是研究替代燃料、混合动力等技术，使之更加成熟，为商业化创造条件。实际上大家都认为在相当长时间内，车用动力将呈现多种技术并存的状态。但是，多数专家有这样共同的看法，即在2020年之前，使用传统燃料的动力仍然还占主导地位。先进柴

---

* 本文系作者2006年4月11日在北京召开的“先进柴油机研究课题结题会暨国际先进柴油机发展论坛”上的总结讲话。

油机能够获得节能和环保两方面的综合效果，是实现汽车能源战略重要的过渡性技术。

第三，中国发展先进柴油机技术，需要回答几个问题：一是先进柴油机技术的节能效果；二是对柴油机技术环保水平的评估；三是柴油的供应和清洁化；四是先进柴油机的技术来源；五是发展先进柴油机技术需要哪些政策支持。这些问题中，有些是中国政府和大众认识层面的问题，比如缺乏对现代柴油机技术发展成就的了解，也有的是与国情相关联的问题，比如汽车消费政策和燃油政策。在本次会议上，大家有认识一致的部分，比如柴油机的节能效果。大众公司的代表生动地描述了同一车型用柴油机比汽油机节油的效果，很说明问题。上海出租车的例子也令人鼓舞：节能效果达到35%~40%。在认识上也有不同意见的部分，比如对环境的影响。

第四，什么是先进柴油机技术？对这个问题高沙克先生做了简短的概括，他认为主要表现在五个方面：一个是二氧化碳的排放，比如能不能达到或者小于每公里140毫克。另外，就是颗粒物的排放，按照欧洲的标准，等于或小于每公里5毫克。还有就是氮氧化物的排放，以及噪音和扭矩指标。他提出用五个指标来评定，对我们认识先进柴油机技术是有启发的。

第五，关于柴油车的排放问题。柴油车与汽油车相比有减排的因素，但也有增排的因素。迈克先生、何先生和来自日本的伊藤先生提出了一些质疑。大家对先进柴油机在二氧化碳、一氧化碳等温室气体有明显的减排效果这一点上并无异议，争议之处在于颗粒物的排放和氮氧化物的排放。何先生特别指出颗粒物排放和氮氧化物排放恰恰是中国大城市环境最脆弱的部分，因此它的增排不可忽视。

另外，本次会议还传达了如下的信息，就是符合欧Ⅲ和欧Ⅳ排放标准的技术已经成熟，比如电控系统、高压共轨、氧化催化器、冷却废气再循环、可变涡轮技术、颗粒捕捉器等，以及车载监测系统。从戴姆勒公司那里，我们也得到了一个好的消息，就是BlueTEC[①]技术的出现，这说明柴油机最后一个劣势，即颗粒物特别是氮氧化物排放的问题，在技术上也可以解决。当然，它的技术成本可能还会高一些。对于中国来说，目前大气污染物排放，最主要的是煤的燃烧，汽车所占份额有限。柴油机的颗粒物排放比汽油机增加大约1%左右，氮氧化物排放比汽油机增加不到2%，对大气总的影响非常有限，却可以获得25%～30%的节油效果。所以，从全社会节能环保综合效果来看，把先进柴油机技术作为一种重要的过渡性汽车动力，是合理的选择。假如能使用BlueTEC技术，可以实现氮氧化物更低的排放，但从全社会总成本看是不是合理，还需要研究。

第六，中国发展柴油乘用车，应该从高起点起步。中国发展柴油乘用车不应该再重复从欧Ⅰ到欧Ⅱ的过程，因为国际上已经达到了更高的水平，我们应该考虑从欧Ⅲ甚至欧Ⅳ起步，这样对资源环境更加有利，而且在技术上也有可行性。

第七，柴油的供应和清洁化。有专家指出，减少交通对环境的污染，最直接、最简单的途径就是提高燃油的清洁度；发展先进柴油车，必须有清洁柴油的支持。从中石化副总裁章建华那里得到的信息是，符合欧Ⅳ甚至欧Ⅴ的柴油，只要有必要的投入，技术上是可以解决的。在中国与国际成品油价格接轨的过程中，炼化企业由于提高柴油清洁度而增加的成本有回收空间。关于柴油的供应，中国在燃油消费增长中，汽油的消费增长快，而柴油消费增长平缓（其中有平稳增长的部分，如农业、工程机械；也有相对减少的部分，比如柴油机发电）。汽、柴油消费增长一快一慢，随着时间的延续，在供给侧可以让出一部分柴油资源发展乘用车。另外，还可以从煤制油中、从发展生物质柴油上获得一部分资源。还有一个可行的办法，

① BlueTEC是奔驰汽车公司的一项基于柴油发动机的系统解决方案，以实现柴油机有害物质排放最小化，并实现高效的废气处理。——编注

就是从国际能源的平衡上寻找出路。中国石油进口依存度已大于40%，而且还会上升，必要时调整进口结构可以满足国内需要。

第八，政府从全社会节能效果出发，应该对先进柴油车给予政策支持。李新民先生讲，政府政策对消费倾向的抑制或激励，最终必须传递到消费者。汽车的购买和消费是经济行为，政府的导向政策必须通过市场发挥作用。白一博先生介绍了欧洲柴油化的经济驱动力，他指出驱动欧洲柴油化的动力来自柴油机的燃油效率、车辆购置税、有差别的燃油税、年道路税和公司的用车税等，这是可以借鉴的。

实施交通节能战略，对中国来说，影响最大的是燃油价格。一方面，现在中国的成品油价格和国际油价是倒挂的，中国成品油的价格大约相当于原油每桶45美元左右的水平，而现在原油价格实际上已经超过60美元。不断上升的石油对外依存度，使中国的成品油价格必然要和国际接轨，这将促使消费者节油的积极性提高。另一方面，中国的燃油税现在还没有加上去，如果燃油税政策出台，会进一步增强节能的经济驱动力，刺激消费者选择更加节油的产品。

第九，研究中国汽车产业发展，必须从两个方面进行：一方面是中国的汽车市场，中国的汽车市场总体来看正在走向成熟。另一方面还必须研究和汽车相关的政策，中国有关汽车的政策也正在完善之中。2001年，中国政府为扩大内需，将汽车消费政策做了一个大的转弯，由“抑制”转向“鼓励”，但相关的政策准备不足。经过一段时间的工作，近年中国政府正紧锣密鼓地陆续出台和汽车相关的政策，比如2004年颁布了《缺陷汽车产品召回管理规定》，2004年5月颁布了《汽车产业发展政策》和《道路交通安全法》，8月又颁布了《汽车贷款管理办法》，10月颁布了《乘用车燃料消耗量限值》，2005年4月又颁布了《轻型汽车污染物排放限值及测量方法》，2006年1月颁布《关于鼓励发展节能环保型小排量汽车的意见》，2006年3月又公布了调整汽油、柴油出厂价，并建立对弱势群体和公益性行业进行补贴的政策。另外，在“十一五”规划中还提出要实行有利于资源节约的价格和财税政策，以及要实行燃油税等。我想这些都是非常重要的政策信号，会对汽车消费者和厂商产生重大影响。这些政策信号表明，过去政府关注的重点，是汽车生产能力和市场规模的扩张。而今后一段时间，政府关注的主题就会转向影响中国汽车产业发展的能源、环境、安全等外部性因素；政府管理的重点也会逐步由生产侧转向对消费侧的激励，由引导投资和规模增长，转向促进汽车的生产、消费与资源环境的和谐。最终形成这样一个局面，就是政府的可持续政策引导居民的消费，而居民的消费倾向影响厂商的研发和投资。

第十，结论。汽车产业和汽车消费必须设定可持续发展的目标，其中节约能源、环境友好是核心内容。2020 年前传统燃料内燃机仍是汽车动力的主体，先进柴油机兼有节能和环保的综合效果，又可以依托现有燃料供应系统，应当作为实现汽车节能战略重要的技术选择。先进柴油机必须与清洁柴油相结合。政府要制定技术标准和鼓励政策促进节能环保汽车产品的消费。发展先进柴油车，要立足于已经商业化的先进技术，吸收国际先进技术成果，并实行鼓励汽车产业提高自主创新能力的政策。

消费引导是“牛鼻子”*

编者按：2006年，中国汽车制造业取得迅猛发展，据中国汽车工业协会统计，1—11月，基本型乘用车（轿车）产销351.23万辆和341.17万辆，同比增长41.45%和38.52%。

与此同时，2006年，经济学家发出了提醒，“十一五”期间，能源要降耗20个百分点（2006年4个百分点），主要污染物排放每年要降低2个百分点。从目前情况来看，这两个“十一五”远景经济目标实现难度较大。譬如，2006年上半年能耗、主要污染物排放指标不降反升。

一方面要发展刚刚起步的中国汽车工业，另一方面从宏观经济健康发展角度要减少能耗和污染，如何实现中国能源、环保得到保障条件下汽车工业的科学健康持续发展？什么是中国“汽车社会”未来的和谐发展之道？

私人汽车发展是消费升级的必然

《新京报》：据你了解，现在汽车对能源消耗、环境的影响是什么状况？

---

* 本文系作者2007年1月接受《新京报》记者采访的文稿。

陈清泰：在能源消费的增量中，所占比重最大的是建筑和交通。而在石油消费中，增长最快的领域是交通，尤其是汽车。抓好了交通节能，对于石油消费总量的控制将起到很大的作用。环境方面，汽车排放是必须高度关注的问题。中国城市大气污染中，机动车排放所占份额逐年上升。在北京、上海、广州等大城市市区，汽车排放对大气污染的分担率达到较高的水平，机动车已经成为一氧化碳、氮氧化物、可吸入颗粒物等污染物的重要污染源。如果不能有效控制汽车排放，城市污染将会由煤烟型污染向汽车尾气型污染转变。

《新京报》：正如你所说，现在汽车能源消耗强度不断加大，而相应的不少城市空气质量受到汽车尾气影响很大。现在不少人比较担心这个状况会恶化下去。你担心吗？

陈清泰：这个我们必须高度关注，但问题没有严重到不可解决的地步。关于汽车能源，从长远看，石油最终会枯竭，但汽车能源不会枯竭。近期看也有解决的途径。比如，汽车消费上去了，燃油需求增加，结果是油价上升，涨价的结果一方面会抑制需求，多数居民将转向喜好小排量、节能型汽车或上下班乘公交；另一方面，促使厂家开发节能环保技术，也为替代燃料留出了空间，比如混合动力汽车、先进柴油机汽车、节能型汽车，乙醇、生物质柴油、氢能等替代燃料。只要市场机制健全，加上政府的有效调控，是可以达到良性循环的。国务院发展研究中心和发改委能源研究所做过一个研究，如果采取不同的政策，机动车燃油量会有明显差异。如果采取的政策得力，与沿用现行政策相比，2020 年石油消费总量有可能由 6.1 亿吨降至 4.5 亿吨，节油 1/3 以上。

而对于环保，现在中国汽车污染物排放比发达国家要高，因为刚刚普遍实行欧 II 标准。我主张应该制定一个时间表，及早明确什么时候实行欧 III、什么时候实行欧 IV 排放标准。到期限不达标的汽车不能出厂。

《新京报》：对于目前出现的状况，你觉得我们是否有必要检讨一下几年来大力发展私人交通的政策？

陈清泰：关于是否应该拥有私人交通，这个问题已经争论很久。从发达国家走过的历程看，汽车工业发展是社会进步、消费升级的过程。随着人均 GDP 水平的提高，发达国家消费结构升级的过程，在中国也很难越过。就是说，外国人解决吃穿问题以后，对“住行”提出了更高的要求。而中国人均 GDP 达到一定水平后，也会去实现同样的追求，这是带有规律性的。而政府人为地限制消费，恐怕不太合时宜。何况汽车这类高价值、持续性消费还可以成为拉动内需、促进经济增长的“发动机”。

在此基础上，我们再来看资源环境问题。汽车是耗能产品，要持续发展就要“开源节流”。开源，就是要增加能源供应，比如我们要在国内外开发资源，加入 WTO 后我们还要从全球视野平衡资源。另外，是节约资源。节约资源方式不是限制居民的选择，而是政府通过一系列政策加以调控，使居民的能源消费与我们的经济水平和环境容量相适应。

消费政策引导是“牛鼻子”

《新京报》：按照你的意思，政府应该进行有效的政策调控。那么，在你看来，关于汽车工业与能源、环境和谐发展的政策着眼点在什么地方？

陈清泰：政府的政策目标是从公众利益出发，实现资源环境的可持续发展。居民的汽车消费方式和消费行为起着关键作用。政府政策的重点首先应着眼于汽车消费。抓住了汽车消费政策，就是抓住了“牛鼻子”。厂家会跟着消费者的偏好走，不用担心厂家。

如果制定科学合理的汽车消费政策，比如，成品油价格与国际接轨、燃油税出台，进一步拉大不同排量汽车的消费税，对节能环保特别明显的新技术汽车采取减免税费等经济激励政策，对排量特别大的汽车，甚至可以加收“油老虎税”等，居民的汽车消费倾向就会发生变化。就是说，政府依据可持续发展制定汽车消费政策，居民按照国家政策决定自己的交通消费行为，通过居民的“货币选票”影响厂商，最终就会形成良性循环。

现在我们的汽车消费过于超前。一些大城市汽车排量、重量，以及百公里油耗比一些发达国家还要高，一些高油耗的 SUV 汽车在中国快速增长，主要的原因是消费政策引导不到位。长期以来，车价比国外高，油价比国外低，反差的结果是鼓励买大型车。

《新京报》：我感觉你所说的消费政策主要是针对消费者，那对厂家就放任自流吗?

陈清泰：不会放任自流。一方面有消费者选择的制约，另一方面政府通过逐步提高市场准入门槛，例如提高排放标准、燃油消耗量限值标准和汽车安全标准等措施，促使厂家改进技术、提高汽车品质，控制粗放型发展。再有，政府对节能环保汽车的激励政策也会对厂家起到引导作用。

对于厂家一般生产经营和投资活动，政府不要干预，既不要鼓动它们投资，也不要限制它们生产。有些地方，政府牵头成立“汽车工业领导小组”指挥企业，我觉得违背政企分开，已经不合时宜。只要投资的主体是清晰的，决策权还应该交给企业。政府只发布信息，管那些涉及土地、资源、环境、区域规划等社会性因素。至于赚不赚钱，企业有自己的账；银行放不放贷，让它们自己评估。政府对过度投资的担心，用加强审批是很难解决的。温家宝总理多次讲，还是要“谁投资、谁决策、谁承担风险”。

《新京报》：投入大量资金做节能、环保研发，对于企业实际上是增加成本，对于近年来刚刚兴起的中国汽（轿）车工业似乎有点难，因为这要跨越发达国家汽车工业的发展阶段。你怎么看这个问题？

陈清泰：在这个问题上，政府不能过多顾忌。经科学论证制定的国家标准，企业必须执行，做不到，汽车不能上牌。至于你提到的增加成本，只要政府的标准、法规对所有企业一视同仁、保证公平竞争，就不是问题。政府现在控制过度投资，也包括汽车，这说明企业不是没有钱，关键是引导企业更多地投向产品结构升级。

燃油税出台前应先理顺油价形成机制

《新京报》：最近被媒体关注比较多的燃油税，意在鼓励小排量汽车使用，实际上也属于你所指的“消费政策”。你觉得目前推出这个税种时机成熟吗？

陈清泰：目前暂时还提不到燃油税。首先，要改革价格形成机制，使成品油价格和国际接轨。2001 年燃油价格开始接轨，到 2004 年为了防止通胀，又脱轨了，改由政府定价。我认为，只有在符合市场经济的价格形成机制建立后，燃油税才能提上日程。燃油税还涉及公共服务部门和弱势群体，比如城市公交、出租车、农用机械等，都要建立补贴机制。油价对经济社会影响很大，应该制定一个改革计划和时间表，一步一步地做，不能贸然出台。

《新京报》：为什么要等到成品油价格机制形成后，才能实施燃油税？

陈清泰：原油、成品油是高度国际化的产品，我国石油对外依存度不断提高，已经超过 40%，油价不可能国内闭门运行。国内市场已经成为国际市场的一部分，现在成品油市场已经向外资放开，飞机、轮船甚至汽车跨境加油越来越多。严格地讲，大量出口产品中也都有“燃油含量”。从经济角度看，与国际油价接轨是必然趋势。

另外，价格的作用是给供需双方提供真实的经济信号，引导双方的市场行为。价格扭曲，市场行为就扭曲，往往会产生与调控目标相背离的结果。对于像成品油这样至关重要的资源，政府的调控是必不可少的。但实现政策目标的调控工具应当是税收和转移支付。人为地扭曲价格信号、造成市场行为混乱，政府再以税收来校正混乱的市场行为，这不就陷入一个混乱的逻辑中了吗？

《新京报》：除了燃油税，关于汽车消费政策，还有其他建议吗？

陈清泰：汽车消费政策的要点应当是把私人交通的选择权交给老百姓，政府设定可持续发展的目标，以政策工具进行引导和调控。必须看到，公交和私人交通不存在简单的替代关系。在大中城市肯定是公交为主，承担着城市绝大部分的交通。可能出现的局面是，很多居民拥有私人交通，但正常上下班绝大多数人乘公交。城市规划必须考虑居民拥有汽车的因素，同时必须合理规划居民出行方式，制定科学合理的一揽子交通解决方案。企图以私人交通代替公交是不可行的。重要的是搞好城市布局规划，发展卫星城，完善大容量、快速、准时的轨道交通，开辟公交专用线，设立大型“换乘中心”和大型停车场，繁华地带提高停车费等。总之，只要设定合理清晰的目标，总可以找到适当的政策工具，调整到位。

政府需要在汽车社会中“找到位置”

《新京报》：你以前经常提到汽车社会这个概念，你觉得现在汽车社会已经到来了吗？

陈清泰：我认为汽车社会正在到来。汽车成为大众消费后，不仅会扩大人们的活动半径、加快社会活动节奏，而且会改变人们的距离和时间概念。在这个过程中，人们的生产和出行方式、住地选择、城市和乡村结构、生活方式、休闲方式、消费结构、沟通方式都会发生变化，并将逐步形成中国的汽车文化。轿车进入家庭还会增加国民在机械、电子、能源、环境、社会和地理、法律等方面的知识，对社会进步产生巨大而深远的影响。

《新京报》：从宏观的社会体系角度看，目前这个汽车社会所要解决的关键问题是什么？

陈清泰：对于汽车社会的到来，应该承认它是社会进步的表现，我们应该欢迎它，拥抱它。但是任何事情总是有利有弊。比如信息技术的发展使我们迎来了信息时代，同时也有青少年沉迷网络，成了社会问题。政府对“汽车影响社会”的各主要方面都应进行深度研究。首先是能源、环境，目的是完善政策，趋利避害。同时，政府这只“看得见的手”还要与市场那只“看不见的手”协调配合，实现社会进步和可持续发展。

《新京报》：你理想中的汽车社会是什么样的？

陈清泰：汽车不仅应当成为经济增长的发动机、技术进步和产业升级的推进器，而且应当成为提高生活质量和社会进步的车轮，平民百姓因有汽车的参与而使生活更加丰富多彩。最终，创造一个健康的汽车社会、惠及人民大众的汽车社会、人与自然环境和谐的汽车社会。

《新京报》：你如何评价2006年中国汽车社会发生的变化？

陈清泰：中国汽车社会到来具有突发性。我们国家在亚洲金融危机后由汽车消费的抑制政策转向鼓励政策，这个极大的政策转弯，使长期被压抑的汽车消费需求井喷式地显现出来了。很多城市的规划设计根本就没有考虑私人交通的问题，以致措手不及。经过一段适应期，逐渐走向健康发展。非常可喜的是，在国家“十一五”规划中，把与汽车有关的能源环境问题放到了一个更重要的位置。同时，把鼓励发展小排量汽车作为政策定下来了。我相信只要政府政策目标清晰，同时发挥市场的作用，就可能实现汽车社会的健康发展。

汽车企业的自主创新和自主品牌*

以第100万辆汽车下线为标志，奇瑞汽车公司走过了创业之初的艰难。奇瑞以自主创新为基础，实施自主品牌和国际化战略的经验很值得政府部门、企业和专家学者认真研究并给予更加有力的支持。

汽车是工业化时期当之无愧的带头产业

汽车是现代工业之花。一百多年来，汽车工业不断吸纳人类最新科技和管理创新成果进行再创新，至今仍保持着青春的英姿。从福特的流水线，到丰田的“看板生产”，汽车工业不仅在科学技术，而且在生产组织和市场管理等方面，都对相关产业发挥了引领和促进作用。汽车仍是迄今为止世界上唯一一个“零件以万计，产量以千万计，保有量以万万计”，百年不衰的技术密集、资本密集、劳动密集的最终产品。

工业化过程需要选择技术密集度高、产业规模大、关联度强、市场广阔、社会需求持续、有利于社会进步的最终产品为“带头

---

* 本文系作者2007年8月22日在“奇瑞汽车公司庆祝成立十周年暨第100万辆汽车下线仪式报告会”上的讲话。

产业”，以此带动各相关产业的技术创新和结构升级。基于汽车产业可以带动的行业和产业面之宽，能包容和吸收各种新技术、新材料、新工艺、新装备之广，可形成的生产规模、市场规模之大，可创造的产值、税收和就业岗位之多，对国民经济拉动作用之强大和持久，对改善人民生活质量作用之显要，都是其他产业难以相比的。把汽车作为带头产业，是一种理想的选择。无论是早年的美国，“二战”后的德国、日本，还是近代的韩国，在工业化和快速发展时期，都将汽车作为首选的带头产业，并获得了巨大的成功。

“十一五”规划提出：“加快促进高技术产业从加工装配为主向自主研发制造延伸，推进自主创新成果产业化，引导形成一批具有核心竞争力的先导产业、一批集聚效应突出的产业基地、一批跨国高技术企业和一批具有自主知识产权的知名品牌。”

以国外研发的产品、主要靠进口的装备、选用国外的关键零部件进行加工组装的汽车工业，与本国产业的关联度比较弱，在国家工业化中很难成为“先导产业”，发挥“带头产业”的作用。

国家对汽车产业特别关注，意在将汽车作为一个“先导产业”，以汽车特别是轿车为龙头，带动相关产业的自主创新和结构升级。因此，我们要更加理智地看待汽车产业的自主创新。对汽车企业来说，自主创新不能简单地理解为拥有知识产权，或汽车外壳的翻新。它应当包括整车性能，车身、发动机、底盘的研发，以及新工艺、新材料、新装备和新测试技术的选用；对相关企业，如零部件、冶金、有色、石油、化工、装备、电子、橡胶等行业的企业而言，要充分利用汽车业自主创新开拓的空间，提高自身的创新能力。为此，汽车企业要有“带动意识”，相关企业要有“跟进意识”，实现以汽车为龙头，由中国制造逐渐走向中国创造。这是在工业基础已经有了很大进步、大众汽车消费进入快车道之后，朝国家工业化目标推进难得的机遇和重要一步。

技术引进代替不了自主研发的工程实践

在全球化背景下，后发国家可以利用的一个有利条件是通过技术引进，缩短研发、探索和学习的过程。在引进和合作中学得一定知识和技能后必须经过自主研发的工程实践，才能消化学到的知识、增长技术能力，使自己成为创新者。国家鼓励企业自主创新和创建自主品牌就是促进企业通过工程实践，提高技术能力，积累自主知识产权。

改革开放后，国家提出“引进、消化、吸收、创新”的技术发展路线，这是一项非常重要的技术跨越战略。中国汽车产业通过引进、消化、吸收，技术和生产水平上了一个大的台阶，为今天的辉煌奠定了基础。

但是，就总体而言，“重引进、轻消化、无创新”的情况相当普遍。

当我们重新审视“以市场换技术”的历程时，发现有的企业尽管让出了市场，甚至让渡了部分所有权，但并没有换来更强的技术创新能力，也没有建立起自己的核心技术，在一段时间内技术能力实际上在衰退。

技术引进有两种模式选择：一是仅为使用而引进；二是为提高创新能力而引进。由于机制上的落后，在大多数情况下，企业在技术引进上肯于花钱，因为可以立竿见影；而对消化吸收，却吝于投入，因为似乎“远水不解近渴”。

“二战”后，包括丰田、日产都经历了技术引进过程。当年的日本企业，平均花 1 美元引进技术，要花约 7 美元进行消化吸收和创新，目的是把引进的技术嚼碎吃透，彻底完成一个技术学习的过程，并具备再创新的能力，登上新的技术平台。有美国专家评估，日本引进技术经再创新后，比引进技术的效率可以提高 30% 或更多。从

20 世纪 50 年代到 80 年代短短的 30 年，日本走过了从引进到创新的过程，并进入技术输出国家的行列。韩国也大体相似。改革开放以来，中国引进技术的项目数和总支出可能比日本与韩国之和还要多，但平均花 1 美元引进技术，只花 7 分钱消化吸收，与日本差了 100 倍。这一点费用只能解释图纸、对引进技术的效果做必要的验证，不可能吃透、消化，更不可能再创新。由于没有完成技术学习的过程，使我们的技术能力始终落后于引进的、正在应用的技术。当这些技术需要更新的时候，只能再引进。在消化吸收上不到家，带来的是以更多的支出进行第二次引进和再引进。横向看，多家企业重复购买同一技术；纵向看，第一轮引进后就是第二轮引进。结果我们的技术费用总量并不少，但大都交给了外国人，没有很好地培育出自己的技术力量。

在引进—落后—再引进的不断循环中，本国技术人员实际被边缘化了；在合资企业，可以不断从合资方获得技术，中方技术人员难有学习和施展的空间。即便市场上新产品层出不穷，也没有给本国技术人员留下多少技术创新的实践机会。

需要澄清的概念是，引进了技术，并不等于就有了技术能力；引进技术的水平，更不能代表自己的技术创新水平。即便可以通过委托开发等“买断”技术，但如果没有完成技术学习的过程，那也只能落得“有产权，无知识；有技术，无能力”。技术可以购买，但技术能力是买不来的。技术引进之所以重要，就是它有可能缩短技术学习的过程；而学习过程能否完成，则取决于企业的战略、学习者的执着和不断出现的自主创新的工程实践机会。

进入 21 世纪，中央提出“提高利用外资水平”，重要的含义是对外开放要更加注意实现我们自己的目标、有利于培育本国产业和企业竞争力。实践一再告诫我们，如果对对外开放创造的极为有利的条件在理解上出现偏差，或工作中把握不当，有利条件就可能成为“陷阱”。例如，有了“引进”这一省力、省时的技术来源，一些企业幻想依赖外部技术来源建立自己的核心技术；在从合资方不断获得技术支持的情况下，合资企业自主研发的空间十分有限。实际上，创新能力最终靠实践的积累。没有创新实践的机会，就无从实现技术能力的积累。

一个发人深省的现象是，凡是无法从国外引进的技术，如宇宙飞船、核潜艇、歼10飞机等，经过潜心努力，都研发出来了；在汽车行业曾经被打入另册、没有引进和合资条件的企业，反而在聚集研发人才、自主创新、自主品牌上走到了前面。曾经作为汽车行业主力军的企业，应该承认，在这些方面反而落后了。

必须弄清的是：引进技术是为了提高自主创新能力，引进外资是为了利用外资，对外开放是为了壮大自己。为此，必须使引进技术的过程能培育出本地企业的自主创新能力；引进外资的过程能培育出本地资本为主、具有国际竞争力的产业和企业；接受发达国家产业转移的过程能锻炼出高素质员工队伍、使本地产业融入国际分工体系、形成产业聚集效应；在参与全球竞争中造就世界级的企业家。

在这个激烈竞争的世界，没有免费的午餐。核心技术是核心竞争力的精髓，谁也不会转让。中国企业的核心竞争力只能靠自己艰苦的积累。我们必须正视一个严酷的现实：没有核心技术就要受制于人。不久前韩国一位驻京记者在一本书中写道："中国成为世界工厂，那么我们应该做什么？我们只管开发这座工厂里制造产品的技术就可以了。如果说中国是世界工厂，就应该把我们的国家培育成庞大的研发中心……只要我们保持高一档次的技术优势，只要我们保持'韩国的产品价格虽贵但质量好'的形象，中国就永远是我们的黄金市场。"这是很值得我们深思的。

突破"软实力"瓶颈

中国企业正在迅速成长。但要培育具有全球竞争力的企业，除硬实力不断壮大外，必须十分注重加强软实力建设。

跨国公司之所以能占据各个产业的龙头地位，是它对所在产业有强大的“系统集成能力”，而这种集成能力不仅来自资本实力、规模优势，而且无不出自强大的“软实力”。它们正是利用企业领袖的魅力、公司战略、企业信誉、核心技术、品牌影响力以及企业文化为标志的“软实力”，集成和整合全球资源，才登上了所在产业的领导地位。

中国企业与优秀跨国公司相比，不仅硬实力有很大的差距，更加难以逾越的是“软实力”的差距。

企业硬实力主要指资本、厂房、设备和生产经营设施等物化了的能力和企业员工。软实力则指企业宗旨、价值观、创新机制、市场信用、社会责任意识和由此凝聚而成的社会声誉、市场信用和品牌影响力。广义地讲，软实力还应包括公司治理结构、营销网络、供应链体系等。

在全球产业分工体系中，如果说经营设施和生产能力，包括资本这些“硬实力”是较容易被复制和替代的话，那么“软实力”则表现出某些“文化”的特征，更多地体现为一种社会认同和企业与社会的亲和力。这些很难复制，必须靠持续的创新和良好的文化积累，最终唤起社会的认同。拥有这些无法模仿和复制的能力的公司，在获取市场先机、赢得客户、资源效率、低成本融资等方面都处于绝对优势地位。这正是后发企业超越前者的最难之处。

受体制和发展阶段的影响，中国企业历来有重硬件、轻软件，重生产设施建设、轻技术创新投入，重生产经营、轻人力资源开发，重规模扩张、轻企业文化建设的倾向。不少企业软实力与硬实力不协调，软实力成为很多中国企业的软肋，增强软实力正是中国很多企业必须努力补上的一课。

创建自主品牌，培育高端软实力

现在，无论在服装、家电还是信息技术产业，中国都成了制造大国，但仍是品牌的小国。汽车行业似乎又在重复这一情景。近年，汽车行业对培育自主品牌表现出很高的热情，这是十分令人鼓舞的，说明中国汽车企业已经开始不满足于仅在“生产制造”上风光一时，而要在汽车产业中拥有自己的一席之地。这是中国汽车企业经营理念的一次飞跃。

品牌是企业的无形资产，是企业高端的“软实力”。自主品牌是一种基于创新能力、自主知识产权和企业文化的市场创造力，是用户对同类产品和服务进行市场比较后对厂商及产品价值的一种社会认同，并由此构成企业的商标声誉。汽车是复杂类产品，用户与厂商对产品的信息具有高度不对称性，用户选择产品时往往首先考虑厂商，这就在客观上强化了汽车类产品的品牌效应。

在汽车市场每年有巨大增量的时候，是创建自主品牌的有利时期。但是，汽车是一个高度国际化的产业，面对世界强大的品牌生产商，要冒出新的品牌并获得消费者广泛认同，有极大的难度。中国企业必须懂得，品牌建设远比产能扩张困难得多，但闯不过品牌这一关，就永远不能独立进入全球汽车产业俱乐部。

品牌效应靠企业母体支撑。品牌离开了它原来的母体，会影响消费者对品牌的忠诚度，品牌价值也将随之变化，或者升值，如柳微转为上海通用五菱；或者贬值，如台湾明基收购西门子手机（一年亏损 6 亿欧元，市值蒸发掉 40%）。通过授权可以使用他人品牌，通过购买可以拥有他人品牌，但这只是创建自主品牌的过渡。过渡期最重要的是学习和构建支持世界品牌的软实力。搞不好品牌转让之日就是品牌贬值之时。

原则上讲，创建自主品牌有多种途径，但没有捷径。企业品牌战略各异，但核心应当是潜心打造支持品牌的软实力，包括市场定位、技术特色、文化品位、营销策略、服务风格、核心技术以及企业的价值观和社会责任意识等。

培育品牌要宣传，有时也需“造势”，但把企业的品牌战略局限于“宣传造势战略”，是社会浮躁心态的一种反映。没有自主创新能力、没有核心技术和良好文化内涵的积淀，即便“评”出或“造”出一个品牌，也只能昙花一现。

工业化和经济高速增长的阶段，是培育具有全球竞争力的产业和企业最有利的时期；汽车市场持续、巨大的增长空间，为培养中国世界级汽车企业提供了历史机遇。机不可失，时不再来。中国汽车企业任重道远。

掌握核心技术，加强品牌建设*

发展自主品牌和自主核心技术①

我国在20世纪七八十年代，轿车尚未进入家庭，抑制私人汽车消费的政策长时间未变。进入新世纪政策一放开就出现了爆发式增长。目前我国千人汽车保有量约为140辆，而全世界平均为200辆，日本是430辆。我们现在面临一个新问题，随着人均GDP的增长，13亿多人口出行达到日韩水平，如果完全依靠燃油车压力太大。向新能源汽车转型是大势所趋，欧美许多国家宣称，要在若干年后限制燃油车，新能源汽车还要下更大功夫。

燃油车退坡还有一个过程，其技术水平提高也不能放松。电动汽车的基础还是燃油车，在技术上还有很多新发展，但理念是基础。

奇瑞汽车的轻量化做得很好，2016年的商业化在三四年以前就起步了，很值得赞赏。

中国电动汽车百人会关注电动汽车，这么大力度发展电动汽车的只有中国，但最近欧日已经开始关注，大众“排放门”危机以后也开始向电动汽车转型。大公司对我们的威胁很大，这么短的时间

---

* 本文系作者2016年在相关企业调研时的讲话汇编。

① 在奇瑞汽车调研座谈会上的讲话。

内，能不能将自主品牌、自主核心技术发展起来，站住脚，利用好这点时间，相关企业、零部件企业要在这方面多加努力。

我不赞成简单上量，量是品质和技术的结合。量那么大，还处在追赶阶段，奇瑞用 16 年时间，使发动机追赶到这个水平很不容易。自主开发不是封闭的，而是开放的自主开发。开放的核心问题是不要产生技术依赖，而是一个学习提高的过程，要缩短这个学习过程，把核心技术、自主品牌搞上去。规模是需要的，但不要过早发力。

以研发推动竞争力提升①

在电动汽车方面，吉利的发展令人鼓舞、增长信心，我看到了中国从汽车制造大国向汽车强国转变的希望。

中国汽车工业要翻身，民营企业发挥的作用会越来越大。吉利的国际化程度已经很高，技术来源多样化，不是关门创新，而是将吉利作为一个平台，把世界技术力量组织起来搞研发，现在已经初见成效。并购沃尔沃 6 年，效果已经显现，吉利变成了新吉利，沃尔沃有了很大发展。这使我增加了不少信心。

在电动汽车上，吉利下了很大功夫。我们对全球形势要有冷静看法，这波新能源汽车发展的来势超出预期，特别是大众“排放门”危机发生后，许多国家把电动汽车产业上升为国家战略。我们的力度大，速度快，相比发达国家优势要大些。日产很积极，而其他大公司判断电动汽车发展的过程不会那么快。但最近形势有变，迫于环境压力和动力电池技术进步加快，许多国家将电动化提上重要地位，比中国又超前一步。跨国公司开始转型，它们对汽车技术有深厚积累。我们已有的优势是脆弱的，我预计我们可能还有 5—8 年的

① 在吉利汽车调研时的讲话。

时间，在此期间，我们如果把握得好，可保持在全球第一梯队，甚至有可能领先。关键是今后几年，汽车企业能不能把更多精力用于掌握核心技术、打造自主品牌、提升竞争力。

我不主张盲目扩大产能，产品销售的数量并不取决于产能，而是产品的竞争力。我很赞成把销售收入的10%用于研发投入。要兢兢业业提高竞争力，一是技术，一是品牌。技术和品牌的积累不可能一蹴而就。吉利这几年路走得对，借助沃尔沃的力量，以自身为主，建立科研合作机制，以开放式的方式搞研发。如果吉利能用十年时间开发混动技术，达到高水平，这对行业是很大的贡献，对自己也是利好。

吉利已经开始为后补贴时代做准备，这非常对。目前外企在中国还没有大动作，可能在积蓄力量、等待时机，它们发动的时间可能在我们政府补贴退出时，而中国企业可能会产生补贴依赖症，将主要精力放在赚取补贴上，如果那样后果将十分严重。因此中国企业要认真准备迎接后补贴时代的到来。

我主张，在补贴退坡之后，政府要用非补贴方式继续支持新能源汽车的发展。要鼓励企业在技术、安全等方面下功夫，提升竞争力。其中的关键是核心技术。希望吉利能多做贡献。

以技术促发展①

来到长江汽车很兴奋，因为我们看到了不一样的东西。现在有一些企业把精力放在拿政府补贴上，忽视了技术进步。过几年技术依然空心化，政府的努力就全都白费了。政府要有紧迫感，企业更要有紧迫感，有人说中国企业还有5—8年的准备时间，接下来就要面对国际对手强有力的竞争，对此我有同感。

---

① 在长江汽车调研时的讲话。

我们把市场开拓出来，外企可能来摘桃子，它们有技术积累，高举高打，把价格降下来，把中国品牌压下去，一步步侵蚀，落得像传统车一样。

企业的资源是有限的，上量很重要，但要随行就市，不能过度超前。关键是几年内要把技术、品牌建立起来，不能再走技术空心化的老路，要吃一堑长一智。

长江汽车耐得住寂寞，认认真真搞正向开发，把技术的底子打牢，基础打好，在工艺、质量上精益求精。你们接受德国专家建议，在产品没达到目标水平以前就不急于投放市场，一定要经过技术考验才上市。你们第一批车提供给 G20 峰会使用，经受住了考验，表明至少是及格的，这与公司的管理理念、境界、对长远目标的追求都有关系。不只是着眼短期，目前我们需要的就是这样的公司。

现在政府担心进入电动汽车产业的企业太多，要设门槛。我认为，很多投资者、创新者看到机会蜂拥而上搞电动汽车是正常的，进入者各有各的想法，但都是理性的，不能不让他们试。接下来的竞争是大浪淘沙，掌握核心技术的企业会脱颖而出，用户肯定会选择质优价廉的产品，选不上的自然淘汰，最后其中的 95% 会退出。5—8 年后，中国可能还剩下若干家优秀电动汽车企业。20 世纪初，美国有 2000 多家汽车企业，加拿大有几百家。后来，美国的汽车企业从 2000 多家减少到四大家，又从四大家减到三大家、两大家。加拿大本土资本的汽车企业一家也没有了。我国政府也希望只有两三家大型汽车企业，但不能只要结果，不要过程。过程就是竞争，就是大浪淘沙，最后市场会做出最公平的裁决。

补贴要补最终消费者，这应该是政府支持电动汽车发展的一个原则。补供方往往失败，很难实现预期效果。补给消费者，让市场去选择，消费者买哪个企业的产品，就等于补贴了这个企业。此即政府补用户，用户选企业，最终等于补企业。但这种方式与直接补企业的结果完全不同。补电卡、补用户、补使用，补到点子上，效果更好。

目前，行业内更关注的是补贴。我认为，企业要赶快超越这个阶段，准备后补贴时代，怎么与跨国公司抗衡。我想，无补贴后，政府会有些非补贴的支持方式出台，比如燃油消耗量限值、碳排放、零排放政策等。

准备后补贴，抗衡大佬，坚持下去，那时长江就会在电动汽车市场有自己的一席之地。现在遇到的新能源汽车发展的机会千载难逢，如果长江还搞燃油车，大型汽车企业不会来找你合作，美国企业也不会一次定购几千辆车。长江的路走对了。

发挥产业集聚优势，打造产业链生态①

我这是第一次来上海汽车城。1958 年，上海牌轿车生产出来填补了中国汽车领域的空白。改革开放后与大众合作生产桑塔纳，上海做得很好。一边赚钱一边向前发展，而不是把大把的钱不断投进去却看不见产出。我当时在东风汽车公司，朱镕基任上海市市长的时候，曾让我为上海汽车工业的发展做贡献。上海大众公司最初的几位高管就是从东风汽车调过来的。

上海干部的思路、水平比其他地方的干部要高出一大截，上海汽车城模式是一项很大的创新，重要的表现是把汽车产业系统化服务搞起来了，而且搞得很到位，把汽车产业链做全了，包括汽车研发、生产、贸易、展示、文化、大学、赛车场等。另外也把公共研发平台建起来、试验平台建起来、居住环境建起来了。我今天终于明白了，为什么国内外许多企业要把研发中心建到上海来，因为你们有聚集优势，能够把人才跨学科融合起来。这有点像互联网企业扎堆硅谷一样，研发创新环境没人能与其相比，现在在中国汽车产

① 在上海汽车城调研时的讲话。

业链生态没人能和你们相比。有了这个产业链生态，资源会进一步聚集，使生态更加完善。

未来汽车产业的中心在哪里，现在还很难说。但我认为，上海汽车城很有希望。你们有产业基础，客户有需求。你们的组织能力、思想都很超前，类似硅谷的地位。如果上海汽车城能成为中国汽车行业的硅谷，中国汽车工业翻身的机会是存在的。

中国汽车工业在燃油汽车上翻身已无可能，因为燃油汽车的生命周期快结束了。如何避免重复我们在燃油汽车技术引进中发生的技术空心化问题，各方应该给予足够的重视。过去，人家研发出汽车技术，我们引进来学，学得不错，但技术路线是人家量身定制的，我们很难实现超越。

我国将电动汽车作为国家战略较早，与跨国公司大体站在同一时间点上；从技术上看，电动汽车的技术含量低于燃油车，更激烈的竞争是在信息化方面。而在信息化技术上，中国相对不太落后，这给了我们一个新的机会。

如何把握这个机会？我有点担心，我们的政府、企业的注意力过度集中在生产规模上。我主张产销规模平稳发展，勉强靠政府补贴制造的假象不能长久，政府补贴一旦退坡，仅有生产规模的企业日子就不好过了。俗话说，只有潮退了，才知道谁在裸泳。我主张，企业要更专注于把技术、质量、安全搞上去，把核心技术搞上去，打好基础。上规模很简单，但技术空心化很危险，再错过这次电动汽车的转型机会，就很可惜了。

新能源汽车实现产业化后，生产模式可能会发生变化，我非常不赞成沿用计划经济思维方式管理汽车。一哄而上搞新能源汽车有什么不好？新能源汽车是国家战略，企业认为有机会想进入，为什么不让它进入？当前，新能源汽车技术还不成熟，还有犯错误的可能，企业用自己的真金白银来试错，为什么不行？

生产模式也可能发生变化，比如委托加工方式行不行？我认为没什么不行。汽车轮胎可以委托加工，发动机、变速器可以委托加工，为什么车身不能委托加工？其实生产组织国家可以不管，没必要逼迫企业制造过剩产能。新进入者能不能成功，谁都不知道，但要给它们机会。

解决汽车零部件的技术空心化问题[①]

我国汽车工业的产业规模上去了，核心技术的空心化问题却没有得到很好解决。技术空心化的很多问题发生在零部件上，在当时的体制下，政府关注的是整车，零部件一直没有被放在重要位置。那段历史过去了，我们不能再重复过去的失误，在电动汽车发展中应当解决好这个问题。

汇川有基础、有机会，现在加入新能源汽车产业是最佳时点。电动汽车现在正由孕育期走向发展期，新进入者最有机会。另外，燃油汽车板块已经被固化，与成熟的燃油汽车产业相比，电动汽车还有机会。我们与国外在电动汽车领域的差距不大，遇到的技术壁垒相对较少，技术路径依赖没有形成。特斯拉冒出来，比亚迪冒出来，电动大巴实现批量出口，这就是机会。

电动化对燃油机是个革命性替代，从1886年汽车诞生以来，最彻底的革命就是这一次。发动机、变速器都被替代，车身也发生了很大变化。

电动汽车对燃油车替代的核心一是电动化，一是信息化。在这方面，汇川都有优势，而车企在这方面无任何优势，这就是机会。你们应该将电动汽车核心零部件作为发展战略，多下功夫，争取做中国的博世，朝专搞零部件方向发展，可以大有所为，不必搞整车。

自制率下降，是汽车业发展的规律。汽车厂在前边争品牌，零

① 在汇川技术调研座谈会上的讲话。

部件企业在后边赚钱，只要汽车总量保持不变，或者增加，你们就能赢利。中国缺的就是这样的企业，希望你们做这样的公司。

电动汽车走向成熟还会有十年，或更长的时间，这期间机会多多，把握得当就可以使其变为对公司成长最有利的时期。希望你们在汽车电动化、信息化方面认真研究，做别人想做做不了的事，这样就会有很高的议价能力和再发展能力。

从全球看，对技术、产业化需求最旺盛的地方就是中国，外国人才和企业很愿意来，合作机会是存在的。在中国有那么多合资汽车公司，几十年依然没有技术自立。但是今天不同了，要站在巨人的肩膀上前进，但在新能源汽车上，必须改变技术依赖的状况。

成为动力电池的引领者①

通过调研，我感到国轩高科是一个朝气蓬勃、有理想、想干事，要在所在专业中起更大作用的企业。

之前总是听到全国不景气、经济低迷的说法，但到企业一看形势是不一样的。你们的工作进展、产品研发、工厂建设都做得很好，去年建设，今年生产，说明你们对技术、工艺、生产的掌握相当成熟。实验室的水平让我感到振奋，表明你们是真心在干，真心把创新放在重要位置，路线对、方向对，我非常赞赏。

这一轮新能源汽车发展如何，能不能绕过传统汽车发展中出现的技术空心化？靠什么？靠创新。研发，要有技术人才，有技术力量。我在东风汽车任职时，也是这么干起来的，看到你们也这样干，我感到很亲切。

好产品，需要大量的测试，需要反复试验，这就是后劲、是希望、是话语权的基础。

---

① 在国轩高科调研座谈会上的讲话。

生产建设容易，研发不容易，需要数据的积累。这样的企业，才能持续走下去。中国这么大的市场，有好政策支撑，我对动力电池有信心。

与日韩相比，我们在动力电池领域起步稍晚，但追赶速度快，基本上与日韩处在同一水平。我们还有许多要学习的、要追赶的，但差距不是很大，还有走到前边的可能。这样的机会不多，这样的优势不多，我们的燃油车追了30多年，投入很多钱，现在的差距肯定比电动汽车大。在新能源汽车发展中，我们可以改变这种状态。因为，我们的研发能力、产业基础都变了。

我在这次调研中感到，电动汽车的发展存在差距，但不像燃油车的差距那么大。把握住方向，有政策支持，有可能在新能源汽车上出现我们的地位、话语权改变的情况。

希望国轩在产品质量、动力电池生产工艺方面继续下功夫，在其他方面也继续努力。工艺质量的差距没有其他办法可以弥补，只能靠加强管理、加强培训、关键环节实现自动化解决。这个坎必须迈过去，看谁先过去。差不多不行，用户要的就是完美的产品。我们要想办法突破，在迅速发展中解决这一问题。低水平、地摊货、大而不强的状况必须要改。你们要认认真真谋发展，把水平搞上去。

国轩要打开国际市场，这是倒逼自己上水平、上质量的办法，否则，价格再低，消费者也不买。产品打出去是一面镜子，证明你是否与国际接轨。

生产规模要根据市场需求决定，不要盲目扩张，实力是基础，是核心竞争力。建设让国际认可的燃油车品牌非常困难，但电动汽车有机会。特斯拉本是无名之辈，现在全球闻名。动力电池一定要在质量、品牌上下功夫，背后支撑质量的是技术和管理。

另外一点，希望你们在动力电池技术上不断积累，做到全球领先。由于电池的进步，形成电动汽车的好形势，电动汽车要替代燃油车，还有待电池水平的进一步提高。

目前，全球的大学、研究所都在花大力量研究动力电池，很有可能在某个点上实现突破。国轩已经走在动力电池技术的前沿，应追踪前沿技术，得到先进技术，动力电池可能发生革命性变化。

许多国际大公司把触角伸到全球各个领域，发现可能实现突破的技术苗头，就想方设法在技术创新的最后一公里接过来，依托其品牌将新技术打出去实现产业化。技术创新不都是从头搞到尾，你们要有专门的团队关注前沿，把握方向。

作为民营企业，要做一些别人做不到的事情，要垄断一些技术，滚动向前发展。

在汽车行业，顶层企业是整车，是品牌企业，但大量的新技术在零部件企业。大家都在市场中，但细分地位不一样。品牌企业竞争激烈，一个产品开发错了，企业就可能受到冲击。零部件企业则不同，它是后台，只要市场的总体不变，你的市场就不会变。奔驰、宝马离开博世，可能会关门，但是没有奔驰、宝马，博世关不了门。你们应该做博世、ZF（德国采埃孚集团）。现在中国缺的恰恰是掌握核心技术的零部件企业。

整合产品和技术，建立自有技术体系①

鲁冠球董事长 2012 年就提出调整结构，同时提出“未来新能源车要用、传统汽车不用的零部件，加快投入；未来新能源汽车要用、传统汽车也用的零部件，加强投入；未来新能源汽车不用、传统汽车用的零部件，坚决退出”的指导方针，非常具有战略指导意义。那时就能对全球新能源汽车发展态势做出这样的判断，实属不易。

万向进行的全球整合，不是整合产品，而是整合产品链、整合技术，通过收购，通过合作开发，培养自己的人才，建立自己的技

① 在万向集团调研时的讲话。

术体系，有实力与跨国公司进行知识产权交换。这些理念跟上了时代。万象是中国企业国际化搞得最好的之一，在美国搞那么多项目，不仅没有遭到美国政府、地方政府、老百姓的反对，反而受到欢迎，说明万向采取了合适的政策。

强化品牌企业对整车全面负责的制度，就会建立起责任链条，整车企业才可能认真、审慎地选择配套企业、配套零部件，才能淘汰劣质零部件。万向研究院总经理陈军讲道：电池企业也要选择配套整车企业。我认为很好。正规电池企业选择整车企业是市场化的配对，整车企业选择供应商，电池企业反向选择，这种双向选择，都是优胜劣汰的过程，是市场化的结果。

以信息化、智能化推动产品化竞争[①]

固守传统产业政策是发展不起来的。新兴产业发展之初，需要新的进入者。从本质上讲，传统汽车企业对新能源汽车是抵制的，电动化的革命性替代会使燃油技术的百年沉淀迅速贬值，直至失去价值。

大众汽车公司提出 2025 年停止对内燃机的研发投入，这是带有标志性的。汽车电动化技术对燃油车生产企业来讲没有太多的技术障碍，美国通用 20 世纪 90 年代就生产出电动汽车，但并没有将其批量生产，因为它与原有格局存在利益冲突。美国这一轮新能源汽车的兴起，不是老牌车企所为，而是由特斯拉带动的。

电动汽车发展需要新的进入者。但在我们的体制下，新进入者很难进来。当初制定新能源汽车产业发展战略时，就曾希望由政府选择若干厂家作为“依托企业”。但是那些企业，特别是国有企业，在燃油车还大赚其钱的情况下表现得踌躇和犹豫。例如东风、解放

---

① 调研合众汽车时的讲话。

至今未能进入新能源汽车产销量的前十位。

新进入者会带来新的思维、跨界技术，甚至对产品的新定义。有资本市场分析师认为，特斯拉进入汽车行业的目标只有一个，就是颠覆底特律的生产方式。今天看，情况确实在变化，现在搞电动汽车的几乎没人去底特律，而是跑向了硅谷。

我们一行到企业搞调研，发现所到企业的电动汽车都从逆向开发转向正向开发，上汽、吉利、长江都是如此。这说明大家都把生产电动汽车作为公司长远战略，开始发力。在电动汽车产业发展中，能有一批专注于电动汽车研发制造的新企业进来很重要。它们不像传统燃油车企业那样可以“脚踩两只船”，因为它们没有退路。

我支持有一批新兴企业，也呼吁支持新兴企业，但传统势力太强大了，社会上的主流意识还是反对“一哄而上”，要“扶优扶强”。但是“强”绝不是“扶”出来的，而是竞争筛选的结果。

我认为合众有真正干电动汽车的架势，大家不仅有激情，更重要的是从产品开发、建实验室干起，尊重科学合理的流程。合众的特色是汽车＋互联网，就是把“车”的基础打牢，再在互联网上大做文章，做出自己的特色。我希望合众不是在全国100种电动汽车中再增加一种，而是要做出新的特色，将来与其他产品不是同质化竞争，而是差异化竞争。差异化体现在信息化、智能化。这是一篇大文章，现在刚刚开始。实际上未来电动汽车与燃油车相比，竞争的优势主要在信息化。合众能不能领先超前一步？合众产品的客户定位是年轻人，他们恰恰是信息化的一代，电动汽车的信息化会受到他们的欢迎。要做，就做早、做好，走在前面就能获得先发优势。

希望合众在中国制造2025、工业4.0的方向上走在前面，做到“规模化生产个性化产品”，网上选车，颜色、座椅、车长、个人签名都可以由用户选择，网上下单、按订单生产。这种生产组织方式会大大增强你们的竞争力。

迎接汽车社会，培育汽车文明*

中国作为一个后发国家，居民汽车消费正经历发达国家已经走过的历程，开始进入汽车社会。

深刻理解已经到来的汽车社会

当大众汽车消费达到较高程度后，由于它引起生产方式、生活方式、社会习俗、社会文化深刻的系统性变化，将使我们进入一个新的阶段——汽车社会。进入21世纪，中国以远远超过过去各个国家的速度走向汽车社会。来势之迅速，以至于我们在许多方面都没能做好准备，甚至连这方面的意识都很欠缺。当问题一个个出现时，只能被动应对。现在我们必须对越来越深刻地进入汽车社会所面临的形势有所觉醒并做好准备。我们面前的挑战就是，在大众汽车消费时代来临时，如何趋利避害，使中国的“汽车社会”朝着有益于社会进步、可持续的轨道前进。

汽车给经济社会带来的影响是极其深刻的。

汽车是持续扩大内需的一块基石。对中国大众汽车消费，在国

---

* 本文系作者2012年10月18日在上海中欧工商学院召开的“国际汽车峰会”上的演讲。

内外一直是一个有争论的问题。但总体而言，各国人均收入水平提高后，消费结构升级的共同轨迹，对中国人来说也难以绕过。就是说，在解决了温饱、满足了一般家庭用具之后，就会进入以住房、汽车为代表的改善生活质量的消费时代，这是不以人的意志为转移的社会进步的规律。在人均 GDP 达到 1000 美元后，轿车逐渐明显地成为居民消费结构升级的重要产品选择。目前，中国人均汽车保有量不到世界平均水平的 20%，与同等发展程度的国家相比差距也很大。随着经济增长，从东部到中部、西部，从城市到农村，有越来越多的人群加入汽车消费的行列，由此构成一个较长时期的内需增长过程。

汽车是持续拉动经济增长的发动机。汽车是一个高投入、高产出、集群式发展的产业部门。汽车自身的投资、生产、研发、供应、销售、维修，前序的原材料、零部件、技术装备、物流，后序的油料、服务、信贷、咨询、保险，直至基础设施建设、汽车旅游、汽车旅馆、汽车影院、汽车餐厅等构成了一个无与伦比的长链条、大规模的产业体系。它可形成的生产规模、市场规模之大，可创造的产值、税收和就业岗位之多，对国民经济拉动作用之大、之持久，是其他产业难以相比的。汽车是一个很有“黏性”的商品，一旦开始消费，很难接受“不再消费”；汽车又是一个有很强“拉动能力”的消费，在“消费汽车”时会带动各种服务消费。汽车产业链长，消费链更长，将持续拉动经济增长。

汽车是产业结构升级的推进器。在中国逐渐成为新兴汽车生产基地的同时，以汽车作为带头产业正在很大范围促进产业升级，成为我国实现新型工业化的重要载体。汽车的体验性、展示性和个人消费为主的特点，使它成为竞争最为激烈的少数产品之一。为获得用户的青睐，各个厂商争相吸纳各种新技术、新材料、新工艺、新装备，使汽车成了“工业之花”，是拉动产业结构升级的领头羊。

汽车是实现现代化的载体、推动社会进步的车轮。大众汽车消费对社会的影响，远远超出了汽车产业本身。汽车的广泛应用不仅会扩大人们的活动半径、加快社会活动节奏，而且会改变人们的距离和时间概念。在这个过程中，人们的生产和出行方式、居住选择、城市和乡村结构、生活方式、休闲方式、消费结构、商业模式也将随之改变，进而影响到就业结构、社会关系、沟通方式、活动节奏，以及知识结构、文化习俗等，使大家享受到先进的汽车文明，并逐步形成中国的“汽车文化”。轿车进入家庭还会增加国民在机械、电子、自动控制、能源、环境、社会和地理、法律等方面的知识，对社会进步产生巨大而深远的影响。人群良好的流动性不仅有利于统筹城乡发展和区域发展，减少沿海与内地、城市与乡村之间的差别，而且从长远看，有利于各地生活习俗的共通、各民族文化和情感的融合，增强民族凝聚力。

因此，我们不能仅以每千人拥有汽车的数量判断是否进入了汽车社会。围绕着汽车这一现代工业产品的普遍使用，将改变经济社会结构，形成一整套新的经济、文化、生活体系，改善人的生活质量，推进社会进步。但是，在汽车社会的脚步越来越近的时候，实际上我们并未做好准备，甚至连这方面的意识都很欠缺，以致这一现实逐步到来之时，我们还茫然不知所措。从现在开始我们就应对未来一二十年汽车大量进入社会所面临的形势有所觉醒和准备。

政府关注的重点应及时由汽车产业转向汽车社会

据公安部交管局发布的数据，截至 2012 年 8 月末，全国机动车保有量达到 2.19 亿辆，摩托车占 54.12%，汽车占 45.88%，即 1.005 亿辆。去除农用车，汽车保有量为 7000 万辆。仅 5 年时间，保有量几乎翻了一番。

汽车是一个大量耗能、耗材，影响环境，影响生命安全并需要庞大基础设施支撑的高额耐用的特殊商品。汽车在创造财富、带来社会进步、提高大众生活质量的同时，也可能成为消耗资源、污染环境、威胁生命的罪魁祸首。

随着汽车消费快速增长，社会问题接踵而来。据有关报道，2010年全国335个地级以上城市，1/5空气质量不达标；全国677个城市中，2/3高峰时段出现交通拥堵；北京、上海、广州、深圳等特大城市已经“车多为患”，交通严重拥堵；北京有近500万辆汽车，停车位缺口达235万个。刚刚进入汽车社会的门槛，我们就遭遇了燃油供应的压力，环境污染的困境，以及严重的交通拥堵和停车难的挑战。种种情况表明，影响大众汽车消费持续性的因素早已由汽车产业的问题转向与汽车相关的社会性问题。

中国大众汽车消费只是近10年的事。发达国家已经有上百年享受汽车文明、规避汽车灾难的经历。如果我们认真吸取经验，对进入汽车社会面对的问题早有准备，我们就可能更多分享汽车文明带来的好处，并把负面影响控制在较低水平。

较长一段时间，我们实际上是把汽车孤立地看作一个“产业”，停留在创造GDP、拉动经济增长的层面。相应地，由政府主管投资和产业的部门主导，主要精力放在制定“产业政策”和投资、布局等方面，对汽车消费增长之快估计不足、缺乏前瞻性整体规划和超前的准备。带来的结果是，对大众汽车消费引发的社会性变革准备不足，对汽车大量消费之后的负外部性控制不力，对汽车消费的正外部性缺乏诱导。

如果说在汽车产销快速增长的初期，政府关注的重点是汽车产业自身，那么在产业布局基本完成，充分竞争的局面形成之后，情况已经发生变化。汽车的投资、生产、销售等产业发展中的大量问题，市场已经有足够的调节能力；而汽车消费所带来的大量社会性问题，包括正面的和负面的，却是市场和市场主体所不能顾及的。

现实地讲，当前和今后制约中国汽车发展的主导因素已经不在汽车产业自身。继续把汽车只看作一个产业，肯定是一种失误，现在出现的很多问题恰恰就是因为仅仅把汽车当作一个产业，而对汽车进入大众消费之后，对全社会的生产方式、生活方式、社会文化、社会道德带来的冲击，改变的深度、广度和辐射力缺乏基本的认知。当前，政府职能应当及时从汽车产业层面提升到汽车社会，以长远眼光，从发展的全局出发进行趋利避害的引导和调控，在居民享受汽车消费的过程中，建立起高尚的汽车文明，良好的汽车社会。

关于汽车的社会政策

所谓汽车的社会政策，是指有关汽车社会的公共政策。它的立足点是更好地发挥汽车推进社会进步的作用，使居民更多地享受汽车文明，同时，最大限度地抑制可能发生的负面影响，保障汽车社会发展的可持续性。

当前至少有几个方面值得重视。

一是把汽车社会的概念引入国家和区域经济社会发展规划。仅仅由一个主管部门从创造 GDP 的角度，盯住生产侧，孤立地就汽车产业研究政策、进行控制的做法已经不能适应发展形势。短期适应性政策（如限号行驶）只能积累矛盾。基于汽车在改变社会生活方式和生产方式方面巨大的辐射力，基于它强大的正负外部性效应，在国家和区域发展中引入汽车社会的概念，趋利避害地统筹规划，实属必要。一项基础性工作是系统地研究我国私人交通成长的过程，对每千人汽车保有量增长进行科学的中长期预测，并以此作为规划人口分布、城市布局、基础设施建设，以及居民消费、改善民生、提高幸福指数的重要依据之一。

二是城市的发展应更加充分地考虑汽车社会的因素。要吸取城市发展规划对汽车保有量估计不足的教训，以中长期预测数据规划城市布局、居民出行模式、生活和消费方式，以及基础设施。中国尚在城市化过程中，尽管在部分城市或城市部分区域已经积重难返，但很多城市还在建设之中。如果能发挥后发优势，科学规划，就有可能做到人、车、生活、环境相协调，充分释放汽车推进社会进步、提高居民生活质量的积极作用。

三是牵住汽车消费政策这个“牛鼻子”，培育良好的汽车消费文化。我国受“官本位”的影响，在大众汽车消费起步阶段，车型结构就不尽合理。轿车排量、尺寸、车重的平均值比欧洲和日本的水平还要高，耗油量较高的豪华车、SUV 车超高速发展。据《中国汽车发展报告》（2011）提供的数据，我国 2010 年与日本 2008 年相比，新生产的乘用车小于 1 升排量的仅为 6%，日本则占 37%；1—2 升的我国为 83%，而日本仅占 48%。相应地，2010 年我国新上市乘用车平均油耗分别比 2008 年的欧洲高 18.3%，比日本高 17.4%。在大众汽车快速增长之时，这是非常值得注意的。政府应当抓住消费政策这个“牛鼻子”，把大众消费引向节能环保的小型车。政府以消费政策引导居民的车型选择，居民的“货币选票”影响厂商的研发和投资。

四是制定和实施汽车能源战略。石油安全已经成为国家经济安全的重要因素。汽车节能和替代能源是降低石油风险中最现实、最有效的措施。

燃油税政策是调节汽车消费和发展节能技术最有力的杠杆。美国燃油低税低价政策导致美国轿车普遍偏大、偏重，油耗偏高。类似美国水平的燃油税，会导向类美国的车型。这是中国人口、资源、环境无法承受的。燃油税的进一步改革势在必行。

再有，就是继续实行越来越严格的燃油消耗量限值标准，大力支持节能和新能源汽车的发展。

五是制定和实施越来越严格的排放标准。为实现我国对国际社会的承诺，应考虑将汽车的碳排放作为约束性指标。

我国现在汽车保有量 7000 万辆，有专家估计极限值将到 3 亿辆，达到顶峰的时间大约在 2025 年至 2030 年。我国人口多，人均资源少，如何处理好汽车社会与人口、资源、环境的关系？这是我们面临的一个严峻挑战。必须从现在就科学、系统地统筹规划，并采取切实的政策措施，保障中国汽车社会的可持续发展。

培育良好的汽车文明

进入汽车社会之初，我们必须关注的一个问题是如何正确引导，使中国的“汽车文化”是积极向上的，使中国“汽车文明”朝着有益的、可持续的方向前行。

进入21世纪，中国大众汽车消费增长速度之快是政府始料不及的。我们几乎用10年时间跨越了发达国家50年走过的历程，使中国“汽车社会”的到来带有突发性，由此给政府和社会带来太多的喜和忧。留下来的一个问题就是缺乏汽车文明的洗礼，缺乏汽车文化的积淀。

大众汽车消费正深刻地改变着中国社会。其中有正面的也有负面的。

汽车与一般消费品不同，它有极强的文化道德的示范和扩散效应。从这个意义上说，汽车社会是一所大学校。汽车消费的过程是在众目睽睽的公众场合进行的，具有流动性、展示性和可比性。这就使汽车选购、使用、驾驶等各个环节的消费行为不仅反映消费者自身的偏好，而且在向社会传播文化、展示道德风尚，会产生强烈的感染力和模仿效应。节能环保、礼让行驶的风尚，会使汽车成为一个个健康文明传播的使者。但相反的情况一再发生，例如，在一些城市，在同一条道路上，在没有明显紧急标识的情况下，一些另类车牌或遮挡车牌的汽车公然违规行驶，使守法与违规的界限变得模糊。这些宣示特权的举止一方面引起很多人的不满，但也吸引了越来越多投机者的追随。再如，近年来，抢道、乱停、闯灯，酒驾、飙车、捂牌、摘牌，乱抛杂物、开霸王车、肇事逃逸、肇事后“耍大牌”，甚至制造令人发指的伤亡事件，诸如此类不良甚至违法现象有愈演愈烈之势。这些现象已经引起社会的广泛关注，但现实的情况是：恶习得逞，引来了更多的效仿者；守法者吃亏，招致更多的违规者。这些不良行为的蔓延和传播，会改变社会道德风尚，影响人们的行为举止，降低社会文明程度，产生深远影响。

对于各种不良行为，有些可以用法律法规约束，但更多的是出现在理念、意识和道德层面，表现出的是一种文明和文化现象，并非靠法规约束所能穷尽。培育中国的汽车文明，任重而道远。

汽车应当成为提高居民生活质量的平台、推进精神文明建设和社会进步的车轮，使居民的生活因为有汽车的参与而更加幸福多彩。最终，创造一个健康的汽车文明、惠及人民大众的汽车社会、人与自然和谐的汽车文化。

趋利避害，控制负外部性

汽车消费有很强的外部性。汽车产业与经济、社会、环境协调发展所涉及的问题，远远超出汽车投资和生产的范畴。为使汽车消费带来积极作用、抑制负面效应，政府必须从全局和长远眼光统筹谋划汽车社会的蓝图。例如：

- 如何发挥汽车产业对技术进步和产业结构升级的拉动作用。
- 科学预测中国汽车保有量增长曲线，城市规划和交通模式如何适应私人交通增长的形势；如何利用私人汽车的普及促进人口分布和区域、城市结构优化。
- 从国家能源安全和环境保护视角制定汽车能源政策和技术政策，颁布能耗和排放标准。
- 如何使大众汽车多层次、多方位的消费需求与改善消费环境、发展服务业良性互动。
- 如何使居民在享受汽车文明、提高生活质量的同时，提高文明程度、道德素养、环保意识和社会责任感，提高国民素质。

经历近10年汽车产销超高速增长，政府面临的形势已经发生了根本性变化，重要的是充分竞争市场已经形成。相应地，政府关注的重点面临转移、行政方式面临调整。例如：

- 由侧重市场准入、项目审批等经济性管制，转向以法规、标准和导向性政策推动自主创新与技术进步。

- 由关注生产制造，转向关注包括汽车服务业在内的产业链的完善。

- 由关注产能控制，转向关注居民出行方式、城市规划和汽车消费环境的建设。

- 由关注汽车产业，转向关注基础设施、能源保障和汽车环保。

- 由关注汽车的市场和消费，转向关注汽车文明和汽车社会的建设。

汽车是一个消耗大量资源、能源，污染环境，影响安全，并需要庞大基础设施支持的产品。保障可持续发展是一个重大课题，政府应当未雨绸缪，统筹规划，稳步推进。

由政策驱动向市场、政策双驱动转型*

在产业发展的孕育期，政府是新能源汽车的第一推动力。以2015年新能源汽车超过当年汽车产销量1.5%为标志，表明国家的鼓励和支持政策已趋完善，并得到大多数试点城市的积极响应。更加可喜的是市场对电动汽车的拉动力开始显现，电动技术逐渐被消费者接受，潜在消费人群增长。

但是，目前总体上还是一个高度依赖政策的市场，其不可持续性已开始显现。

在产业的导入期，政府出台多种形式的购车补贴、激励政策，弥补了产品技术成熟度不足和初期的高成本，较快地启动了市场。但是，财政激励政策难以很好地体现对产品技术水平提升的导向和对降成本的激励，往往会出现追逐补贴、鱼龙混杂、泥沙俱下。从2016年起补贴政策及时退坡，这是非常适时的。当前，从总体上看，提高技术水平、降低生产成本仍然是发展的主题。创新技术、降低成本还离不开政策的支持，但更需要的是市场的激励、倒逼与筛选。种种情况表明，电动汽车的发展动力应该由政策驱动，向市场、政策双驱动转型，促进产业进入成长期。

发展动力的转型意味着政府应更加关注创造好的市场环境，促

* 本文系作者2016年1月22日在“中国电动汽车百人会年会”上的讲话。

进创新、鼓励竞争、加强监管、完善基础设施，并选用普适性激励与倒逼的政策工具，使电动汽车逐步向非试点城市扩展。

发展动力如何平稳转型而不致大起大落，合理可行的政策设计和政府与市场这“两只手”的协调配合至关重要。

有序放宽市场准入，强化市场监管

汽车技术的电动化与信息化、智能化和新能源革命交集，形成一个举世瞩目的创新平台。在这个平台上有太多的机会，给众多行业提供了丰富的想象空间。面对革命性的技术替代和升级，传统骨干汽车企业往往踌躇和犹豫，而后起者和新进入者却看到了机会，并甘愿冒险参与一搏。这是实现产业升级不可或缺的要素。第一，他们会带来新的思维、引进跨界技术，在新技术突破、产品定义、商业模式、融资模式等方面都会擦出新的火花；二是会增加试错的资本投入，加速试错过程，分散试错风险；三是，有他们的“搅局”，将促进既有企业的奋进。新进入者拿自己的真金白银投入，可能各有各的想法，但都是理性的。进入者中的大多数最终可能会被淘汰，但不能不给他们机会。

国家已经开始放宽准入。此时应在两个方面把握好政策。一方面，应当欢迎新的进入者，但绝不能“鼓动”或“忽悠”投资者、“过度招商”、“过度优惠”，要让投资者自主决策、自担风险；另一方面，以强制性技术标准和相关法规为准绳，严格市场监管，使违规的企业和不达标产品的入市受到严厉的惩罚，目的是建立好的产业生态，不出现“劣币驱逐良币”。

打破地方保护和壁垒，创造好的竞争环境

2009 年开始实施的“十城千辆”示范项目，受到很多城市的

欢迎。

第一，地方政府有支持本地新能源汽车发展的强烈意愿，非常希望借助国家试点，推动实现本地的产业目标。

第二，销售的电动汽车可以获得力度很大的国家补贴，地方财政也甘愿给予配套资助。

第三，试点城市结合本地情况制定政策和实施方案，借助试点的机会提升本地的交通、产业和环境治理水平。

试点调动了相关城市的积极性，它们动用当地资源，形成小环境，率先示范应用，使我国较快地开启了全球最大规模的示范应用。在这个过程中，出现了很多创新，发现了很多问题，探索出多种解决途径，积累了丰富经验，开辟了中国特色的促进新产业走向成熟的途径。

但也存在一些问题，其中一个问题是地方的目标与国家的目标并不完全一致，在执行国家政策时有时会跑偏。比如一些城市不太愿意以本地财政补贴外地企业，不太愿意向外地企业开放本地市场，特别是公共交通、公用事业等市场；有的城市设定地方补贴目录，有的要求本市销售须在本地设厂，有的要求使用本地产的电池和电动部件，有的规定充电桩只能由本地企业投资建设，等等。地方保护抑制了市场的激励、倒逼和筛选作用，造成优势企业得不到好的发展，弱势企业也失去了在竞争中提高的机会，两败俱伤，把企业引向对政府和政策的依赖，削弱了创新技术、提高竞争力的动力。在认真贯彻国务院明令禁止市场保护规定的同时，应总结、评估试点政策，适时使国家的政策普适化，在全国范围建立有序竞争的产业生态。

给全社会以长期稳定的预期

汽车动力技术的变革不仅涉及汽车业，而且涉及国家能源的结构调整、分布式能源的发展、基础设施的改造和建设，乃至智能交通、智慧城市建设的大思路。其中需要诸多政府部门、行业、大量企业的参与，要经历一个很长的过程。因此，国家新能源汽车战略成功的一个重要条件，就是必须给全社会一个长期稳定的预期，使其纳入相关产业和企业的长期发展战略。几年一个周期的政策不足以引导市场的长期行为。现行的两级财政补贴政策不仅是地方保护的一个根源，而且一些城市已经感到财政压力过大，还出现了骗补、补贴过度等问题。值得特别注意的是：一些车企在决策产品开发时受到很强的补贴导向，行为短期化；一些用户在购车消费时，宁愿扭曲真实需求而获取更多政府补贴。政策干预技术路线的结果将造成结构性扭曲。

应进一步研究实施非财政直接补贴的、与燃油消耗量限值相联系的零排放积分制政策。政府的经济激励政策应坚持：第一，释放政府长期致力于汽车电动化的信号；第二，在激励与倒逼双向发挥作用，但不干预技术路线；第三，利用碳排放原理，在高排放与零排放或少排放间交叉补贴，财政补贴淡出；第四，发布 5—10 年，甚至更长期间的强制性指标，相关指标要便于检测和监督，防止作弊；第五，具有普适性，可以在非试点地区推开。

支持企业开发依托市场自行发展的多样化产品和商业模式

进入产业化阶段，发掘消费者需求、打开市场出口，主要依托市场力量自行发展比什么都重要。

目前，中等级别主流纯电动汽车还是政策驱动的市场，而一些细分市场和一些新型商业模式，却正在走向政策支持下的市场驱动发展轨道。此时政府应保持技术中立，鼓励企业以新产品、新商业模式发掘当期的技术成熟度可以较好支撑、经济上能被用户接受的细分市场，实现以空间换时间，护送电动汽车产业走向成熟。

以特斯拉为代表的高档车，在部分人群中已成市场新宠；插电

（增程）式电动汽车较好地平衡了纯电驱动与续航里程、生产成本与使用成本、在极冷极热情况下取暖制冷与耗电之间的矛盾，还降低了对充电装置的依赖，受到不少消费者的欢迎；“分时租赁”商业模式以租代买解决了车价高的问题；只管用，不管充电，解决了对停车和充电难的担心；面对短途需求，可以满足续驶里程要求；使用成本低，又能满足自驾的偏好，成为现阶段很有希望的商业模式。

小型、短途、低速实用型电动汽车在大城市的物流最后一公里、环卫、公交接驳、公安巡逻、市政工程、机场的物流和旅客摆渡，以及老年人代步等方面异彩纷呈，在一些中小城市和城乡交界处作为乘用车更是快速发展。在这个领域，车价高、充电难、续航短的问题都不存在。用户愿意消费、企业愿意生产，地方政府则默认。如果政策得当，很快会发展成千万辆级的大市场，不仅会成为活跃城乡经济、拉动经济增长的一大亮点，而且将使各类短途交通的机动化不需经历燃油车的过渡直接进入电动化时代，产生巨大社会效益，增加一条具有我国特色的电动汽车产业化的途径。

目前在这方面还存在一些争论，但这类需求是现实、合理地存在的。面对现实，可考虑责成地方政府给其一个名分，制定车辆技术标准、质量标准，明确路权、纳入地方交通管理，将其引上健康的发展轨道，待条件成熟时再纳入国家管理范畴。

2000 年前后，美国、欧盟、日本及时修改道路交通法规，均已释放了低速电动汽车潜在市场。这些国家的经验值得我们借鉴。

2015 年，在多项利好政策推动下，我国电动汽车实现了超高速增长，形势喜人。根据我国的经验，在市场高速增长时，一些企业的主要精力会被引向产能扩张，往往忽略技术、质量和安全。在这里我要提醒的是，电动汽车产业化刚刚起步，技术提升还有很大空间，决定未来竞争地位的基础还是技术、产品、质量和服务。在满足不断增长的市场需求的同时一定要持之以恒地创新技术、夯实基础、精益求精、确保安全，实现可持续发展，切不可昙花一现。

面对汽车产业的创造性破坏*

编者按：2017 年 7 月 25 日，中国电动汽车百人会理事长陈清泰接受《汽车商业评论》专访，谈到汽车行业当前正在发生的巨大变革，以及面对巨变政府和企业应该如何应对。

他认为，每一步创新都会带来“破坏”，这种破坏就是进步过程，不管是政府还是企业，应该顺应历史发展的趋势，而不是抵制。

对于双积分政策、低速电动汽车等诸多热点话题，他也提出了真知灼见，并题写了“汽车四化，颠覆出行”的 2017 年首届汽车四化大会寄语。

以下是此次采访的节录。

汽车动力技术的电动化已经没有悬念

汽车动力技术的电动化已经没有悬念，但其背后就是创造性破坏，这个破坏是很残酷的，是对各个方面的破坏。如果“汽车四化”真正实现，那未来将是什么情景？

假如现在汽车中有一半是电动汽车，对整个石油产业链条，从勘探、采矿，到炼油、运输、分销，会造成什么样的冲击？石油的

* 本文系 2017 年 7 月《汽车商业评论》对作者的采访稿。

地缘政治会发生什么变化？依靠石油生存的国家会如何？石油价格会有什么变化？对各国的税收、就业会带来什么样的影响？这个“破坏”不得了。

现在小小的共享单车一出来，就已经威胁到成品油的销售，有一些敏感的石油公司已经感觉受到影响了。

另外，那些传统的汽车巨头又应该如何？它们在燃油汽车上有一百多年的积累，现在内燃机、变速箱都没有了，轻量化也使冲压、焊接等四大工艺慢慢被边缘化了，大量存量资产会变成“负资产”。这个冲击是巨大的，会造成巨大的社会影响，如就业等。

我认为无人驾驶也没有悬念，将来肯定会成功，假如一半的车是无人驾驶，首先是商业化的无人驾驶，这涉及多少人的饭碗？

另外，共享汽车问世后，汽车还会不会有那么多品牌？跟伦敦的出租车和中国的共享单车一样有几个品种就够了，要求就是实用，如此一来那么多汽车设计人员到哪里去？面对未来方方面面的变化，需要未雨绸缪做好准备。

每一步创新都会带来破坏，这种破坏就是进步。某一个国家可以对这种进步采取抵制，但是最后的结果，就是这个国家被边缘化了。这是很可怕的。

人工智能首先冲击的，就是特别依赖数据、遵守正常逻辑关系、有明确规则的这类劳动岗位，比如注册会计师、股评师，甚至包括医生的部分工作。最典型的是阿尔法狗，因为围棋是有规则的，计算机靠人工智能软件在试错中不断学习，越来越“聪明”，最后打败了一个个围棋高手。一个人一辈子最多下5000盘棋，而计算机可以不停地下棋，不停地试错，而且它的“记忆力”非常好，所以人无论如何都下不过它。这套技术如果用到自动驾驶，其行驶安全性完全可能超过职业司机。

据说有人乘坐无人驾驶车上路后，因为没有得到许可被交警查。我的看法是，无人驾驶发展至这样的水平，相关部门为什么没能创造一个道路实验的条件，促进这种技术的健康发展？

这里涉及国家管理体制、政府工作理念转型的问题。我们过去都是技术跟踪，将国外成熟的技术引进来，再在国内复制，所以我们还不习惯做第一个吃螃蟹的人。

美国、英国、法国、德国等不断地第一个吃螃蟹，不断出现原创性技术，在“人无我有”的情况下，获得了巨大的先创性效益。但是我国近代基本没有尝试第一个吃螃蟹的角色。向创新型国家转型，就要建立适宜创新的产业生态。

埃隆·马斯克（Elon Musk）开发回收式火箭，多次失败之后成功了，之后政府马上就有订货。原来制造火箭的企业怎么办？政府不管。如果政府此时提出一大堆问题，搞不好就可能把一些先进的技术拖死。

最近电动汽车的发展态势很值得注意。一些有影响的咨询公司和学者做了很多的预测。麦肯锡全球资深合伙人理查德·福斯特（Richard N. Foster）说道：“传统企业所拥有的庞大的人员体系和资本结构不再是优势，反而是企业转型的障碍，利益格局让传统企业缺乏冒险探索新领域的勇气而裹足不前，从而陷入被颠覆的危机之中。”他说：“在汽车领域创造性破坏已经发生，守成者将面临巨大挑战。”

最近斯坦福大学的经济学家托尼·塞巴（Tony Seba）认为，到2025年，在经济上电动汽车将会战胜燃油车，如果再加上无人驾驶，电动汽车的运营成本可能是燃油车的1/10。

这些判断和警告有些耸人听闻，但不是没有根据。当电动汽车性价比达到甚至超过燃油车，形势就会发生急剧变化。这个时间不会太晚，也许就在2025年前后。到那时再想转型，一切都已晚矣，搞不好就会重演柯达公司的惨剧。

值得说明的一点是这里的“电动化”指的是电力驱动，特别是纯电力驱动。但电的来源可能是外接插电，也可能是车载燃料电池。

当前以前者为主，长远看，后者不容忽视。无人驾驶的发展也不可逆转，它与智能交通和汽车共享结合将形成“未来出行”，大大提高交通效率。

从发展趋势看，共享汽车可能会替代很大部一分私家车，到那时交通情况就会发生很大的变化。

现在的问题是，对这样巨大的变化，一些人不以为然，尤其是传统车企。燃油车的产业链在一步步退出，大型专业零部件公司开始出让相关业务，可悲的是有的中国企业还在引进购买。

新进入者会带来新思维

前段时间有一位德国部长到中国电动汽车百人会考察，我们问他德国为什么也要对电动汽车给予补贴，他说德国政府主要考虑的是平衡分布式能源，在德国，屋顶光伏发的很多电用不完，希望增加储电能力，而存储单元比较好的就是电动汽车。

这就是未来很重要的发展方向，分布式能源加上分布式储能，构成一个个微电网。在中国中小城市和广大的村镇这种模式更加适合。上面屋顶发电，下面有 40 千瓦时车载电池储能。白天储能，晚上用这些电照明、看电视，用不完时还可以反馈给电网出售，赚点钱。

电动汽车与分布式能源结合，可以减少大气污染，再与车联网、智能交通、智慧城市联系起来，就会带来很大的经济社会效益。政府支持电动化方向，从战略的角度看是非常正确的。

很长时间我们靠产业政策推动产业发展，但现在形势已经变了，管得不适当就会产生新问题，比如对电动汽车的生产资质管理。按照计划经济思维，政府总是希望安排若干大企业就行了，不需要那么多企业搞电动汽车生产。

我国把电动汽车上升为战略性新兴产业，给社会很大的鼓舞。

很多投资者、创业者看到了政府的鼓励支持，看到良好的前景，因此他们会“一哄而上”。此时处在产业化初期，存在很大的不确定性，需要通过大量试错走向成熟。新的进入者愿意拿自己的真金白银来试错，分担试错成本，缩短试错过程，促进产业发展，总体看这是好现象，政府可以引导，不应限制。

面对革命性替代，在位企业可能也愿意推进，但是它们考虑更多的是成功率，不愿意冒太大的风险。因为它们必须考虑现有巨大的资产存量，包括技术存量、人才存量、生产装备的存量等因此而造成的损失。所以它们是迟疑的，因为转化成本太高，要亲手把最有优势的业务埋葬到坟墓，是舍不得的。

新进入者没有这些问题，它们没有任何顾虑，没有传统技术路线的约束，另外还会带来跨界的技术，带来新的思维。所以这时候新进入者的作用是绝对不可低估的。

发展电动汽车起步时，政府希望选择一些业内大企业为“依托企业”，依靠它们开发新技术，实现产业化。实际上这些大企业就是这种革命性替代的受害者，让它们主导电动汽车革自己的命，这种做法很难成功。

这一轮在全球真正让电动汽车受到全社会关注的是特斯拉，不是通用、福特，也不是在任何汽车生产基地，而是产生于互联网的大本营——硅谷。电动汽车已经几起几落，在此之前那一轮是 20 世纪 90 年代中后期，通用汽车公司也曾把电动汽车投放市场，但最后是它们自己停止生产。特斯拉没有这个问题，它会勇往直前。

当然这轮电动汽车再起来的重要条件是技术进步，尤其是电池技术有了巨大的进步，这是一个非常重要的因素。

很早以前人们就认为用电驱动汽车是一个非常理想的选择，但是高能电池一直达不到使用要求，铅酸电池服务于叉车还是可以的，但是作为公路交通工具根本不行。各种各样的电池都试过之后，最后脱颖而出的是锂电池。

锂电池出现后电动汽车局面打开了，之后电池水平不断进步，几乎每年电池能量密度等各项指标都是不断提高的。如果 2025 年电动汽车的经济性可以和燃油车抗衡，那就迈过了一道坎，依托市场自行发展的问题就可以解决了。

眼前的竞争是一场序幕

关于双积分政策，政府在制定新能源汽车积分比例的时候是经过很多测算的，应该说是有一定的根据的，至于哪些企业受害、受益，我认为都是受益者。只有生产电动汽车的产业受到激励，才能倒逼传统汽车企业快速转型。这恰恰是政府所希望的。只要这个政策对各个企业是平等的，就不会有什么大问题。

我所关注的是两个问题。第一个问题是政府的政策补贴还有一两年，这期间还有某些市场保护，也就是说给国内企业留出了一点空间和时间。中国的电动汽车和零部件企业应该充分利用这个空间和时间，下最大的力量把核心技术搞上去，潜心培育自己的核心竞争力。可以预计，政策补贴退坡到位之时就是外资企业发力之日，企业竞争力将受到严酷的考验。政府大力支持了多年，如果最后还是一个都站不起来，那就很糟糕了。

补贴的过程就要结束了，赶快把精力转过来，不必要再在补贴上耗费精力，政府怎么定就怎么办，必须立足后补贴时期把核心竞争力搞上去。

为提高核心竞争力，我不主张把过多的资源投向产能。决定汽车销售量的不是产能。核心技术、管理能力上不来，再强大的产能也没有用。

所以现在一定要把主要的资源、注意力放到掌握核心技术、加强品牌建设上去，生产能力可随行就市，根据市场销售形势分步扩张。

第二个问题是，现在大家关注的是电动汽车道路行驶的最基本功能，因为这个功能还没有完全过关。但是这个过程会很快过去，之后影响电动汽车卖点和竞争的焦点将会向信息化、智能化转移。

将来电动汽车的生命力、优势绝对不仅仅限于在道路上怎么跑，电动汽车最大的优势是它和未来的衔接。什么是未来？未来就是用户新的体验，就是零排放和清洁能源，未来就是智能交通、智慧城市，未来就是共享经济，而这一切依托的是电动汽车的信息化、智能化水平。在这些领域燃油车无法和电动汽车相比。

所以，眼前行驶功能还是很多车企关注的重点，但这是竞争的一场序幕，后续更严酷的竞争就是与未来的衔接。

我很不愿意看到的是，我们把电池搞上去了，轻量化也搞好了，车子跑得不错，但因为用户没有新的体验，未能与智能交通、智能电网有机联系，而失去竞争力，未老先衰。

另外，无人驾驶的问题不容小觑，它不是噱头，它代表的是未来。

对低速电动汽车一刀切是不对的

个人出行机动化是广大居民合理的需求，但不同居民的收入水平不同、使用条件不同。一些企业一直关注和开发适合低收入人群短途、低速的出行工具。但另一些人认为它技术水平不高，总想把它灭掉，往往却灭不掉，因为社会有很强的需求。社会是五彩缤纷的，需求是多样化的，不能拿北京、上海这种高端的要求让所有人都接受。

我们到山东调研时看到中小城市，包括城乡交界处，老百姓原来靠手扶拖拉机加拖斗出行，后来有了“农用车”，很多还是三轮车，有的车子只能前进不能后退。当时汽车行业强烈主张将其“赶尽杀绝”，但是农民还是愿意用。

后来农用车开到了中南海，中央领导发了话，放了一马，就发展起来了。应该说农用车在解决农村运输问题、农业生产上发挥了很大的作用，解放了大量劳动力进城务工。如果研究这段历史，农用车功不可没，农业劳动中 70% 是运输。

但是这种情况慢慢就过去了，现在已经看不见三轮车了，历史就是这么一个过程。我们不能不要过程只要结果。要了解村镇低收入人群的生产生活需要，开发适合他们需要的出行机动化工具。

随着经济的快速发展，中国人改善出行的欲望是超强的，在短短 30 年间，从手扶拖拉机到农用车，接下来是摩托车，后来变成两轮电动汽车，几次转型、几番进步，没有政府补贴，没有政策的支持，完全是依托市场力量实现的。广大的新进入者能不能不经燃油车的过渡，直接走进出行电动化的时代？

手扶拖拉机载人令很多人担心，农用车能不能大规模生产使用是一场大的争论，摩托车作为私人交通工具曾引起不小的争论，十年后两轮电动车又是一场争论。低收入人群改善出行的要求一再遭到社会蔑视，我认为这是很不应该的。当前的低速电动汽车争论近十年了，至今还没结论，更没有合法的身份。

低速电动汽车可以看作两轮电动车的升级版，也可以看作“正规”电动汽车的预备版，它既是生产工具也是生活用具，可以提高居民的活动半径，对繁荣小城市、村镇经济，提高生产力、增加收入、改善生活质量、增强幸福感，甚至对拉动 GDP 都可以发挥重要作用。在中小城市和村镇要加一次油很难，但电每家都有，而且使用成本低。如果与农村发展光伏发电结合就更加科学合理。现在用铅酸电池，不需要政府补贴，过一段时间就会升级为锂电池，再过一段时间低速电动汽车也许就不能满足需求，就会提速。就是要经历这么一个过程。中低收入人群的出行机动化的要求是合理的，是应该被满足的。

这种车在美国早已经放行，美国修改了道路交通安全法，将其纳入道路管理。

大城市一直要把两轮电动车、三轮电动车灭掉，但是灭不掉。现在没有法律地位也没有品牌，电动汽车就是这样不明不白地维持。反过来想，把送快递、送外卖的车都改成合标的汽车，城市会是什么状态？老百姓的创造是了不起的。

政府的责任就是从满足社会合理需求出发，积极引导，不断改进管理，而不是守着原来的规则不动，否则怎么创新？创新不仅是对原有技术的破坏，也是对原有规则的破坏，有时必须要容忍它。一方面严格执法，一方面宽容创新，两方面必须掌握一个度，这是很有技巧的。

创新引领与安全保障*

关于创新引领

2015 年，国家多种政策的叠加效应充分显现，电动汽车产业呈现爆发式增长，新能源汽车超过当年汽车产销量的 1.5%。这表明国家的鼓励和支持政策已趋完善，并得到了大多数试点城市的积极响应。更加可喜的是，电动技术逐渐被消费者接受，潜在消费人群在增长。

但是，总体上这还是一个高度依赖政策的市场，其不可持续性已经开始显现，从 2016 年起国家补贴政策开始退坡，这是适时的。种种情况表明，我国电动汽车正从产业发展的导入期走向成长期。相应地，电动汽车发展动力已经到了向创新与政策同时驱动的转型期。其中政策支持应体现在对竞争前技术的支持和非补贴的普适性政策的支持，如零排放积分政策。

目前越来越多的国家大大提升了电动汽车的地位，如德国政府出资支持电动汽车研发，有媒体报道 2025 年开始挪威和荷兰将停止销售燃油汽车等。相应地，很多巨型汽车公司正加大研发力度，大手笔投资电动汽车领域。这说明电动汽车的技术突破和产业化进程可能会超过人们的预期。

---

* 本文系作者在 2016 年“中国电动汽车百人会郑州夏季论坛”上的致辞。

由此看来我国的电动汽车面临两方面的挑战：一方面是政府补贴政策进入了退坡通道，电动汽车性价比提高的进程能否赶上政策退坡的进程，并逐渐走上主要依托市场自行发展的道路？这已成为中国电动汽车产业成败的关键。另一方面是国际汽车巨头在电动汽车上开始发力，中国肯定是它们最主要的目标市场。能否改写我国燃油车发展的历史，使我国电动汽车在开放条件下实现技术自立，并建立起较强的国际竞争力？这是政府与企业必须认真考虑的紧迫问题。

迎接这两方面挑战的关键是进一步突破核心技术，实质性提高竞争力。

中国企业不要被2015年电动汽车市场爆发式增长所误导，那是在强政策激励下的增长，是不可持续的。有些企业一门心思追逐增长，把企业有效资源聚焦产能扩张，却放松或忽略了创新和研发。目前，与技术上几乎完美无缺的燃油车相比，电动汽车性价比依然偏低，如果一些重要核心技术没有进一步突破，电动汽车将有半途而废的可能。企业必须审慎预估政策退坡之后与燃油车抗衡的情景，理性地配置研发与产能建设的投入。

当前我国电动汽车正从孕育期向成长期过渡，这是一个重要的机会窗口。从全球看，技术路线还有选择余地、核心技术尚待进一步突破、关键零部件壁垒尚未形成、信息系统还在发展、品牌效应尚未显现、商业模式呈现多样化，几乎在产业链的各个环节都存在很大的创新空间。

我国相对较早地把电动汽车上升到国家战略，有了较好的积累，又有全球最大汽车市场的支撑，这就为我国在电动汽车行业建立自主知识产权、培育自主品牌提供了历史性机遇，为形成具有全球竞争力的电动汽车产业创造了条件。

我们应当十分珍惜并用好政策退坡周期，潜心打造核心竞争力，使我国的电动汽车一方面可以与燃油车媲美，另一方面可以与国际巨头同台竞争。

电动汽车和燃油车一样，竞争力的核心是聚集优秀人才、拥有强大的研发能力、掌握关键技术和创建良好的品牌效应。对于汽车产业来说，生产能力的扩张相对容易，而核心竞争力的形成则十分艰难。但是中国企业不能再走“技术空心化”的老路，因为那充其量只是个“泥足巨人”。

补贴政策的退坡正在形成一股强大的倒逼能量。“补贴导向”将让位于市场导向、创新导向，优胜劣汰作用将强化。在大浪淘沙中真正能站住脚的将是那些具有创新能力、掌握核心技术、具有品牌效应的企业。

关于安全保障

马凯副总理2016年7月在西安召开的座谈会上，特别强调要重视电动汽车的安全问题，这也是全社会非常关注的重要问题，

100多年的汽车发展史说明，随着人们生活水平的提高，出行机动化是必然的选择，然而汽车引发的安全事故也常常令人触目惊心。相对燃油汽车，电动汽车处于起步阶段，除了与燃油车在安全方面的共性问题外，还存在由于能源结构改变而带来的诸如高压电路、动力电池等新的安全问题。因此，在电动汽车市场快速增长的时候，安全应当引起特别的关注。无论是整车企业，还是零部件企业对于可能出现的安全问题都要逐项排查、及时发现、找出对策，竭尽全力把问题消除在进入市场之前。即便这样，进入市场后仍可能出现问题，这就需要继续跟踪，不断发现新问题，解决新问题，必要时要“召回”已经进入市场的车辆。

应当承认，电动汽车的技术成熟度还不足、市场考验还不充分、消费者的信任度还很低，我们要尽量避免因一两次大的安全事故而伤害整个产业的发展。从这个意义上说，我们必须把安全放在首位，

因为安全是一个否定性指标。

世界上没有绝对的安全，但追求安全是企业的天职，企业要把产品安全建立在技术进步和科学管理的基础之上，要以更多的投入在设计、生产和实验验证的成功和失败中不断提高产品的安全保障水平。我们绝不纵容安全隐患，但也要宽容失败。因为这里存在不确定性。

安全也是规范出来的。要高度重视标准、法规和监管的作用。涉及安全的标准和法规有些是经科学的研究和论证确定下来的，有些则是经历诸多惨痛教训后总结出来的。企业必须严格按标准和法规生产、管理和运营；监管部门则应严格执法，要使不达标产品和违规者支付应有的成本，绝不能容忍“劣币驱逐良币”。

今天，我们把电动汽车的安全作为会议主题，并不是说电动汽车出现了多么大的安全问题，而是，电动汽车作为一个新兴重要交通工具，还缺乏充分的应用考验，需要未雨绸缪，防患于未然。

第二部分

电动汽车和汽车产业振兴

电动汽车正在改变世界*

汽车电动化趋势已无悬念，迟疑和观望将丧失时机

2016年以来电动汽车的发展态势给人的感觉犹如山雨欲来风满楼。那些看似激进的行动、耸人听闻的判断和警告可能都基于一个重要的判断，那就是最迟到2025年前后电动汽车性价比（成本/里程）将达到或超过传统燃油车。之后市场将以越来越强大的力量推动汽车消费的转型。由此造成的创造性破坏将是很残酷的。例如在我国，在平板显示替代彩色显像管过程中彩管企业全军覆没；"智能手机"替代"功能手机"的过程中诺基亚、爱立信、摩托罗拉三巨头全部出局，无一幸免。传统车企如果拖到转折的临界点再行动，则一切皆晚，搞不好甚至会重演柯达的悲剧。中国车企要认真研判发展形势，果断做出决策。

电动汽车正在改变世界

汽车动力技术的转型原本是技术进步和市场推动的正常过程，为什么诸多国家的政府一反常态，一而再再而三地出手干预？其中必有更加深刻的考虑。

---

* 本文系作者2017年10月25日在"亚太暨中国汽车工作学会论坛"上的讲话。

经济学家里夫金在《第三次工业革命》一书中描绘了一幅新工业革命的蓝图。他提出，互联网信息技术与可再生能源的融合，将为第三次工业革命创造强大的基础。而电动汽车存储和消纳间歇式能源、通过智能电网分享和交易电力，使电动汽车成为第三次工业革命的一大支柱。值得注意的是，他的这些观点在欧盟很多重要国家受到高度重视，并且正一步步变为现实。

在第二次工业革命中，汽车和内燃机以其带动的行业和产业之宽，能包容和吸收各种新技术、新材料、新工艺、新装备之广，可形成的产业规模、市场规模之大，以及对经济拉动作用之大、之持久，而站到了技术经济转型的皇冠地位。

正如燃油汽车曾改变了世界一样，今天的电动汽车不是孤岛，作为一个对经济、社会化环境影响重大的事物，我们必须跳出电动汽车评估它的地位和作用：电动汽车正在改变世界。

这主要体现在两个方面。

一方面是电动汽车与可再生能源构成最佳搭配，将改变对化石能源的过度依赖，走向低碳经济、绿色未来。

2010 年中国将电动汽车提升为国家战略，其根本动因，一是改变能源结构，保障能源安全，二是减少碳排放和大气污染，三是另辟蹊径做强汽车工业。

到 2016 年底，中国平均每 7.3 人有一辆汽车，其保有量已达 1.9 亿辆，石油对外依存度高达 65%。2016 年我国人均 GDP 已达 8800 美元，正进入汽车保有量第二个增长期，向每 3 人一辆车，即保有 4.5 亿辆汽车进展。但是无论能源的来源、安全和价格，还是环境容量对此都是无法承受的。及早向电动汽车转型，使大量新增用户不经燃油车的过渡直接跨越到电动化出行，是圆 14 亿中国人汽车梦的重要选择。

电动汽车做到绿色减排依托的是可再生能源的供电，而较大规模可再生能源的有效利用则依赖储能载体的支撑。

欧洲议会近日将2030年可再生能源在全部能源消费中占比的目标由27%提升至35%。国际能源署发布的报告显示，2016年全球可再生能源新增装机约占全球新增发电能力的2/3，太阳能发电首次成为增长最快的能源。可再生能源增长加速的趋势日益显现。

但是，间歇式能源总量超过电力总量一定比例时，必须将传统电网升级为智能电网，并在其中拥有相当的电能存储能力。例如2016年尽管我国太阳能和风电装机均为全球第一，但由于这两个条件不完全具备，弃风、弃光、弃水量达到1500亿千瓦时。

车载电池在智能电网中是一个个移动微电源，也是一个个移动微储能电站。大多数电动汽车停驶时间在90%以上。这时，车载电池可以接入交互式电网，当电价降低时储电，当电价高企时反充，从中可获取价差收益。比亚迪已经进行了成功的探索，特斯拉做出了典范。

电动汽车因其数量庞大，总体有强大的平衡间歇式能源的储电能力。这个能力来自两个方面。一是车载电池。设想到2030年中国保有5000万辆电动汽车，平均每车搭载50千瓦时的电池，总的电池容量就达25亿千瓦时。如果平均有1/4接入智能电网，就有6.25亿千瓦时的电容量参与平衡间歇式能源。这是不需额外投资而获得的巨大调控容量。二是由退役电池组成储能电站。如果车载电池使用10年、储电能力降到80%时退役，则每年可增加2亿千瓦时储电容量。而2015年全球抽水蓄能电站总装机仅有1.54亿千瓦。

目前，尽管有各种各样的储能手段，但是从规模、成本等各方面看，车载电池是最重要的储能主体，电动汽车是解决可再生能源间歇性的一条重要出路。增强储电能力，保障可再生能源发展可能是一些国家提出禁售传统燃油车时间表、提速发展电动汽车的一个重要原因。

电动汽车正改变世界的另一方面是，电动汽车是继智能手机之后功能极为强大的信息化、智能化移动平台，是对接新一代移动通信、智能电网、智能交通、智慧城市的主要载体，是推进技术进步产业升级的重要力量，是实现绿色经济、绿色生活、未来出行的主要途径。这一切会以深刻而意想不到的程度改变人们的生活方式和商业社会，造福世界，就像20世纪的内燃机汽车一样。

例如，车、路使用者借助多种网联化系统，通过移动互联网连接构成智能交通体系；共享汽车与自动驾驶将改变人们的出行模式，并促使汽车“从保有转向利用”，大幅度减少汽车保有量；车路联网、车车联网将改变交通模式、提高交通效率、降低交通成本、减少交通事故、改变交通出行体验。这一切将从根本上解决交通出行的痛点和难点。

迎接国际化竞争的挑战

目前，电动汽车的国际技术壁垒尚未形成。充电、换电等一些技术路线还有选择的余地；动力电池、核心零部件、电子电控、轻量化技术还在快速进步之中；信息化、智能化等方面仍有很大创新空间，总体处于重要的机会窗口期。面对政府双积分政策的实施和国际汽车巨头即将发力的竞争形势，我国电动汽车产业进一步掌握核心技术、加强品牌建设，培育核心竞争力仍是发展的主题。

习近平主席指出：“发展新能源汽车是迈向汽车强国的必由之路。”在燃油汽车技术上我们追赶了50多年，至今没有做强。汽车动力技术的变轨带来了历史性机遇，发展电动汽车绝不能走技术空心化的道路。企业和投资者必须明白，决定企业未来竞争地位的绝不仅是生产规模，更为重要的是基于技术能力和管理能力的性价比，是基于产品品质、品位而形成品牌认可度和具有创新能力的营销模式。稀缺资源配置的效率决定企业的竞争力。企业应抓住技术变轨的窗口期，将有限资源优先投入技术开发，夯实技术基础，培育一流研发团队和创新能力。生产能力应与营销能力匹配，按需分期扩产，不要搞“形象工程”，让厂房设备晒太阳，成为“负资产”。

电动汽车做强的一个基础是把零部件做强；电动汽车的历史机遇也就是零部件的历史机遇。电动化、信息化、智能化之后的电动汽车，正在很大程度上重构零部件体系，其中很多是新型零部件。整车成本中外购的材料和零部件要占60%以上，对于新进入者和投资者来说，这是巨大的空间和良好的机会。核心零部件大多是技术密集的产品，对整车性能水平起着决定性作用。投资机构和整车企业要支持零部件企业，齐心协力补足这块至关重要的短板。

电动汽车的技术进步应当双线作战。一条战线是电池、电机、电控、电力电子、轻量化等，保障电动汽车良好的行路功能，但这只是“1.0”版本；另一条战线是信息化、网联化和智能化，满足日益提高的消费者体验，最终实现无人驾驶。两类技术融合并进，才能进入“2.0”、“3.0”版本。一些机构和学者把电动汽车定义为“装在轮子上的电脑”，这切中了未来竞争的要害，企业既要做好“轮子”，更要搞好“电脑”。持传统观念的人曾对此不以为然，现在应当对这一观点三思、再三思。目前一些车企仍保持生产燃油车理念，专注“1.0”，搞不好基本行路功能上去了，但因没有信息化、智能化的卖点，而被市场冷落。

政府应给市场应有的预期

可以预计，在2025年前后太阳能和风力发电将可平价上网，电动汽车性价比将达到或超过传统燃油车，双双跨入市场驱动发展的门槛。要使电动汽车造福社会的潜力变成现实，涉及能源结构的调整，智能电网的建设，交通基础设施的升级，新一代移动通信的支持，产业链的调整改造，就业岗位的转移，以及法律法规的调整等，是一场波澜壮阔的工业革命。每一方面都是周期较长、牵动全社会的巨大系统工程，也是拉动经济增长、技术进步和产业升级的巨大动力。为此，政府需要未雨绸缪，做好顶层设计，给市场和社会应有的预期，并进行系统的部署，有序推进。时间已经很紧迫了。从这个意义上说，政府制定一张时间表是十分必要的。

由于历史原因我国错过第一次和第二次工业革命时机。当前，我国对较大幅度地改变能源结构、改善环境、提高交通效率、加快产业结构升级，推进智慧城市建设，形成新的经济增长点的要求，几乎比任何国家都更加迫切。令人鼓舞的是，我们在第三次工业革命所涉及的主要领域都有较好的基础，把握得好我国有可能成为赢家。

改变交通能源结构势在必行*

交通已经成为我国大城市首要污染物和温室气体排放源，改变交通能源结构势在必行。

把电动汽车的发展上升为国家战略具有重要意义

在全球金融危机爆发后，我国很快将电动汽车的发展上升到国家战略。电动汽车包括纯电驱动、燃料电池和插电式电动汽车。这是国家利用新能源革命的机遇，从长远出发做出的重要抉择。从战略上看它有重要意义。

改变交通能源结构，化解能源环境矛盾

中国在 1993 年还是石油净出口国，到 2002 年石油对外依存度就上升到 25%，2010 年突破 50% 的警戒线，2011 年成为全球最大石油进口国，2016 年对外依存度突破 65%，而且，在未来较长时间我们仍将处于能源需求旺盛的增长期。石油消费的 50% 以上是交通，交通能源的 90% 是石油，中国新增石油消费的主要领域是交通。目前，本土石油资源的短缺、快速增长的进口、动荡的石油地缘政治和能源生产与消费造成的污染，使我国在能源与环境方面面临有史

* 本文系作者在 2016 年 6 月 8 日“中美低碳城市峰会”上的讲话。

以来最大规模、最为严峻的挑战，甚至不亚于当年的美国。如果我们能充分利用新能源革命的机会，积极稳步地推进新能源汽车的发展，那么经过20年或30年努力，我国的交通能源结构将得到显著改善，能源与环境的矛盾将得到较大程度的缓解，国家能源安全程度也将得到提高。

电动汽车是中国迎接新能源革命的一个战略支撑点

近年来，中国清洁能源，特别是可再生能源发展速度之快超出了很多人的预计。2015年风电累计装机1.45亿千瓦，比上年增长31.9%，预计2020年将达到3亿千瓦；2015年光伏发电累计装机4318万千瓦，比上年增长50%，预计2020年将达1.5亿千瓦，其中分布式发电装机达8000万千瓦。可再生能源大都属于间歇式能源，目前弃风、弃光率高达10%~30%。电动汽车和其他零排放交通、移动机械等作为一个个储能单元、消费单元和信息终端将成为分布式可再生能源发展的有力支撑。智能电网、分布式能源、分布式储能和零排放交通等，经智能化网络的连接和优化，将使整体能源效率、能源安全和降低温室气体排放达到一个全新的水平。

带动产业结构升级

汽车技术的电动化与新能源革命交集，与信息化、智能化构成最优搭配，为智能交通、智慧城市创造了条件。由此，将极大地提高交通效率、交通安全，降低交通管理和运行成本。汽车电动化技术还将向农用机械、工程机械甚至国防等用途延伸，成长出一个庞大的新兴“移动电动技术产业群”，实现移动装备的电动化、清洁化、信息化，促进国家的信息化进程。这是一个举世瞩目的创新平台，给众多行业的企业提供了广阔的想象空间，创造了众多的投资机会，将拉动中国的产业结构升级和增长动力转型。

圆中国人“汽车梦”的可行途径

2015年我国千人汽车保有量为110辆，仅为世界平均水平的60%，相当于人口密度很高的日本2009年的23%。可以预计，在未来较长一段时期，中国汽车产业仍处于增长期。

中国有13.7亿人口，峰值可能达到16亿。根据国情，是否允许私人交通发展一直存在很大的争议。但是从发达国家的经验看，随着人均收入的增长，消费结构升级的路径具有明显的趋同性。个人出行机动化是不可抑制的内在需求。实际上，在中国每年都有越来越多的居民加入汽车消费者行列。与此同时，令我们长期甩不掉的一个隐忧就是日益严峻的能源环境问题如何解决。理性地讲，如此众多的人口如果依托燃油车，不仅美国式，即便是日本式的个人出行机动化，无论对能源来源还是环境容量都是不可想象的。

十分庆幸的是我们迎来了新能源革命，它给我们提供了新的思路、新的途径。中长期看，14亿中国人圆“汽车梦”的希望寄托于电动汽车。

重要的政策选择

电动汽车节能、自身零排放、降低对石油的依赖等优势，都是外部性效应。与几乎完美无缺的燃油车相比，对生产者和消费者来说，电动汽车还显得“不成熟”“不经济”“不方便”，生产者和消费者对汽车动力技术电动化没有急迫性和现实需求。这就使各国政府成了电动汽车的第一推动力。

中国政府的推进政策大体可分为三类：激励性政策，主要是以政府资金支持竞争前的研发，特别是电池技术的研发，购车补贴和政府采购等；限制性政策，包括提高燃油消耗量限值标准、提高排放标准、加征碳排放税等；支持性政策，主要是法规和标准的建立、基础设施的规划和建设等。这些目前正在陆续到位。当前还有几个方面值得进一步研究。

面对新技术革命，应当欢迎新的进入者

在汽车产业高度发达的美国，在这一轮汽车动力技术革命中脱颖而出的不是通用、福特，也不在底特律，而是诞生于硅谷的没有任何汽车背景的特斯拉。这再一次表明，替代性技术变革与原有技术轨道中的佼佼者存在利益冲突。发动机、底盘、车身是汽车技术的三大支柱，一旦被替代，车企的有形和无形资产存量将大幅度贬值，主要技术优势也随之失色，企业在产业链上的地位将发生重大变化。面对这种“革命性替代”，它们往往显得踌躇和犹豫。

电动汽车的核心技术，如动力电池、电动部件、电子控制系统等已经超越传统汽车企业之所长，需要在一组重大技术突破的基础上，附之一个庞大的技术群才能发展起来，此时仅靠业内大企业无法完成。但是，广阔的前景却为众多企业家、创业者、投资人提供了极大的想象空间和创新的机会，他们甘愿冒失败的风险参与试错的过程。新的进入者对促进产业走向成熟有着不可或缺的作用：一是会带来新的理念、新的创意，甚至重新定义产品；二是带来交叉学科的知识和跨界的技术，为形成新的产业链奠定基础；三是大量新企业的进入将加快试错过程，整体上降低试错成本；四是有新进入者的“搅局”，会削弱既有企业的惰性，鞭策它们的跟进；五是从中可能出现一些黑马。

目前，特斯拉这样的黑马在我国制度环境下还难以出现，因为当一些产业被国家重视时，政府就会制定产业政策，设立准入门槛，防止“一哄而上”，使新进入者在行政许可大门之前受阻；而一些地方政府则实行保护政策，使成功者难以扩大市场占有率。我国走向创新驱动，必须让市场起决定性作用。政府应鼓励既有汽车企业的转型，更要有序地放开市场准入，创造公平有序的产业生态。

政府的政策组合要给全社会一个长期稳定的预期

汽车的产业链特别长，其动力技术的重大变革不仅涉及汽车产业的重大调整，而且涉及国家的资源开发利用、能源结构调整、基础设施的改造和建设，乃至交通模式的变革和智能交通、智慧城市建设等大思路。其中需要政府部门和诸多行业、大量企业的参与，经历一个很长的过程。因此，新能源汽车战略实施的关键是政府必须给全社会一个长期稳定的预期，将电动汽车纳入相关产业和企业的长期发展战略。2010 年开始的几年一个周期的政策，包括制定三年期、五年期的政策已经不再适用，不仅在政策衔接期会产生较大的市场波动，更重要的是不足以引导企业和消费者产生长期行为。

近几年电动汽车发展的起落表明，市场对政策十分敏感，就是说政府的政策可以有效引导企业和消费者。以财政补贴护送电动汽车发展的路能走多远？这是影响市场行为的重要因素，它的不确定性使不少企业“脚踩两只船”，随时准备退出。美国加州出台的《零排放汽车法案》具有重要的借鉴意义。其基本原理是车企在本地销售总量中必须承担一定比例“零排放”产品的义务。政府公布未来五年、十年甚至更长期的年度销量中零排放积分值。零排放车型包括纯电动汽车、燃料电池车、插电式混合动力车等，但各车型按减排效果有不同的积分值。监管部门规定与销量挂钩的年度积分基准，未达到积分的企业必须向监管部门支付罚款，或是向其他公司购买积分。这一政策思路值得借鉴之处在于：第一，这是高排放与零排放或少排放汽车间的交叉补贴，与碳交易的原则相一致，比财政补贴更具合理性；第二，可以减轻财政压力，具有可持续性；第三，根据排放程度设定不同的积分值，政府不干预技术路线；第四，释放了政府长期致力于汽车电动化的信号，可以给市场、基础设施建设以可以预见的未来；第五，对于企业是“胡萝卜加大棒”，具有很强的激励与倒逼的作用，将促使厂商与政府合作实现目标；第六，随着目标的实现，政府可以平稳退坡。

重视寻找依托市场力量自行发展的道路

从历史上看，汽车动力技术的电动化已经几起几落。中国的电动汽车要想一路走向成熟，还存在很大的难度。及时发掘细分市场，在政府支持下主要依托市场的力量延续下去，是走向成功的一种选择。

中国电动汽车产业化有两条线：一条是政府主导，财政补贴方式，这是当前的主流。另一条是消费导向，依托市场，内生成长的道路。

我国从“十城千辆”示范项目开始，对电动汽车实行政府补贴，有效地启动了产业化进程。其问题是，如何避免产生依赖，如何防止政策退坡后，不退回到燃油车的原点。

我国幅员广阔、经济水平参差不齐。大中城市出行机动化是沿着工业化国家走过的路径一路走来；而在广大中小城市和村镇则从“手扶拖拉机带拖斗”，到“农用车”，到小型面包车、低速轻型卡车，从两轮、三轮燃油摩托车，到两轮、三轮电动车，在短短30年间从低到高实现了几次升级，可喜的是这都是需求导向、市场驱动的结果。截至2015年我国汽车保有量1.63亿辆，而摩托车有9000多万辆，两轮、三轮电动车超过2亿辆。后两者保有量超过了汽车的1.8倍，成为中小城市、村镇和部分中低收入居民交通机动化的主要工具。目前，摩托车正在向电动汽车转型，两轮、三轮电动车开始向四轮电动汽车升级。

现在在山东、河南、浙江、江苏等地的一些三四线城市和城乡交界处悄然兴起了与美国“邻里车”、欧盟四轮摩托车非常相似的小型四轮短途低速电动汽车。该类车载员4人，最高车速50公里/时，续航约80公里，百公里耗电8—10安培小时（约合每公里8分钱），220伏充电，售价3万元左右。这种车有人愿意消费，有人愿意生产，不需要政府补贴和额外建设基础设施，2015年产销达40多万辆。近年来，这类车已经在大中城市的市政、环保、公安、执法、巡逻，以及物流、接驳、观光、老年代步等细分市场迅速扩展，部分车型已被列入政府采购目录。但是，到现在政府对此还没有出台标准，没有规制，没有合法路权，存在不小的争议。如果我们效仿发达国家的做法，不是限制，而是尊重居民根据自身经济能力和实际需求的现实选择，政府通过标准、规制加以疏导，那么很快就能实现较大的发展。随着消费能力的提高，产品必将不断升级，使我国广大人群交通的机动化不再经历燃油车的过渡，径直走向电动化、清洁化的境界，走出一条具有我国特色的电动汽车产业化和交通能源清洁化的途径。

电动汽车的产业化最终必须依托市场来完成。在过渡过程中政府之所以出手，是基于对电动汽车外部性和产业化前景的审慎研判；政府之所以补贴，是基于在不太长时间以后可以逐步退出，并依托市场自行发展。因此，政府的政策组合应当：第一，必须产生长期预期，引导相关产业和企业的长期战略；第二，推进政策应当借力市场，发掘并释放市场的潜力；第三，政府的政策应当在激励与倒逼双向发挥作用，不扭曲市场、不削弱竞争；第四，政府政策不干预技术路线，政策的实施不是导向对政府的依赖，而是政府作用的适时退坡。

电动汽车的发展形势与展望*

在政府政策的强力推动下，经过几年的快速发展，我国电动汽车产业正在从导入期走向成长期。相应地，发展动力也在由政策驱动向市场与政策双驱动转型。对当前的发展态势进行分析和展望，有助于产业和企业健康发展。

2016 年是电动汽车发展的标志性一年

有专家评论，2016 年是电动汽车发展的标志性一年。我认真思考后认为这不无道理。

第一，发达国家和主要汽车生产国、大型汽车公司对汽车电动化、低碳化、信息化、智能化的发展方向取得了更加广泛的共识，推进力度加大。这一年包括美国、德国、日本等国家纷纷采取各种措施，加大政策支持力度，抢占先机。而挪威、荷兰等国则设定了更加激进的目标，提出到 2025 年或 2030 年将不再新增传统燃油汽车。全球最具影响的大型汽车公司，如宝马、大众、奔驰、通用等，继日产雷诺之后在这一年向电动汽车领域高调转型，纷纷宣布 2020 年前后将把系列化、多品种电动汽车投放市场。丰田汽车公司也决

* 本文系作者 2017 年 1 月 14 日在“中国电动汽车百人会年会”上的讲话。

定设立纯电动汽车开发部门，到2020年建立并完善纯电动汽车批量生产体系。种种迹象显示，发展新能源汽车已成不可逆转之势，是各个国家必争的制高点，企业间激励竞争蓄势待发。正如麦肯锡资深合伙人理查德·福斯特所指出，汽车产业已进入创造性破坏时期，守成者将面临巨大挑战。

第二，我国很多企业由“试试看”转向“铁了心地干”，把电动汽车放到了公司战略的中心。我国将电动汽车上升为国家战略后，吸引了包括汽车、零部件、互联网、电力电子等相关行业、企业和投资者的积极响应。经历导入期的磨炼，企业逐渐找到“感觉”，看清了机会和前景，坚定了信心和决心。在短短的几年间，我国电动汽车产品已经从燃油车改装，走向正向设计，2015年以来已有十余家企业发布了电动汽车发展战略，例如上汽“绿芯”战略、北汽“卫蓝计划2.0”战略、吉利“蓝色吉利行动”战略等。值得注意的是，这些“战略”都是作为公司长远发展之“根”，立足于高起点、国内国际两个市场，聚集一流人才、建立一流研发实验能力，目的是确立未来的竞争地位，正在开启我国汽车产业发展新的一页。一批没有退路、专注新能源汽车的新企业，它们没有资产存量的拖累，思想更加解放。这些新进入者带来了新的思路、新的创意、新的发展路径、新的生产组织模式，给整个产业带来了活力，正深刻影响着整个汽车产业。它们一开始就以全球市场为目标，全球布局研发机构，在国内外招募尖端人才，走上了开放条件下自主创新的道路。

第三，创新和研发路径已悄然转型。与燃油车的跟踪模式不同，电动汽车没有太多现成的东西可以模仿，这就使很多企业把电动汽车作为研发和创新路径转型的契机。电动汽车给自主研发力量提供了一个全新的舞台。从产品定义、整车设计、车身造型、动力、传动和轻量化、信息化方案制定，以及生产工艺等全过程给研发人员提供了难得的放手施展机会。为了适应这一新的形势，很多企业对研发重视的程度和人力、物力、财力的投入力度都达到空前水平。

持续、充分的投入，加强了研发力量，聚集了研发人才，加快了核心技术的积累；大量新兴力量的加入，打破了创新壁垒，加快了跨界技术的合作与突破。目前第二轮正向设计的车型已经或即将面市；电池、电机、电控的水平较快提高；自主技术的纯电、插电、深混车型均已成熟上市，整车的信息化水平不断提升，辅助驾驶技术的探索取得进展。更加可贵的是，很多企业从公司长远战略出发，系统规划产品，搭建模块化构架，实现了多品种车型和纯电、插电、油电混合等多种动力形式的平台化、通用化、标准化；为给用户全新体验，不惜在车身造型、轻量化、信息化上加大投入、提高水平。总体看，研发队伍迅速生长，创新能力较快提高。

第四，我国电动汽车产业化走在世界前列，给了我们一个难得的自主建立产业链的机会。在最近短短几年里，电池和零部件配套能力增强，跨产业、跨学科协同创新的态势逐渐形成。动力电池的研发引起众多企业的关注，研发和资金投入强度加大，从原料、正负极材料、隔膜、电解液到生产工艺等产业链同步壮大；能量密度逐年上升、成本逐年下降；生产过程的自动化提高了质量保障能力，生产能力同步快速增长。电力、电工、电力电子、互联网行业和企业与整车企业密切合作，使电机、机械耦合装置、电控、信息化系统，以及电动转向助力、电动空调部件等技术快速进步。车身轻量化技术取得重要突破，一批有实力的零部件和系统企业开始显现。电动汽车的产业链逐渐完善，整体竞争力提高。

第五，国际化发展的趋势明显。我国电动大巴抢占先机，已远销几十个国家，包括一些发达国家。在乘用车方面，一些企业在产品定义和设计时就兼顾国内外两个市场，甚至瞄准国际高端市场；一些企业在全球布局研发机构，扩大技术来源；吸引国际人才，组织国际化研发团队。随着我国企业实力的增强，中外企业的合作方式也在变化，有中外企业联合开发新车型，也有以国内企业开发的平台开展合作，还有外资车企选购国产电池、电机等，实现了共赢。

第六，交通、电力、信息、城建等部门和地方政府密切配合、大力支持，电动汽车发展的产业生态不断改善。除了乘用车、商用车外，电动汽车在物流、环保、市政、巡逻、接驳、农村等领域和地区多样化应用日益普及，全社会对交通电动化的认知更趋一致。充电基础设施建设加快，分时租赁、网约共享等商业模式创新方兴未艾；“十三五”科技规划正有力推进基础技术的研发。

总体上看，经过导入期几年的酝酿，很多企业发展电动汽车的整体思路、中长期规划逐渐形成，工作部署陆续展开，早期成果在2016年陆续展现。可以说，2016是中国电动汽车产业收获颇丰的一年。

迎接产业发展新形势

以2020年为节点，我国电动汽车产业面临新的发展形势。

第一，进入2016年，中国电动汽车的发展已经由导入期进入成长期，在消费者购买意愿增强的同时，已经有较多的企业和越来越丰富的多样化产品供给市场选择。此时，由政策驱动向市场、政策双驱动转型的特征日益显现。政策的驱动，是增强消费者购买意愿；市场的驱动，是以消费者的选择促进企业竞争。在很多人担心新进入者“蜂拥而上”时候，随着竞争的加剧，企业差距拉大，“大浪淘沙”的过程已经开始，竞争将成为越来越强大的激励与倒逼的力量。这种现象不仅反映在整车企业，而且已经延伸到电池企业、零部件企业以及上下游整个产业链。可以说，市场驱动态势的形成是国家支持政策迎来的第一季收获。

第二，迎接国内市场的国际化竞争。可以预计，政府购车补贴淡出之时，就是外资和合资品牌大举进入中国市场之日，距今只有四五年时间了。当前国内企业间的竞争只是一场序幕，国际化竞争来临之时才是真正的考验。我们必须清醒地看到，产销规模大并不等于竞争能力强。我们与国际先进水平仍有不小的差距，重要的是技术基础薄弱、原创能力较低、核心技术欠缺，品牌影响力不足。这些带有文化色彩的软实力需要持之以恒的积累，非一日之寒。提高产业竞争力仍是必须竭尽全力突破的重点。提高竞争力的途径不是等待政府“扶优扶强”，而是由政府创造好的产业生态，使优强者在竞争中脱颖而出。可喜的是，很多国内企业在制定发展战略时，就瞄准国内国际两个市场，产品设计、生产工艺、产品质量都以国际水平为准，这些企业相对主动。

第三，向后补贴转型期的政府政策。在既定政策支持的周期内，技术进步的程度能否与支持政策退坡的进度相匹配，是政策能否顺利转型的关键。政府的购车补贴是一把双刃剑。当市场竞争格局出现之后，政府就要特别注意不要因政策调整不及时而削弱竞争。这次调整的目标是为后补贴时期电动汽车依托市场自行发展打下基础。因此，调整的基点是在保障市场平稳增长的基础上，聚焦技术创新，加快补足技术短板，提升电动汽车的性价比；相应地，评价支持政策效果的窗口应该由市场规模扩张，转向竞争力的提升。具体看，购车环节的补贴应适时退坡，退坡的力度要形成足够的倒逼创新技术、降低成本的能量，造成优胜劣汰之势；政府资金应更多地支持共性技术的研发、充电基础设施建设；与此同时，非补贴的“功能性政策”，如碳排放政策、燃油消耗量限值政策、零排放积分政策，以及购车许可、限制行驶之类的政策组合应及时出台，使市场产生稳定的预期。

第四，立足后补贴时期，打铁还得自身硬。从“十城千辆”示范项目算起，各国发展电动汽车的时间差给我国企业留出了大约十年的孵化期，这是难能可贵的。2020 年作为中国电动汽车的一个标志性年份，将迎来后补贴时期。可以预计，那时直接购车补贴将淡出，但功能性支持政策还将保持。在这种情况下，电动汽车能否与燃油车抗衡，在与国际巨头竞争中能否保持自己的优势，将取决于这几年的行动。

我国的电动汽车是在较高的起点上起步的，总体经济技术实力已今非昔比。如果把握得当，以电动汽车为契机，我国汽车产业的国际竞争地位将有所改观。企业应充分利用政策支持的周期，下大功夫做好三件事：第一，“人无远虑，必有近忧”，既高瞻远瞩又脚踏实地地制定好中长期发展战略，并加紧部署与实施；二是持续壮大研发能力，掌握核心技术，攻下电动汽车“不经济、不放心、不方便”三块短板，奠定电动汽车与燃油车抗衡的基础；三是以产品的品质、品位打造优秀自主品牌，赢得市场的信赖。

第五，系统规划、及早部署“电动汽车＋互联网”。今天的电动汽车之热，并非由于传统能源的枯竭，而是因为它有强大的正外部性。电动汽车低碳化、信息化、智能化的潜在社会效益只有与新能源、智能交通、智慧城市通过互联网有机融合才能有效发挥。目前大家对电动汽车关注的还是作为“车”的基本功能，随着这些方面的逐渐成熟，挖掘电动汽车的潜在社会效益将成为政府和企业关注的主题。信息化、智能化将是未来电动汽车差异化竞争的制高点，这里有太多的文章可做，目前辅助驾驶和无人驾驶已经走在前面。国家应及早对电动汽车与分布式能源、智能交通、智慧城市以及5G通信协同发展系统规划、超前部署，抓紧启动，引导企业的技术开发和基础设施建设；推进“电动汽车＋互联网＋交通”，分阶段获取提高交通效率、降低物流成本、保障交通安全的社会效益。

电动汽车发展的大势已不可逆转。向前看，挑战与机遇并存；如果把握得当，机遇大于挑战。

2016 年以来电动汽车的发展态势和传递的信息*

2016 年是电动汽车发展的标志性一年。从这一年起许多重要国家和国际标志性企业纷纷向汽车的电动化转型。力度之大超出了很多人的预期。

许多有影响的国家纷纷发布或提出禁售传统燃油车的时间表

2016 年挪威和荷兰率先宣布到 2025 年禁售传统燃油车，德国在 2030 年、法国最迟在 2040 年禁止销售传统汽柴油车。印度也宣布 2032 年全部淘汰汽柴油车。英国宣布 2040 年禁售燃油车。

最值得一提的是德国联邦内阁 2016 年 11 月通过决议，宣布德国 2030 年禁售传统燃油汽车，引起全球汽车业的轰动。

国际汽车巨头、标志性零部件公司集体快速转向新能源汽车

沃尔沃宣布到 2019 年每一辆轿车都将安装电池。林肯、捷豹路虎也已宣布旗下所有车型全部进入电动化。

大众提出到 2025 年推出 30 款全新电动汽车，年销量达到 200 万—300 万辆，占总销量的 20% ~25% 。

宝马集团宣布将在中国提供 5 个车系 9 款新能源车型，包括纯

---

* 本文系作者 2017 年 9 月 21 日在“中国电动汽车百人会未来出行论坛”上的讲话。

电动汽车和插电式混合动力汽车。

通用汽车公布到 2020 年，将在中国市场推出 10 余款新能源车。覆盖从弱混到强混，非插电到插电式的全类型新能源产品。

丰田汽车宣布，2016 年 11 月成立专门负责纯电动汽车设计和开发的部门，由丰田章男直接领导，计划到 2020 年建立并完善纯电动汽车批量生产体系。

福特汽车未来 5 年将投资 45 亿美元（约 290 亿元人民币）用于电动汽车技术的研发，到 2020 年福特将推出 13 款新能源产品。2020 年，电动和混合动力车型将占销量的 10% ~25% 。

2017 年 9 月 21 日“电动生活”（公众号）报道：梅赛德斯—奔驰首席执行官蔡澈郑重宣布将在 2022 年之前，全面停产停售传统燃油车型的计划，将只提供混合动力和纯电动汽车，届时至少再增加 50 个全新的电动汽车车型。旗下的 Smart 也将于 2022 年之前完成电气化过渡。

另外，美国最大的汽车零部件供应商德尔福 2017 年 5 月 3 日在英国宣布，全面分拆旗下的动力总成部门。原公司将专注于电子电气业务，尤其是自动驾驶、智能技术及安全技术等领域。宣布这一消息之后，其股价便飙升 12% 。

这个消息的意义可视为全球汽车零部件的巨头意识到电动化浪潮的难以遏制，主动求变，迎接产业变革。但令人伤感的是原有动力系统的业务和员工事实上遭到了“抛弃”。全球最大的汽车零部件供应商博世，几乎在同一时间宣布，将旗下起动机和发电机业务卖给中资财团，一起被出售的还包括该业务部门的 7000 名雇员。

资本市场看好自动驾驶和共享汽车

根据摩根士丹利最近发布的报告显示，如果谷歌公司将旗下自动驾驶公司 Waymo 分拆，后者的估值，将可能达 700 亿美元，甚至更高。

目前优步的市值大约在 500 亿至 700 亿美元，福特的市值约为

440 亿美元，通用的市值约为 500 亿美元，特斯拉市值约为 500 亿美元。很明显 Waymo 最高。为什么摩根士丹利要给 Waymo 如此之高的估值呢？因为它代表着汽车产业和人们出行的未来。虽然目前自动驾驶汽车，在法律和人们的认知上还有许多问题需要解决，但趋势总归是趋势，包括传统车企在内，互联网公司、芯片公司、软件企业，甚至连苹果这个此前只关注消费电子产品的企业，都在向这个领域投资布局。固有的成见，早放下比晚放下好，因为，未来到来的速度远比我们想象的要快得多。

2016 年，Waymo 无人驾驶汽车在加州的行驶里程达到 635868 英里，较 2015 年增加了 50%。尽管里程增加，该公司的“可报告人工接手次数”从 2015 年的 341 次下降到 2016 年的 124 次。大多数路测是在“复杂的城市和郊区街道”上进行的。目前，Waymo 无人驾驶汽车已累计行驶达 230 万英里，测试包括让无人驾驶汽车并入直行车道，在建筑区域导航，改变车道及绕过道路中的障碍物等等。

英特尔公司于 2017 年 3 月 13 日宣布，以 153 亿美元收购以色列无人驾驶技术公司“移动眼”，希望能够将公司的云技术同“移动眼”公司先进的无人驾驶技术相结合，用以生产无人驾驶汽车。

宝马、英特尔和“移动眼”于 2016 年 7 月宣布联手研发高度全自动驾驶解决方案，生产无人驾驶汽车。2017 年下半年约 40 辆搭载无人驾驶技术的宝马汽车将可上路测试，希望到 2021 年可以实现批量生产。

资深分析师和专家学者做出的判断和发出的忠告

麦肯锡的资深合伙人、荣休董事理查德·福斯特 2016 年 12 月接受采访时说：汽车产业已进入创造性破坏时期，守成者将面临巨大挑战。

汽车工业一直被视为一个工程系统复杂的产业，有人认为新竞争者很难有机会颠覆传统企业，甚至进入这个产业都很难。理查德·福斯特认为这种说法在 100 年前还说得通，而在 21 世纪的今天，传统车企拥有的庞大人员体系及资本结构已不再是优势，反而是企业转型的障碍，利益格局让传统企业缺乏冒险探索新领域的勇气，这可能让传统企业裹足不前，从而陷入被颠覆的危机之中。

他说，“在汽车领域，‘创造性破坏’已经发生，比如优步的网约车服务，谷歌对自动驾驶技术的探索和人工智能的进一步升级”，他相信，随着智能设备、大数据应用、网联技术等系列新技术的进一步突破，将给汽车产业带来更深远的影响。

一个产业的“进攻者”和“防御者”谁会面临更大的挑战和更深的困境？“当然是防御者，进攻者不存在困境，就像特斯拉那样，处于困境的是通用汽车。”

斯坦福大学经济学家托尼·塞巴 2017 年 4 月发表《反思交通运输 2020—2030》的研究报告，对未来做出如下预测：

未来若干年将是电动汽车的“爆发点”。从成本曲线看，到 2025 年，所有的新车都将是电动汽车，凡是靠轮子行使的机械都将是电动的，因为其运行费用只是燃油机械的 1/10。不出 8 年，世界上将不再有汽油和柴油轿车、大巴和卡车出售；一旦数据证实由人来驾驶汽车有多么危险，城市内就将禁止由人来驾驶汽车，人们将全体转向自动驾驶的电动汽车，现有车辆将被“大批闲置”，整个路上交通运输将转向电气化，导致石油价格一落千丈。存在一个世纪的石油工业面临消亡的危险。

只有怀旧者和固守拥有汽车老习惯的人才会买汽车，其他人将适应“即需即用”的车辆。

下一代轿车将是“装在轮子上的电脑”。谷歌、苹果和富士康有破坏性优势。这次汽车行动的策源地是硅谷，而不是美国的底特律、德国的沃尔夫斯堡、日本的丰田市。

这对福特、通用和德国汽车行业来说是切实的危险。它们将面临抉择，要么在一个残酷的低利润市场中生产电动汽车，要么改头换面成为提供自动驾驶服务的企业，也就是优步、滴滴打车和利福特（Lyft）那样的变种。

不久前英国《经济学人》发表了一篇题为《引擎的末日，汽车迈向电动时代》的文章。我选摘了几段：

内燃机是过去一个多世纪中最重要的发明之一。它的出现，重塑了全世界的基础设施和商业图景。但道路交通领域的变革正在加速到来，日新月异的电池技术、越发严格的排放法规即将颠覆汽车行业，电动汽车将成为未来的主流，

如今全世界的汽车保有量超过10亿辆，几乎全部靠化石燃料驱动。虽然美国的汽车和卡车发动机，多数处于停驶状态，它们却可以产生10倍于美国发电站的发电能量，内燃机是人类历史上最强大的发动机。

但是，电动化让汽车业陷入动荡，内燃机曾经辉煌，这种改变了世界的机器，末日渐至。

电力推动加上共享汽车和无人驾驶技术，可能会让“交通即服务”的模式取代大部分自有车辆。最极端的估计是汽车行业规模可能缩减达90%，大量共享的无人驾驶电动汽车，将会让城市把停车场改建成新的住房。人们还可以住得更远，并在通勤的路上睡觉。

石油行业对需求何时见顶意见不一，荷兰皇家壳牌公司表示，可能只有十年多一点的时间，而远在需求见顶之前石油价格就会受到影响，因为没有人愿意坚持到最后，在地下囤积着大量无用的石油。

21世纪的无人驾驶电动汽车可能会以深刻而意想不到的方式造福世界，就像20世纪的内燃机汽车一样，不过，前路崎岖，要系好安全带。

2016年以来电动汽车的发展态势犹如山雨欲来风满楼。一些国

家推动电动汽车发展的力度之大，一些企业转型之迅速令人吃惊。专家学者预测的情景不是耸人听闻，这就是电动汽车的颠覆性，这就是第三次工业革命。2016 年以来的态势传递出了一些重要信息。

第一，最迟到 2025 年电动汽车性价比将达到或超过传统燃油车。意味着市场将以越来越强大的力量推动汽车消费转型。燃油车与电动汽车将进入快速此消彼长的过程，尽管不会像智能手机替代功能手机那样迅速，但可能像数码相机替代彩色胶卷那样经历一个不太长的过程。

第二，电动汽车的电动化是这样的基础，但未来竞争的焦点是信息化和智能化。从这个意义上说，把电动汽车定义为“装在轮子上的电脑”的观点值得高度重视。

第三，汽车和内燃机在第二次工业革命中由于改变了能源结构、对产业无比强大的拉动力、重塑了世界的基础设施并重塑了现代生活而被称作“改变世界的机器”；今天的电动汽车正再次改变世界。电动汽车之所以能再次改变世界，是因为它能最好地衔接未来。未来是什么？就是分布式清洁能源、智能电网、智能交通和智慧城市。

第四，汽车动力技术的电动化是大势所趋，已无悬念。诸多国家扎堆提出禁售传统燃油车的时间表是各有各的考虑，但从总体上看这只是在市场推动的基础上又添了一把火。这毕竟是一场影响重大的创造性破坏，政府果断出手的重要意义在于给社会一个长期的预期。因为要充分发挥电动汽车造福世界的潜能，就必须未雨绸缪，从能源、基础设施、电动化、产业链转型、员工转岗、政府监管和法规调整等多方面有序地做好准备。包括倒逼传统汽车和零部件企业转型，避免重演柯达公司的悲剧。

第五，共享经济越来越被人们接受。当前我国的共享汽车以每年 30% 左右的速度发展，正在为基于电动化加无人驾驶的未来出行预热。

第六，对于电动汽车再次改变世界、衔接未来，可能造福社会的那些领域，我国百姓几乎比任何其他国家都更加期待。可喜的是，相关的电动汽车、分布式能源、互联网、信息技术、人工智能等我国都有较好的基础，如果把握得好，我们有能力、有条件率先使其成为现实。

以上所说的情景并不遥远。这就是电动汽车创新的颠覆性。今天政府和企业所关注的电池、续航里程、充电站等只是整个过程的序幕。车辆电动化、信息化、智能化、共享化已是大势所趋。无人驾驶的电动汽车与分布式能源、智能电网、智能交通和智慧城市的融合，将深刻改变一切。这就是第三次工业革命的核心。对于正在崛起的中国是难得的历史机遇。我们的政府和企业必须以前瞻的思维，统筹部署，做好准备。

电动汽车产业发展的战略和政策要点*

目前我国电动汽车产业已从技术探索进入到示范应用和产业化阶段。在产业化初期会遇到购置成本偏高、技术不够完善、充电网络不配套等新问题。如果政府不从战略高度对这一新兴产业给予坚强支持，不能将电动汽车产业发展变为国家意志，在传统燃油汽车的先占优势和强大利益集团的反对面前，电动汽车很容易胎死腹中。我国应将电动汽车发展上升到国家战略，既要支持关键技术研发，更应支持产业化，推进电动汽车稳步大规模应用。

制定和实施电动汽车产业发展战略

进一步明确电动汽车在短期拉动投资和消费、中长实现汽车产业升级和改善能源结构、降低污染物排放中的战略地位。动员各方面力量参与和支持电动汽车产业发展。

制定电动汽车技术发展战略。在新能源汽车多种技术路线中应明确将电动汽车技术作为主导方向和中短期规划、国家支持的重点。

制定电动汽车产业化战略。除整车外，从一开始就应明确动力

---

* 本文系国务院发展研究中心“培育新一轮经济增长的产业支柱与建设经济长期发展的体制环境”课题组2009年完成的调研报告。课题负责人：陈清泰、吴敬琏；课题组成员：高世楫、张永伟、王青、肖庆文；报告执笔人：陈清泰。

电池、控制系统、电机和关键零部件的重要地位，予以重点扶持。统筹电动汽车与配套条件及基础设施同步发展。

建立国家层面的协调机制。科技部门应重点抓好电动汽车关键技术的研发，发改、工业大力推动电动汽车的产业化，要避免职能错位和部门壁垒。

制定有关电动汽车发展的资源战略。电动汽车发展所需的主要战略性资源是锂和稀土。我国是世界锂资源大国之一，同时拥有全球95%的稀土资源。必须加紧制定长远的资源开采和使用规划，包括尽早布局获取南美的卤水锂资源，努力实现国家利益和产业发展有机统一。

加快制定技术标准，实施更开放的准入政策

电动汽车产业化之初就必须注意技术标准的制定，防止因质量低劣或事故不断而自己打倒自己。在发展初期标准与创新有时是矛盾的。可参照国际上相对先进的标准成果，结合我国电动汽车发展情况，在条件基本成熟时，可以制定电池及相关零部件、整车等的行业技术标准、试验规程和评价方法，使初期进入市场的电动汽车就能保障基本安全，并满足基本使用要求，之后不断完善。还要尽快制定电池回收管理办法。

完善产品认证和检测体系。组织中立和权威认证检测机构对拟上市的电动汽车产品进行标准认证和安全检测，涉及消费者的检测结果向社会公布，并将之作为国家政策支持的重要依据

实践证明，在电动汽车有关技术的突破中，一些民营企业表现出很强的创新活力。应允许经检测符合标准的零部件和电动汽车进入市场。政府应努力创造一个公平竞争的环境，使不同所有制的企业、不同技术路线、曾得到或没得到863等科技专项支持的企业公平竞争。

对电动汽车关键技术进行持续大规模研发投入

加大对科技中长期规划中“低能耗和新能源汽车”优先主体的支持力度。在“十一五”立项基础上，加强相关的基础力量，形成若干重要的公用技术平台，培养一批新能源技术领域的专业人才。

加大并持续支持动力电池这一关键技术的研发，以巩固和提高我国在这一领域的领先地位。

加大电池管理系统、机电及其控制系统、汽车操纵系统、高压电子器件和嵌入式软件等关键技术和共性技术的研发支持力度，力争突破和拥有一批关键核心技术、培养一批高端人才。

政府资金支持的研发活动，必须做到对各种技术路线和不同的所有制单位一视同仁，而且资金主要用于竞争前的基础研究和应用研究。

为电动汽车发展创造良好的配套环境

加快建设充电基础设施。中央和地方政府应在资金、税收等方面积极支持电力公司、汽车制造商、停车场所以及相关投资者建立电动汽车充电网络，鼓励充电站运营管理模式创新。

能源政策与电动汽车政策结合，加快燃油税改革的力度，在燃油价格中增加并提高污染物和碳排放税，并利用这部分税收补贴新能源汽车，包括电动汽车的发展。

加强电动汽车的宣传推广，包括电动汽车发展对我国环境改善和持续发展的重要意义，为电动汽车的大面积普及营造氛围，培育新的汽车消费模式。

制定和实施支持电动汽车商业普及的激励性政策

在财政部刚出台的《关于开展节能与新能源汽车示范推广试点工作的通知》（财建〔2009〕6号）基础上，出台电动汽车商业化应用的支持政策，适度提高对纯电动汽车的补贴标准。还应当参照各国支持低能耗和新能源汽车的激励政策，减免相关税收和支持出口。

对电动汽车购买者进行补贴的范围可包括公共交通车辆、公务用车、公益用车（环卫车、邮政车、电力服务）、出租车以及普通乘用车。补贴标准应在国家财力允许的范围内适当提高，以增强电动汽车的价格竞争力。补贴惠及的产品应有统一的经济指标，如乘用轿车纯电动模式下续驶里程不低于80公里等（美国的标准是40英里）。不宜按照电动汽车成本的固定比例进行补贴。对某项技术或某类车型的补贴有一个终止点（像美国那样补贴前15万台车的购买者），以促进厂商迅速降低成本。

对供需双方实行税收优惠。对电动汽车应免征购置税、消费税、车船使用税。企业用于生产电动汽车的生产性资产的投资作为当期成本列支；生产企业税收进行适当减免；切实落实企业研发费税收抵扣政策。

对车用电价实行优惠。在推广初期，对电动汽车采用居民用电价格，波谷充电实行优惠电价。

尽快制定电动汽车出口的支持政策，包括产品出口退税、信贷支持等。

要建立方便消费者、透明化的补贴机制。对购车补贴应采取“补需方”的原则，而不宜规定具体的品牌和车型，以便避免不公正竞争和保持对供方的竞争压力。

完善电动汽车应用示范项目

结合已经实施的“十城千辆”示范项目，或另选一些城市，由中央和地方共同出资，在政府采购、集团采购（出租车）等领域推广电动汽车应用。政府采购必须按照统一的技术经济标准，通过公开、透明的程序择优选用国内厂商的电动汽车。既要充分调动各地政府支持电动汽车的积极性，又要避免地方保护。

正确处理政策支持与市场机制的关系

新能源汽车，包括电动汽车替代燃油汽车是一个漫长的进程。电动汽车能否大规模商品化，终究取决于其经济性及是否赢得消费者的青睐。所以，我们必须将政府政策支持同市场竞争机制结合起来，政府在支持技术研发时，要注意创造公平竞争的环境，使各种不同的电动汽车平等地参与竞争，确保电动汽车产业能够健康可持续地发展，而不是政府的一厢情愿。

放宽市场准入，探索新的生产组织模式

传统产业走的是跟踪模仿发展的路径；新兴产业需要走创新发展的道路。因此，针对传统产业的产业政策，包括准入政策等已经不能适应新兴产业的发展。

中国电动汽车发展有三个问题一直困扰着我们：一个是市场准入，是不是欢迎新的进入者，包括互联网企业，是否允许它们试错和“搅局”？另一个是对电动汽车产品如何定义，是点对点的移动工具，还是一个智能终端——“装在轮子上的电脑”？再有就是能否突破产业政策规定的品牌企业必须采取“重资产”的生产组织方式？

市场推动的创新发展之路大都要经历“一哄而上”“大浪淘沙”“脱颖而出”的“三部曲”过程。

当新技术或新产品的产业化前景崭露之时，投资者和创业者就会从中发现机会，争先恐后地进入，出现“一哄而上”的态势。此时无论是技术、产品、工艺，还是生产组织、商业模式都处于试错阶段，有很大的想象空间，机会很多，但谁会成功无人知晓。进入者为获取成功后的超额利润，甘愿拿自己的真金白银冒险一搏。众多进入者你追我赶、百花齐放地探索，会丰富产业的内涵、加快产业的成熟。如当年美国、加拿大的汽车公司也曾有2000多家，2000年前后全球互联网公司不计其数，当今开发电动汽车、动力电池、驱动电机，甚至无人驾驶的厂家也成百上千。此时政府可静观发展形势，必要时政府可发布风险提示，但在没有大的负外部性时不必急于出手。

随着产品、技术、商业模式的多样化和市场竞争白热化，进入者之间的差距逐渐拉大。一些技术路线选择适当、创新能力和资金实力强的企业竞争优势开始显现，一些前景不良、后劲不足的企业逐渐衰落，或向优势企业靠拢、接受并购，或陆续关闭或退出；人才、资金向优势企业集中。惨烈的竞争形成“大浪淘沙”之势。

通过市场筛选，产业链各个环节的龙头企业凸显，部分赢得用户信赖的产品和品牌市场占有率上升；掌握核心专利、占据市场主导地位的优强企业“脱颖而出”。

在我国，家电行业在这个过程中出现了格力、海尔和美的；互联网行业在这个过程中出现了“BAT”（百度、阿里巴巴和腾讯）；电子商务在这个过程中出现了淘宝、京东。目前物流行业和共享单车等可能正在这个过程中。

一般来说，这是市场化推动新兴产业从产生走向成熟的必经途径。我们不能不要过程只要结果。

尽管燃油车企也有机会，但是它们首先感到的是挑战、是威胁。使其裹足难行的是它们将支付巨大的转换成本，这就令它们踌躇和犹豫。柯达正是由于反应迟钝而破产。

2010 年我国将电动汽车上升为国家战略，给既有汽车企业进一步发展指出了方向，也给众多投资者、创新创业者带来了机会。从之后几年全球发展的趋势看，这项决策是及时的、正确的。但发展中一直有三个问题隐约困扰着政府和企业：一个是对电动汽车产品如何定义，是“电动汽车”，还是“移动终端”，应实施怎样的产业政策？另一个是市场准入；对新的进入者是否要实行严格的经济性管制，是否允许它们进来参与试错和“搅局”？再有就是能否突破汽车业政策规定的必须采取“重资产”的生产组织方式？本质上是把电动汽车作为一个传统产业按照跟踪模仿发展方式来管理，还是作为新兴产业让其走创新发展的道路?

关于产品定义

传统汽车中的核心技术，如内燃机、变速箱传动等，在电动汽车上已经没有用武之地，车身冲压、组焊等工艺业也面临巨大的挑战。原有的产业优势在革命性替代面前却成了“包袱”；而电动汽车的核心技术，如动力电池、电动部件、电控系统等都已超出传统汽车企业之所长，需要在一组技术突破的基础上，附之庞大的技术群才能发展起来。更加重要的是，这一轮电动汽车发展恰与新能源、移动互联网、信息化、智能化交集，从中长期看这将成为智能电网、智能交通、智慧城市、分享经济的重要载体。是否还能继续用“汽车”来定义电动汽车，已经成为一个值得研究的问题。

一些“出身”互联网产业的新进入者，把电动汽车看成继手机之后功能更加强大的另一类“智能终端”，是“装在轮子上的电脑”。因此，它们对电动汽车有自己的定义，对与客户的关系有新的思维，对电动汽车生产方式有新的部署，对电动汽车营销有新的考虑。它们更愿意集中资源专注新技术研发、创新产品，设计出给消费者全新体验的电动汽车；同时贴近消费者，与消费者之间由一次性“买卖”，转变为长期的服务与合作；产品的生产则较大程度上利用社会生产能力。自己成为一家专注创新和用户关系的“轻资产”电动汽车的品牌公司。

由于认识上的不一致，对是否用汽车产业政策来管理电动汽车，政府与一些新进入者都很纠结。

关于市场准入

由于汽车产业有很强的外部性，一直是产业政策和市场准入监管的重点。为防止“盲目投资”“一哄而上”“扶优扶强”，对项目的投资总额和生产规模按照“汽车”的定义，设置了较高的门槛。这种准入制是在追赶期，产品技术和生产装备依靠引进，没有什么不确定性，基本不存在“创新”和“试错”过程，主要投资主体是国有企业的情况下形成的。这个阶段政府的准入管制具有一定的合理性。

电动汽车与燃油车不同，没有现成的模板可以模仿，要靠开放条件下的创新，需要大量进入者以不同的视角、不同的思维开展“拉网式”试错，最终由市场做出选择。正是不确定性隐含的巨大商机吸引众多企业和投资者争先进入。与此同时，传统车企面对这种“创造性破坏”尽管也有机会，但它们首先感到的是挑战、是威胁。巨大的转换成本使它们本能地踌躇和犹豫。此时对电动汽车继续采用汽车产业刚性很强的准入制，就会出现在位车企动力不足、创新意识不强；动力十足、创新意识旺盛的新进入者又进入不畅的尴尬局面。

新进入者进入的成本相对较低，他们甘愿拿自己真金白银参与试错，尽管大多数会以失败告终，但他们无怨无悔。参与中成功的部分和失败的部分对产业的发展都会做出不可或缺的贡献：一是会带来新的理念、新的创意，甚至重新定义产品；二是带来交叉学科的知识和跨界的技术，为形成新的产业链奠定基础；三是大量新企业的进入将加快试错过程，分散试错成本，整体上降低试错成本；四是有新进入者的“搅局”，会削弱既有企业的惰性，鞭策它们加紧跟进；五是从中可能出现一些黑马。

电动汽车是依靠创新驱动的新兴产业，投资主体也已经多元化，自由进入是产业成功的必要条件。政府应尊重市场主体的自主选择，必要时进行风险提示，但不必过度限制。

关于生产组织方式

在我国，包括汽车行业在内的很多行业的弱点、痛点已经不是生产能力，而是核心技术、产品、品牌。我国电动汽车要获得全球竞争的主动权，关键是进一步突破技术瓶颈、掌握核心技术、增强信息化智能化开发能力、提升品牌影响力，增强软实力这块“短板”。

一些新进入者看清了这一形势，他们希望以“补短板”“用长板”“创优势”的方式进入电动汽车行业。

电动汽车与燃油车的产品定义、发展方式相比已经发生了很大变化。是否还需比照燃油车的生产组织方式要求电动汽车，诱导企业把主要精力和资源投向生产设施这块“长板”？电动汽车能不能成为“轻资产”企业？能不能“代工”委托生产？是目前很有争议的一个问题。

实际上制造业一直在寻找高效率、低成本的生产组织模式。从单一品种流水线生产，到多品种混流生产，到产品快速更迭的代工生产，不断进步。一百多年来保障汽车产业快速发展的不是大而全，而是专业化。汽车产业的“代工”早已开始，汽车企业的自制率逐渐降低，现在很多企业的自制率也就30%左右。不仅电子电器、轮胎橡胶制品、内饰零部件外购，而且转向机、制动部件、发动机零附件外购，甚至变速器和发动机总成也是外购。那么车身为什么不能外购，总装为什么不能代工？

在一些新进入者看来，第一，我国已经越过了“产能饥渴”的发展阶段。燃油车的发动机、变速箱传动等核心技术已经被电动技术替代，钢制车身也面临轻质材料的挑战，机械部件、结构件等社会生产能力已经十分强大，是否自制已无关紧要，可以借助他人生产能力实现自己的目标。

第二，电动汽车的竞争将逐渐转向创新能力的竞争。随着网联化、智能化配置水平的提高，软件更新迭代的速度越来越快，电动汽车正在成为类似手机的典型的“长尾”产品。车企与用户的一次性买卖关系将转变成长期服务与合作的关系。随着产品更新周期越来越短，重资产生产线必将成为制约创新的拖累。

第三，信息化正强有力地推进分工精细化、生产组织扁平化进程，完全可以支持电动汽车产品的研发、创新与生产制造的分离。

第四，在我国，这种基于信息化、专业化的生产组织形式在手机等一些行业已经做到了极致、得到了充分验证、积累了丰富的经验，并拥有全球最强的实力。苹果、小米等公司的实践证明，这是一种高质量、高效率、低成本的生产方式，是可以和工业 4.0、中国制造 2025 相衔接的一种生产组织形式。

因此，一些新进入者非常希望采取类似手机等电子产品的生产组织模式。品牌企业，放开手脚创新技术、开发产品、监督生产、维护客户关系；代工企业，按照产品技术要求组织生产、保障产品质量和快速产品更新；零部件企业，则高度专业化，成为小型巨人。品牌企业、代工企业、零部件企业各展所长，把自己的业务做精、做到极致。这可能是我国在电动汽车产业增强创新能力、强化品牌建设、增强产业链竞争力方面值得探索的一种模式。

最近国务院提出要进一步放宽市场准入，“清除各类制约社会投资的显性和隐性障碍”。此时此刻中国电动汽车聚焦了国际相关企业，甚至各个国家的注意力，正是电动汽车技术发展最快、最为关键的时期。在政策制定时一定要把电动汽车创新驱动的发展路径与燃油车跟踪模仿的发展方式区别开来，提高产品技术和质量门槛，降低生产准入门槛，同时强化事后监督。尊重市场主体的选择，鼓励创新、促进竞争，使具有技术和品牌优势的企业在竞争中崛起。

电动汽车已经是充分竞争的行业，可考虑以此为突破口，选择一两家企业，允许它们采取类似于苹果、小米那样集中精力专门从事创新、研发、用户关系和产品监制，生产组织方式自主选择，产品达到国家标准准许上牌、进入市场，出现质量、安全等问题政府依法监督、追责。

我国已经是全球汽车产销量最大的国家，在这一次一百多年来汽车行业最重要的技术革命面前，机会太难得。我们已经输不起。

电动汽车发展需要稳定的预期*

全球金融危机后，国家很快把电动汽车列入产业振兴计划，并及时发布了《汽车产业发展规划》。但是在相关政策还不到位的情况下，在节能与新能源汽车多种技术路线中，对主导技术仍有争论；面对产业化初期的困境，企业和消费者对政府的政策缺乏稳定的预期，大都犹豫或观望；政府“主要依托”既有大型汽车企业的政策，排斥新的进入者，抑制了创新活力。在世界主要汽车生产国和汽车企业纷纷加快推进电动汽车的时候，我国对电动汽车的热情却逐渐降温。实现电动汽车规划目标需要制定和发布相应的政策，消除争论，稳定预期，调动一切积极力量。

插电式电动汽车是中国新能源汽车产业化的主攻方向

各汽车生产国和汽车公司技术转型的战略和步骤各有不同，这是根据自身的技术积累和国家目标做出的选择。美国重点推行插电式电动汽车，目的在于减少对国外石油的依赖、扭转在温室气体排放中的被动地位和作为挽救美国汽车业的王牌。日本（丰田）大力

---

* 本文系国务院发展研究中心“培育新一轮经济增长的产业支柱与建设经济长期发展的体制环境”课题组2010年完成的调研报告。课题负责人：陈清泰、吴敬琏；课题组成员：高世楫、张永伟、王青、肖庆文；报告执笔人：陈清泰。

宣扬“混合动力—插电式混合动力—纯电动”一步一步走的技术路线，并力图影响各国决策。这显然有它技术依赖和利益追求的背景。日产公司则一步进入插电式电动汽车，力争获得先发效应。

我国节能和新能源汽车产业化途径必须符合国家战略和我国国情。在多种技术路线取得积极进展的情况下，把插电式电动汽车（包括纯电动汽车、增程式电动汽车和插电式混合动力车）作为产业化主攻方向，更加符合我国发展战略性新兴产业的国家战略。这一考虑主要基于：

第一，传统内燃机进一步提高功效、降低排放的改进空间越来越小，边际成本越来越高。电动汽车是对燃油汽车的革命性替代，有可能较大幅度提高总能效和实现汽车运行的零排放，从根本上降低石油需求压力，增强我国在温室气体排放中的话语权。

第二，汽车动力技术转型是我国以自主知识产权实现技术跨越的战略机遇。电动汽车全球刚刚起步，我国已有技术准备，大体进入了世界第一梯队。把握得当，有可能以此为切入点，逐渐进入世界汽车技术的先进行列。

第三，电动汽车能带动动力电池、新型电机、电控系统、电动功能部件、智能软件以及电网、基础设施和汽车智能化等方面的创新和发展，形成未来20—30年的一个增长期，是一个理想的“带头产业”和战略新兴产业。

第四，我国是电动汽车主要原材料锂和稀土的资源大国，有较强的稀缺资源保障能力。

第五，我国传统汽车动力技术沉淀资产较少，转换成本较低；市场规模大、需求层次宽；制造能力强，具有低成本优势；纯电驱动结构相对简单，成本较低。随着技术成熟、产业规模扩大，生产成本有较大降低空间。消费者因能源消费成本较大幅度的降低，可以抵消或超过购买电动汽车带来的价格差。政府不会掉进“补贴陷阱”。

汽车动力系统的变革是一个较长的过程，但知识产权、专利、标准、商业模式等顶层的产业竞争，都有很强的“先入为主”“快者通吃”的特性。现在，就电动汽车展开的“圈地运动”已经如火如荼。如果起跑落后，前景就堪忧。例如，专利一旦被他人抢注，那么多年技术投入将化为乌有；他人技术标准一旦被国际认可，将大大降低我们的话语权；他人商业模式被广泛接受，我们就将在经济上遭受巨大损失。现在日本等企业已经极力在全球推行它们的技术路线，并与中国最有影响的机构和地方合作，力图影响我国的技术路线、标准、商业模式。应当引起关注。

麦肯锡公司在一份咨询报告中指出：“中国将成为全球电动汽车行业的竞争者……中国将面临重塑全球汽车工业的重要机会。”

改革燃油税，助推新能源汽车产业化

据国际能源署统计，在2006年同一时点，各国汽油不含税油价都在0.6—0.7美元/升之间，相差不多。但由于各国不同的汽油税使零售价最高相差两倍以上。例如税收在零售价中的占比，美国14%，英国65%，德国64%，韩国58%，日本43%，中国20%；含税零售价（美元/升）：美国0.77，英国1.71，德国1.66，韩国1.59，日本1.23，中国0.55。由此造成英国汽油零售价是美国的2.2倍，是中国的3.1倍。

燃油税与居民消费倾向有明显的相关性。美国的低油税政策导致美国轿车普遍偏大、偏重，油耗偏高；欧洲的高油税政策促进了节油技术的发展和小型车的普遍使用；日本居中的燃油税使其车型也居中。中国正处于汽车消费增长期，石油对外依存度已经迅速超过50%，成为全球第二大石油消费国。类似美国的低油税，必然导向“类美国”车型的消费倾向。继续维持低税政策会带来严重的后果：一方面导致居民较少顾及燃油消耗，有钱就买大车；另一方面节能和新能源汽车因节能的经济价值不能充分体现而遭到消费者和厂商的冷遇；最终，必然加剧能源的供需矛盾和环境压力。

燃油税政策是调节汽车消费和发展新能源汽车最有力的经济杠杆。居民购车时关注的一点是：新型车比同级别传统汽车高出的价差，在行使多少里程后可以与节省的燃料费打平。一般可承受的范围在 2 万—3 万公里。燃油零售价的合理提升将为节能和新能源汽车产业化留出空间。

与主要国家相比，我国燃油税（或碳排放税）有很大的上调空间，应当制定中期的燃油价税进一步改革计划，并向社会公布，引导社会预期。例如可以用 6—8 年时间分步将燃油税提高到主要国家的平均水平。新增税收一部分用于补贴农业、城市公交等弱势和公共服务部门；一部分补贴电动汽车，助其渡过产业化初始阶段。

对节能和新能源汽车应采取区别的政策

先进柴油轿车可节油 30% 左右，是不需政府直接补贴，消费者可以接受的节能技术。政府的支持主要体现在开启柴油轿车进入市场的政策，创造条件推广。

混合动力汽车可节能 15%~30% 。但它结构复杂、成本高。混合动力汽车上市已近 10 年，在全球销售仅 200 多万辆，至今离开政府补贴仍难有销路。混合动力是国外相对成熟、我国还不具备优势的技术，如果实行购车补贴，一方面可能大量补给国外产品，另一方面，政府可能掉进“补贴陷阱”。政府的支持主要应体现在推进燃油税改革，在此基础上由厂家和消费者在市场中自由选择。

纯电驱动是对燃油动力的革命性变革，具有零排放、减少对石油依赖、拉动相关部门发展等巨大外部性效益，是我国实现技术超越的战略重点。产业化初期给予一定期限的购车补贴，在后期产业发展中政府将获得非常丰厚的回报。

低速电动汽车是电动汽车产业化的一个突破口

与近乎完美的燃油汽车相比，电动汽车产业化初期始终存在技术成熟度与市场规模、用户普及程度与基础设施建设、产业规模与生产成本之间“先有鸡还是先有蛋”的矛盾。打破产业化困境的一个重要突破口是发挥我国优势，网开一面，放开小型低速电动汽车。

美国早在 1998 年就在国家机动车安全法规中增加了“邻里电动汽车”标准。该标准规定，可以在“公共大街、道路和公路上行驶”的低速电动汽车系四轮机动车，车辆总重不大于 1363 公斤，最高车速大于 32 公里/时，不超过 40 公里/时，配置安全带、转向灯、尾灯、雨刷器等安全装置，在正常环境温度下，一次充电可行驶 48 公里等。

在山东和浙江调研中我们发现，在没有标准、没有获得国家行驶许可的情况下，在一些二三线城市和城乡交界处悄然兴起了与美国“邻里车”非常相似的小型四轮低速电动汽车。该类车载员 4 人，用 100Ah 的铅酸电池，最高车速 50 公里/时，一次充电可行驶约 100 公里，百公里耗电 8—10Ah（约合每公里 8 分钱），售价 2 万多元不到 3 万元。选用锂电池最高时速可达 75 公里，续驶里程约 150 公里。

消费者包括上班族、公务员、妇女、退休人员、村民、商贩等，主要用于上下班、接送小孩、进城办事、购物、商务活动和出租等。在用户座谈时普遍反映，这种车买得起、用得起；比摩托车、电动自行车安全；能避风遮雨，舒适；续驶里程可以满足一般出行；没有污染、没有噪音；速度不是很快，好学又安全。有了这种车生活质量和办事效率大大提高。他们担心的是车子没有合法“身份”，怕管理一严，车就白买了。有人提出：“国家不能只考虑大城市中高收入者的出行，也应考虑中小城市中低收入者的出行。”

低速电动汽车在二三线城市和较发达的农村有广阔的市场。有人愿意消费，有人愿意生产，用铅酸电池不需要政府补贴。随着消费结构的多元化，选用锂电池的比例将上升。低速电动汽车与电动轿车结构基本相同，电池和电动零部件相通。如果我们效仿美国做法，制定车辆标准、准驾条件、限定行使道路，正确引导和规范，就可能像当年的摩托车、后来的电动自行车一样迅速发展出一个大产业。有了较大的电动汽车基础，既可以造福群众，又可较好地解决那些“先有鸡还是先有蛋”的矛盾，使电动汽车平稳、较快地实现产业化。这是任何发达国家都不可比拟的优势。

两种选择，两种结果*

圆中国人“汽车梦”的必然选择

奥巴马上任伊始明确提出，美国汽车产业的技术方向是插电式电动汽车，并迅速出台一系列政策组合，大力度推进。这绝不仅仅是为摆脱金融危机寻找出路，更不是对市场和技术做一般性干预，而是基于对科技发展成果和前景的判断，出于减少对国外石油依赖、改变美国在气候变化上的被动地位和重振美国汽车业所做的战略抉择。

在中国汽车业产销两旺的时候，令我们长期甩不掉的一个隐忧就是，13 亿人口的大国轿车进入家庭已是大势所趋，但日益严峻的能源环境问题如何解决?

中国 1993 年前还是石油净出口国，10 年后的 2002 年石油对外依存度就上升到 25%，2003 年中国成为世界第二大石油消费国、第三大石油进口国，2008 年石油对外依存度已骤升至 51.4%。而且，在未来较长时间我们还属于工业化、城市化和居民消费结构升级的阶段，处于对能源需求旺盛的增长期。本土石油资源的短缺、快速增长的进口、高昂的油价和能源生产与使用造成的污染，使我国在能源与环境方面面临有史以来最大规模、最为严峻的挑战。实际上

* 本文系作者 2010 年 9 月 4 日在天津“汽车产业发展年度论坛”上的讲话。

就减少对国外石油依赖和降低温室气体排放的紧迫性而言，我国绝不亚于美国。

十分庆幸的是我们迎来了这场新能源革命，它为我国解决日益严峻的能源环境矛盾提供了新的思路、新的途径，有可能在很大程度上缓解我国工业化、城市化和机动化过程中的能源安全与环境保护问题。为此，国家应把新能源革命看作一个大的战略，把汽车动力电动化看作历史机遇，从国家能源安全出发，以前瞻性新视角、长远战略眼光评估新能源汽车的形势，并重新审视国家汽车能源战略。

目前中国石油消费中50%以上用于交通，今后较长时期交通用油仍是推动石油消费增长的主要力量。发展新能源汽车，特别是插电式汽车，有可能在降低早前预计的石油进口和降低温室气体排放的情况下，实现中国人的“汽车梦”。

突破产业化僵局

电动汽车产业化面临两大困难。一是电动汽车具有减少对国外石油依赖和减少排放等优势，但这都属于“外部性”效益，近期对企业和消费者却明显的“不经济”。二是与近乎完美的燃油汽车相比，价格昂贵的电动汽车销路在哪里？基础设施能不能跟进？电源是否有保障？在生产者和消费者缺乏应有的预期的情况下，谁也不愿贸然改变技术路线。

此时，国家应当从战略高度制定和实施一系列政策和措施加以推进。

实施约束性与激励性并重的政策

约束性政策，如制定要求更高的平均燃油消耗量限制标准、制定开征碳排放税的计划等；激励性政策，如以政府资金支持竞争前的技术研发、政府主导完善相关基础设施、政府采购政策和在一定时期的购车补贴等。

推进燃油税改革

燃油税与居民消费倾向有明显的相关性，是调节汽车消费和发展新能源汽车最有力的经济杠杆。美国的低油税政策导致美国轿车普遍偏大、偏重，油耗偏高；欧洲的高油税政策促进了节油技术的发展和小型车的普遍使用。中国类似美国的低油税，必然导向类美国车型的消费倾向。与主要国家相比，我国燃油税（或碳排放税）有很大的上调空间，应当制定中期的燃油税进一步改革计划，并向社会公布，引导社会预期。

低速电动汽车是打破产业化困境的一个重要突破口

美国早在1998年就在国家机动车安全法规中增加了“邻里电动汽车”标准，助推了电动汽车的发展。我国在一些二三线城市和城乡交界处已经出现了与美国“邻里车”非常相似的小型四轮低速电动汽车。如果我们效仿美国做法，制定相应的车辆标准、准驾条件、限定行使道路，正确引导和规范，就可能像当年的摩托车、后来的电动自行车一样迅速发展出一个大产业，较好地解决那些“先有鸡还是先有蛋”的矛盾，使电动汽车平稳、较快地实现产业化。这是任何发达国家都不可比拟的优势。

实行技术标准从严、市场准入从宽的政策

原有产品的技术升级，行业内大企业有优势。但在重大技术变革的时候，产业结构和企业竞争格局却面临重新洗牌。面对革命性替代技术，行业内一些企业，由于对技术路径的依赖和转换成本高，往往本能地犹豫和观望，希望延长成熟产品、成熟市场的寿命周期。而重大技术突破为新的进入者提供了机会，它们轻装上阵，没有后顾之忧，更愿意挑战难度更大、风险较高的新技术和新产品，成为推动新兴产业发展不可忽视的力量。新进入者是缩短试错过程最活跃的力量，从中有可能出现一些“黑马”。

在我国，“一哄而上、一上就乱”事例不胜枚举。防止此类现象再次发生的措施，是及早就环保、安全、可靠性等方面制定相关技术标准，并严格执行。避免产生“负外部性”效应。

两种选择与两种结果

电动汽车的发展是一个漫长的过程，不可能一蹴而就，很难成为近期盈利的亮点。但是，产业化孕育期是争夺未来产业领导地位最重要的时期。在电动汽车产业化的前夜，有两种选择：一种是等国外产业化、市场化基本成熟，越过风险期，我们立即跟进模仿。这样做，投入较少、风险较小，但永远也不能进入产业领先地位；另一种选择是，在选定的方向，以更大的政策和资金投入，加快后续研发、完善知识产权体系、制定技术标准、探索符合国情的商业模式，以我为主实现产业化。后一种做法需要较多投入、冒较大风险，还会遇到来自国际竞争对手的巨大压力。但一旦成功，则可以占据领先地位，获得先发效应。

现代的产业竞争有“快者得先机”“掌握技术者获效益”的特点。新兴产业进入孕育期，以知识产权为代表的“跑马圈地”运动已经开始。专利、标准、规制等都有先入为主和“路径依赖”的特征，一旦被他人抢先，大多数情况下后来者只能亦步亦趋地跟在后边。如果另辟蹊径，则要付出巨大的代价。这就是人们所说的低层次是生产制造的竞争，高层次是专利标准的竞争。因此，新兴产业孕育期的谋篇布局深刻地影响着后期的竞争地位。

现在的电动汽车，技术路线还有多种选择，知识产权、技术专利的壁垒尚未形成，国际标准尚待制定，商业模式有待开发，规模化生产在酝酿起步，竞争格局还不明朗。这一切为后发国家和企业提供了技术追赶的机会，是后起者进入的最佳时点。历史上有不少成功的先例。20 世纪 70 年代，在集成电路迅速发展为一个大产业的时候，台湾地区半导体产业由技术引进转向技术自立、聚集资源大力度投入，培育出台积电等著名厂商，形成从设计、制程、封装、测试、材料及设备的上、中、下游完整的产业链，一举成为世界集成电路最重要的产业基地之一，至今地位没有动摇。进入 90 年代，在彩色显像管还在盛行的时候，液晶显示已经表现出良好的前景，韩国和台湾地区立即持续大力度跟进，15 年后它们与日本一起成为世界三大液晶显示器供应基地。我国在 80 年代末 90 年代初通信设备由模拟系统升级为数控交换机时，全靠引进的技术和装备，中国市场被“七国八制”所瓜分。“巨大中华”首先在程控交换系统的技术上有了突破，改变了竞争结构，华为、中兴则在全球无线通信兴起之时，加大研发投入、紧追不舍，很快成为全球通信装备行业的黑马。

很多行业或产业的孕育期大约要 10 年到 15 年，最终能成为行业领导者的大都是一路拼杀过来并取得成功的企业。

现在，汽车动力的技术革命进入产业化的孕育期，也出现了如上类似的情况。国家从战略的角度大力推进的目的，就是要抓住这一历史机遇，实现技术超越。汽车行业能不能重复中国电信行业技术追赶的进程？在这过程中能不能出现中国汽车行业的“华为”？谁能成为“汽车华为”？对今天的形势如何判断，以怎样的理念来决策和行动，将决定未来。

回顾 20 世纪 50 年代的半导体、60 年代的激光，在研发阶段我们与发达国家差距相对较小，进入产业化阶段差距就拉大了。一步跟不上、步步跟不上，最终导致引进、引进、再引进，主要技术受制于人的状况至今没有完全改变。现在我们国家和产业实力已经今非昔比。作为世界最大的汽车生产国和消费国，面对汽车产业诞生百年来最为重大的一次技术革命，中国的企业家必须以全球视野、战略思维看待今天。如果在起点上就放弃了，那么将前功尽弃，若干年后在电动汽车上将再度重复燃油汽车走过的“技术模仿、低端制造、受制于人”的历史。这是我们绝对不愿意看到的。

加快电动汽车发展的几点建议*

温家宝总理在“中国科协八次代表大会”上的报告中，针对新能源汽车发展提出了一些重要问题。从中使我们感到，国家发展新能源汽车的战略只有厘清思路，才能顺利实现。下面是针对当前几个有争论问题的几点建议。

以汽车动力技术电动化为契机，争取实现超越

从国际经验看，发展环境的变化和科技革命可以为后起者带来赶超的机会。日本在 20 世纪 70 年代，抓住全球石油危机和技术革命的历史机遇，着力发展节油紧凑型汽车，一举实现了历史性跨越，至今仍稳居汽车产销和技术大国地位。当前，汽车动力技术一百多年来最重要一次革命性进步，为我国汽车产业的技术跨越提供了难得的历史机遇。

目前，能否利用这一机遇实现跨越，仍存在较大争议。焦点在于对电动汽车发展战略的选择。

一种观点认为，我们应继续实行跟踪战略。这种观点认为，电

* 本文系徐冠华、吴敬琏和作者在 2011 年写的一份报告，特别想表述的是面对机遇和挑战，还是应当欢迎新的进入者，可以把微型车或低速电动汽车作为一个突破口。

动汽车要成为主流技术至少还得10—15年，我们与国外还有不小的差距，不是近期盈利的亮点。这期间还存在很大的不确定性，我们应避开风险期，等国外技术成熟、市场化前景明朗后，立即模仿跟进。这样做，投入少、风险小，比较现实。不少业内人士倾向于这种观点。

另一种观点认为，当机会来临的时候就要以更大的勇气和魄力实现跨越。这种观点认为，要实现技术自立，就必须在萌芽期切入，加大研发投入、掌握关键技术、完善知识产权体系、制定技术标准、发展适应国情的商业模式，适时以我为主实现产业化。这一做法，投入多、风险大，还会遇到来自国际竞争对手的打压。但是，我国在电动汽车技术上已有一定的积累，基本跟上了国际技术发展的步伐，有较强的产业化能力和全球最兴旺的市场，“超越”成功的可能性较大。一旦成功，可获得先发优势，占据发展的制高点。

我们作为全球最大的汽车产销国，技术跟踪是没有出路的。实现技术自立，是一次非常艰难的爬坡，在机会来临的时候要毫不犹豫地向前跨越。跨越一旦实现，就将改变全局。

国家把电动汽车作为产业振兴的一个重点，并上升到国家战略，并不是因为在这个领域我国的技术已经领先，而是存在赶超的机会。现在，在电动汽车知识产权壁垒尚未形成、国际标准尚待制定、商业模式有待开发、规模化生产酝酿起步、竞争格局尚不明朗的时候，恰恰就是“弯道超车”最有利的时期。20世纪90年代，在通信装备由模拟向程控交换系统转换的时候，我国实现了重大技术突破，进而在无线通信技术上实现了跨越，赢得了通信装备产业的主动权。今天汽车动力技术的电动化是又一个时机的来临。

电动汽车对传统汽车较大规模替代可能会经历10—15年的时间，但我们绝不能再次输在起点。目前，国际电动汽车技术在突飞猛进，发达国家纷纷加快部署、加大支持力度。机会稍纵即逝。在争夺汽车产业未来制高点的竞争中，政府既要有长期战略，又要做好当前的起步工作，特别是调动、引导和发挥好各类企业的积极性，找准技术和产业化起步的突破口。

放开市场准入，引入新生力量

发展电动汽车依靠谁？这关系我国电动汽车能否顺利进入发展轨道、战略目标能否实现。

汽车的产业链很长。电动汽车的核心技术，如动力电池、电动部件、电子控制系统等已经超越传统汽车的范畴，需要在一组重大技术突破的基础上，附之一个庞大的技术群才能发展起来，此时仅靠业内大企业无法完成。新的电动技术与传统汽车技术的结合，为业内企业和新进入企业，为大企业、中企业和小企业提供了广阔的施展空间。中小企业创新成本低，充当着新技术探路者的角色，为大企业的技术集成铺垫；新的进入者会带来新创意、新思路和跨界的技术，是重要新生力量。

按照传统的做法，为推进某一产业发展，政府就会以业内大企业为模板，量身定制产业政策、设立进入门槛，作为提供资金、税收支持的条件。此时新的进入者和中小企业被拒之门外。从目前正在研究制定的支持性政策和相关规划看，基本上没有触动现有汽车管理体制，出发点还是依托少数既有大企业。这是一个很值得商榷的问题。

我国主要汽车企业的主体部分已进入合资公司，未进入部分的研发能力和经济实力都相对薄弱。合资公司的技术来源主要在外方，中方缺乏推动战略技术转型的主导权。再者，在汽车产品中燃油发动机是技术最密集、最能代表汽车企业水平的部分，一旦被割掉，主要技术优势也随之消失，大量存量资产将蒙受损失。汽车企业面对这种“革命性替代”会本能地犹豫和抵制。因此，把希望局限于业内大企业可能会因缺乏动力而贻误时机。

新技术突破至产业化前期，是最需要新创意、新技术开拓局面，需要跨专业、多样化交叉技术支撑的时期。广阔的前景为市场提供了极大的想象空间和创新机会，会吸引更多的企业家、创业者、投资人参与创新和试错的过程，这是催生电动汽车技术创新和产业化最有效、社会成本最低的途径。此时，既应鼓励既有汽车企业的积极性，更要欢迎新的进入者。在不能准确预知未来的情况下，不应设立过高的准入门槛把大量的参与者拒之门外，也不应通过不恰当的产业政策保护业内企业。国外的微软、英特尔、惠普、谷歌等企业巨星，我国的华为、百度、腾讯等行业龙头，都不是从业内大企业发展起来的，而是在机会来临时，作为新的进入者“无中生有”成长出来的。而奇瑞和吉利正是冲破传统准入门槛才有了今天。

为防止“一上就乱”，可适时就安全、环保等方面制定相关技术标准。把住“负外部性”的底线，就不会出大的问题。

把低速电动汽车作为一个突破口

与近乎完美的燃油汽车相比，电动汽车产业化初期始终存在技术成熟度与市场规模、用户普及程度与基础设施建设、产业规模与生产成本之间“先有鸡还是先有蛋”的矛盾。依赖政府补贴走完大约需要10—15年的成长期，是很难做到的。在常规发展之外，找到一种使电动汽车技术延续下去，并走向成熟的内生成长模式，就成了关键。一个可选择的突破口是发挥我国多层次的市场优势，网开一面，放开小型低速电动汽车。在当前技术—经济性还不能同时支持大车型、高车速和长续程的情况下，可以把车型变小变轻、把车速适当降低，满足特定市场需求，使电动汽车自行发展，完成孕育过程。

美国早在1998年就在国家机动车安全法规中增加了“邻里电动汽车”标准。该标准规定，可以在“公共大街、道路和公路上行驶”的低速电动汽车，总重不大于1363公斤，最高车速大于32公里/小时、不超过40公里/小时，配置安全带、转向灯、尾灯、雨刷器等安全装置，在正常环境温度下，一次充电可行驶48公里等。

在山东和浙江调研中我们发现，在没有标准、没有获得国家行驶许可的情况下，在一些二三线城市和城乡交界处悄然兴起了与美国“邻里车”非常相似的小型四轮低速电动汽车。该类车载员4人，用100Ah的铅酸电池，最高车速50公里/小时，一次充电可行驶约100公里，百公里耗电8—10Ah（约合每公里8分钱），售价3万元左右。选用新型铅酸电池最高时速可达75公里，续驶里程约150公里。

消费者包括上班族、公务员、妇女、退休人员、村民、商贩等。主要用于上下班、商务活动和出租、接送小孩、进城办事、购物等。在用户座谈时普遍反映，这种车买得起、用得起，如一个月行驶约900公里，充电费用约60元左右；比摩托车、电动自行车安全；能避风遮雨，舒适；在家里充电方便、续驶里程可以满足一般出行；没有污染、没有噪音；速度不是很快，好学又安全。有了这种车生活质量和办事效率大大提高。

低速电动汽车在二三线城市和较发达的农村有广阔的市场。有人愿意消费，有人愿意生产，用铅酸电池不需要政府补贴。地方政府有积极性，在车辆和交通管理、电池回收、基础设施等方面积累了一定经验。随着消费结构的多元化，选用新一代铅电池、锂电池的比例将上升。低速电动汽车与电动轿车结构基本相同，电池和电动零部件相通。如果我们效仿美国做法，制定车辆标准、准驾条件、限定行使道路，正确引导和规范，就可能像当年的农用车、后来的电动自行车一样迅速发展出一个大产业。为产品从初级向高级过渡留出时间。这是任何发达国家都不可比拟的优势，中国有可能走出一条与发达国家完全不同的电动汽车技术升级和产业化道路。

发展低速电动汽车还面临诸多质疑，解决的办法是先试点，再放开。早期试点的范围不宜过小，同时要赋予试点地区在体制、政策和管理创新方面先行先试的权利。

走出电动汽车产业化困境*

发展电动汽车是国家的大战略

受电动汽车重大正外部性的强烈吸引，几乎各国政府都成了电动汽车的推手。但是我国如果不能从长远、战略高度上将发展电动汽车上升为国家战略，很可能热闹一场之后又回到原点。

在发展电动汽车问题上，政府、企业、消费者各有各的想法。但国家之所以特别关注，是将它作为一项国家战略。

未来较长时期，能源、环境始终是困扰我国的大问题。政府关注汽车动力技术的变革，不仅是产业发展的需要，更是利用能源革命的机遇提高国家能源安全、保护环境的战略选择。对于国家来说，电动汽车不应仅仅当作一个短期经济增长点，更应当作为一项发展战略；不应当仅仅从汽车产业本身来评估它的技术经济价值，更应从长期国家能源环境战略进行系统考量。我国是一个正在崛起的汽车大国，但还不是强国。我们必须以战略思维、前瞻性视野，紧盯产业技术前沿、审视未来汽车产业发展的技术方向，寻找超越的机会。当时机来临时就要以足够的勇气和胆略，大手笔投入，掌握核心技术，挑战产业竞争的制高点。

---

* 本文系作者 2011 年 8 月 19 日在政府部门召开的“推进电动汽车发展座谈会”上的发言。

从产业发展的历史看，由技术上的突破，到形成有经济价值的主流产品，一般需要10年甚至30年。如复印机用了11年，电视机用了22年。液晶显示器从20世纪60年代研发，直至30年后才成为成熟的主流产品。而燃料电池汽车、插电式电动汽车，研发工作至少已经超过了二三十年。电动汽车至今才见曙光，开始进入产业化阶段。但是真正要成为市场主流产品还需要10—20年。电动汽车如果不是放在国家战略的基点，很难承受这样漫长的过程，搞不好就会半途而废。值得庆幸的是，在新能源汽车技术方面我们早已介入，使我们今天初步具备了自主发展的能力。

有正反两个方面的例子值得我们深思。进入新世纪，平板显示取代显像管的时代已经到来，外国企业纷纷掉头，但我们没有参与相关技术变革，既不掌握进展情况，也不理解这一技术革命的影响力，对此全然没有理会，彩电行业的命运依然绑在行将衰落的CRT技术之上。2005年前后，短短几年之间我国彩电产业全军覆没，一切归零。类似的产业惨剧早已发生过，如20世纪90年代的磁带录像机。切身经历一再告诫我们，在引进技术—国产化—自主创新这三阶段上不尽快走上自主创新，产业规模越大风险越大。相反，20世纪90年代，在通信装备由模拟向程控交换系统转换的时候，我国实现了重大技术突破，进而在无线通信技术上实现了跨越，赢得了通信装备产业的主动权，进而进入产业竞争的前沿，提升了国家竞争力。今天，汽车动力技术的电动化是又一个时机。在汽车行业能不能重复通信装备技术和产业翻身的故事？能不能产生汽车行业的华为、中兴？

柯达公司是数码相机的发明者，但它被彩色胶卷绝对优势蒙住了眼睛，最终反而被自己发明的产品打倒。汽车企业应当对汽车动力技术变革的形势进行评估和研判，必要时做出调整战略。而政府把电动汽车的希望局限于业内大企业可能会贻误时机。

我们是不是陷入了产业化困境？

在全球金融危机后，全球各大汽车生产国和巨型跨国公司纷纷紧锣密鼓地开发、部署和投资电动汽车，但我国电动汽车产业化进程明显放慢，形成了较大的反差。

尽管《汽车产业调整和振兴规划》中提出，启动节能和新能源汽车示范工程，并规划到2011年形成50万辆电动汽车生产能力。但是，这一令人鼓舞的规划并未改变本土主要汽车企业对新能源汽车的观望态度。一些汽车企业把“十城千辆”工程只当作一次政府的“特殊订货”和展示自己的机会，与加大电动汽车自主研发和形成产业化能力几乎没有实质性联系。比亚迪F3DM双模电动汽车推向市场，具有里程碑意义。但是，在缺乏政策支持的情况下，只能成为企业和政府“团购”的“概念性产品”。

面对百年来汽车动力技术最重要的变革，临到产业化、市场化之际汽车企业为什么踌躇不前了呢？对企业和消费者来说，电动汽车减少对国外石油依赖和减少排放都属于“外部性”效益，近期对自己却明显的“不成熟”“不经济”“不方便”。开发电动汽车不仅使企业面临技术风险、大规模业务重整和巨大的建设投资，更使企业困惑的是价格昂贵的电动汽车销路在哪里？政府补贴能维持多久？基础设施能不能跟进？电源是否有保障？在生产者和消费者缺乏应有的预期的情况下，奥运会试运营的成功，似乎已经“完成任务”。在产销两旺的情况下谁也不愿贸然改变技术路线。各个企业尽管都跃跃欲试，但实际行动却比较迟缓。特别是本土主力汽车及零部件企业，总体上呈现“雷声大雨点小”，“多观望、慎行动”的态势。消费者则是期待、观望和等待。

在电动汽车产业化的“临门一脚”，面临两大困难：一个是目前电动汽车对燃油车的替代并不是出自燃油车生产和消费自身的原因。

因此生产者与消费者并没有“加快替代”的紧迫感，缺乏内生的动力。实际上多数厂商和消费者都处于“脚踩两只船，见势选择”的状态。另一个是电动汽车自身的核心技术、产品定义、商业模式需要经过市场的洗礼走向成熟和完善，能源供应、基础设施等需要整体规划、较大的投入。这就形成了产业化初期始终存在的技术成熟度与市场规模、用户普及程度与基础设施建设、产业规模与生产成本之间“先有鸡还是先有蛋”的矛盾。

如果没有国家能源战略的强力引导和政府的“第一推动力”，没有强大的倒逼和对前景的稳定预期，电动汽车可能会因缺乏经济驱动力而自生自灭，胎死腹中。

产业化道路怎么走？产业化依靠谁？

在中国靠政府补贴走完大约还需 10—15 年的成长期，是很难想象的。因此，在常规发展之外，找到一种使电动汽车技术延续下去，并走向成熟的内生成长模式，就成了实现国家战略的关键。液晶显示器发展的历程很值得我们借鉴。20 世纪 60 年代把目标设定为“挂在墙上的电视”的美国公司，因为没有走出“黎明前的黑暗”，最终不得不放弃；但是，后来从低端的计算器、电子手表入手，进而用于录像机取景器的日本，因为找到了各个技术成熟阶段的市场出口，使液晶显示技术获得了内生的持续发展的可能，直至 20 多年后趋于成熟，成为主流显示产品。

从我国电动汽车发展状况看，产业化道路应当服从战略目标。为实现最终战略目标，有时不能不进行必要的迂回。在这方面有两个案例，在消费者与管理部门之间有截然不同的反应。一个是农用车，当时很多人认为要“斩尽杀绝”，但农民非常欢迎。历史地看，农用车在改善农民劳动条件、提高劳动生产率、增加农民收入、保障 13 亿人吃饭上绝对是功不可没的。20 年后农用车慢慢退伍了。再有，电动自行车受到广大用户欢迎，但一直争议不断。客观地讲，它在改善出行条件，提高机动性、改善生活质量，化解公交压力等方面正发挥着积极作用。低速电动汽车又一次进入了这个时点。

产业化的途径

实际上，电动汽车产业化有两种可选择的途径。一种是需求导向。市场有需求、企业有积极性，政府不要挡在中间，而是场外指导、完善基础设施，必要时加以规范，让市场推动产业自行发展；另一种是政府主导，以财政补贴为抓手，但必须评估何时退出补贴而自行成长。在当前情况下可以两者结合。如“十城千辆”示范项目就是政府主导，而私人交通则应以需求导向，政府支持。

低速电动汽车是实现国家战略非常值得重视的一招。重要的一点，是在当前技术—经济性还不能同时支持大车型、高车速和长续程的情况下，可以把车型变小变轻、把车速适当降低，在细分市场有人愿意消费、有人愿意生产，可以实现电动汽车自行发展。完成较长时期的孕育过程。

现在，一些二三线城市和较发达的农村，在低速电动汽车的车辆和交通管理、电池回收、基础设施等方面积累了一定经验。随着消费结构的多元化，选用新一代铅电池、锂电池的比例将上升。低速电动汽车与电动轿车结构基本相同，电池和电动零部件相通。如果我们效仿美国“邻里车”做法，制定车辆标准、准驾条件、限定行使道路，正确引导和规范，就可能像当年的农用车、后来的电动自行车一样迅速发展出一个大产业。为电动汽车从初级向高级过渡留出时间。这是任何发达国家都不可比拟的优势，中国有可能走出一条与发达国家完全不同的电动汽车技术升级和产业化道路。

发展低速电动汽车还面临诸多质疑，解决的办法是先试点，再放开。早期试点的范围不宜过小，同时要赋予试点地区在体制、政策和管理创新方面先行先试的权利。

产业化依靠谁？

电动汽车的核心技术，如动力电池、电动部件、电子控制系统等已经超越传统汽车的范畴，需要在一组重大技术突破的基础上，附之一个庞大的技术群才能发展起来，此时仅靠业内大企业无法完成。新的电动技术与传统汽车技术的结合，为业内企业和新进入企业，为大企业、中企业和小企业提供了广阔的施展空间。中小企业创新成本低，充当着新技术探路者的角色，为大企业的技术集成铺垫；新的进入者会带来新创意、新思路和跨界的技术，是重要新生力量。

新技术突破至产业化前期，是最需要新创意、新技术开拓局面，需要跨专业、多样化交叉技术支撑的时期。广阔的前景为市场提供了极大的想象空间和创新的机会，会吸引更多的企业家、创业者、投资人参与创新和试错的过程，这是催生电动汽车技术创新和产业化最有效的途径。此时，既应鼓励现有汽车企业的积极性，更要欢迎新的进入者。在不能准确预知未来的情况下，不应设立过高的准入门槛把大量的参与者拒之门外，也不应通过不恰当的产业政策保护业内企业。国外的微软、英特尔、惠普、谷歌等企业巨星，我国的华为、百度、腾讯等行业龙头，都不是从业内大企业发展起来的，而是在机会来临时，作为新的进入者“无中生有”成长出来的。而奇瑞和吉利正是冲破传统准入门槛才有了今天。

为防止“一上就乱”，可适时就安全、环保等方面制定相关技术标准。把住“负外部性”的底线，就不会出大的问题。

提高动力电池水平，支撑电动汽车发展*

动力电池的进步成就了今天的电动汽车，动力电池及其产业链的进一步成熟才能使电动汽车较大程度替代燃油车成为主流。从某种意义上说，电动汽车成也电池，败也电池。

保持市场理性，适度放缓电动汽车的增长速度，更从容地抓技术、上质量、上水平、保安全

在产业的导入期，政府出台多种形式的购车补贴、激励政策，弥补了产品技术成熟度不足和初期的高成本，较快地启动了市场。但是，强刺激也容易误导过度投资，出现追逐补贴、鱼龙混杂、泥沙俱下现象。当前，从总体上看，抓技术、上质量、上水平、保安全仍然是电动汽车发展的主题。

2015 年全国生产电动汽车 37 万辆，较上年增长了 4 倍，在普遍叫好的情况下也有不少人十分担心。在产品、技术还不完全成熟、生产能力有限的情况下，超高速的增长使各个方面都绷得很紧。碳酸锂已经由 2015 年每吨 4.3 万元，上涨至 2015 年 5 月的 16 万—17 万元。利好政策推动下，不少汽车企业忙着提高产量，竞相到电池

---

* 本文系作者 2016 年 6 月 20 日在“西宁锂产业峰会”上的讲话。

企业催货，降低了质量要求；电池、零部件企业承受着很大的交货压力，为了保供应，一些企业降低了质量标准、放松了管理，也放缓了技术开发的步伐。这种现象令人担心，也非常危险。一旦出现一些恶性事件，对整个产业将造成极大的伤害。

国家选定一些试点城市，以巨大的财政成本支持电动汽车发展，重要目的就是以时间换空间。企业应当正确理解国家推进试点的意图，充分利用试点创造的条件、争取的时间，在规模化生产和应用中暴露问题、解决问题。此时，必要的产量规模是很重要的，但必须是精益求精地生产的数量。目的不是仅为当期盈利，而是验证产品、技术、工艺、装备、零部件、技术标准，以及用户体验等还存哪些问题，找准、摸透，并逐个解决。如果是瞄准政府补贴、数量导向，就会把尚未解决的问题与粗制滥造造成的问题混在一起，分不清真伪，不利于找准问题、解决问题，偏离了试点的方向，将大大降低财政支出的效率，有违试点的初衷。

为防止政府补贴退出之后又回到燃油车的原点，当前应适度降低增长速度，弄清试点期间该做的事，加大研发投入、下大功夫抓质量、踏踏实实地解决出现的问题，厚积薄发，迎接电动汽车产业的爆发之时。

电池是一个新兴产业，期盼技术水平新突破

动力电池技术的进步，使电动汽车，特别是纯电汽车开始进入市场应用阶段，这就使政府和越来越多的企业家、消费者看到了电动汽车的远大前景。有报道称，挪威已经在考虑十年内禁售化石燃料汽车。这一消息使特斯拉创始人马斯克兴奋不已。电动汽车的核心部件就是动力电池，目前占乘用车成本的40%~60%。现在，电池技术和电池产业受到越来越多国家的重视，背后的重要原因就是它们都把电池与新能源革命联系在一起，这给电池产业提供了极大

的想象空间、广阔的发展前景。

从汽车发展历史看，动力技术的电动化已经几起几落。中国的电动汽车能否一路走向成熟，还存在很大的难度。应当承认，到目前为止，与自身几乎完美无缺的燃油车相比电动汽车还显得“不方便”，比如充电难；“不放心”，比如存在里程焦虑；“不经济”，就是成本高、价格贵；“不安全”，很难成为消费者的自主选择。这其中涉及的问题很多，但核心的、最难突破的问题就是动力电池。从这种意义上讲，电动汽车“成”也电池，“败”也电池。因此，在实现国家新能源汽车战略中，电池产业具有举足轻重的地位，电池企业承担着十分重要的角色。

电动汽车的发展路径与绝大多数新技术主要依托市场力量的产业不同，由于电动汽车有极强的正外部性，使各国政府成了产业化的第一推动力。但是，这是不可持续的，最终必须走向依托市场自行发展的轨道。

破解电动汽车“不方便、不放心、不经济、不安全”的根本出路是提高电池的技术水平，电池技术还需有新的突破。现在国内国外很多机构和企业以很大的投入开展研发攻关，主要是产品技术攻关，也包括生产工艺和技术装备攻关。未来一段时间电池水平有望实现新的突破。

电池是一个新兴产业、朝阳产业。汽车是个大产业，中国又是全球最大的产销国，市场巨大，但对电池的要求也十分苛刻。我希望进入这一行业的中国企业要把发展动力电池作为长期战略，抛弃搭便车心理，行业前沿的竞争就是技术的竞争。要舍得在研发上投入，一旦实现突破，就能掌握竞争的主动权，获取丰厚回报。

政府补贴情况下电动汽车的市场表现，不能反映真实状况。企业不要被强刺激下的超高速增长误导。从中长期看，决定中国电动汽车发展的首要因素不是今天急速扩大的生产能力，而是持续积累的技术突破，是越来越强的产品竞争力，是政府补贴政策退出后在市场上与燃油车的抗衡能力；那时能站住脚的不一定是今天产能规模最大的企业，而是技术水平最高、技术能力最强、产品质量最高的公司。例如，特斯拉不是因规模最大而强盛，而是因理念创新、技术创新脱颖而出。

我希望在全球汽车最大产销地中国，能成长出具有全球领先技术的电池和相关材料、零部件企业，支撑起中国电动汽车产业的健康发展。

促进电动汽车发展中的政策创新*

最近美国特斯拉汽车公司的传奇故事成为业界热门的话题。在我国目前的体制环境下这样的故事还不能复制，但是从中可以测试出我们在政策、体制上还存在诸多不适应创新驱动的弊端。在经济体制转轨的过程中，创新和新兴生产力的发展往往以政策体制创新为前提。在电动汽车发展中我们对此有了更加深切的感受。

面对替代性技术，应当欢迎新的进入者

在汽车产业高度发达的美国，在这一轮汽车动力技术革命中脱颖而出的不是通用、福特，也不在底特律，而是诞生于硅谷、没有任何汽车背景的特斯拉。这再一次表明，替代性技术变革与原有技术轨道中的佼佼者存在利益冲突。发动机、底盘、车身是汽车企业的三大支柱，而发动机又是技术最密集、最能代表汽车企业水平的部分。发动机连同驱动、传动部分一旦被替代，汽车企业的有形和无形资产存量将大幅度贬值，主要技术优势也随之失色；企业在产业链上的地位将发生大的变化。面对这种“革命性替代”，它们往

* 本文系作者2012年10月18日在北京召开的“中国汽车产业发展年度论坛”上的讲话。

往因对传统技术路线的依赖和存量资产的拖累而本能地踌躇和犹豫。

新技术突破至产业化前期，是最需要以新创意、新技术开拓局面，需要跨专业、多样化交叉技术支撑的时期。广阔的前景为市场提供了极大的想象空间和创新的机会，会吸引更多的企业家、创业者、投资人参与创新和试错的过程，这是催生电动汽车技术创新和产业化最有效的途径。此时，既应鼓励既有汽车企业的积极性，更要欢迎新的进入者。

电动汽车的核心技术，如动力电池、电动部件、电子控制系统等已经超越传统汽车企业之所长，需要在一组重大技术突破的基础上，附之一个庞大的技术群才能发展起来，此时仅靠业内大企业无法完成。其中新进入者没有传统技术路线的牵制、没有存量资产的拖累，会带来新创意、新思路和跨界的技术，具有自身的优势；而中小企业机制灵活，创新成本低，充当着新技术探路者的角色。新的进入者对新兴产业走向成熟有着不可替代的作用：一是会带来新的理念、新的创意，甚至重新定义产品；二是带来交叉学科的知识和跨界的技术，为其他企业的技术集成提供技术要素；三是大量新企业的进入将加快试错过程，整体上降低试错成本；四是有新进入者的“搅局”，会削弱既有企业的惰性，鞭策它们的跟进；五是从中可能出现一些黑马。

当前，在我国，当机会来临时，各种力量争先创新，促进新兴产业成长的生动局面还难以产生，特斯拉这样的黑马在我国的制度环境下还难以出现，因为当一些产业被国家重视时，政府就会制定产业政策，设定发展目标、设立准入门槛，防止“一哄而上”，而新的进入者往往被排斥在外。例如在汽车行业任何新的进入者都会在行政许可大门之前受阻。但是把颠覆性技术成功的希望完全寄托于行将受损的既有大企业身上，成功的概率又有几何？我国走向创新驱动，必须以远见取代经验。

寻找依托市场内生发展的道路

由于汽车动力技术电动化具有节能、自身零排放、可大幅度降低对石油的依赖等强大的正外部性，使政府成了电动汽车的第一推动力。

电动汽车走出产业化困境有两条路：一条是政府主导，依托财政的买方补贴。这几乎是所有厂商开发电动汽车立足的基础。另一条是依托市场，政府调控，走内生成长的道路。

丰田的混合动力汽车普锐斯，就产品技术和节能环保效果看，都达到很高的水平，但成本高。面市十多年，靠政府补贴十多年，至今尚未走出过渡期，离开政府补贴用户仍较难接受。这个过程很值得研究。

我国从“十城千辆”示范项目开始，对电动汽车实行政府补贴。但是这一政策能在多大范围实行？能维持多久？以财政补贴能否护送电动汽车走过孕育期？理性地看，对有限数量、阶段性的“示范”进行补贴，是必要的，也已经产生了很好的效果。但是，对于汽车这样量大价高的消费品靠财政补贴走完大约需要 10 年甚至更长的成长期，是很难想象的。而且有了政府补贴，企业就会产生依赖。补贴一旦取消，可能退回原点，最终前功尽弃。因此，找到一种依托市场力量使电动汽车技术延续下去，并走向成熟的内生的成长模式，就成了关键。

最近美国特斯拉的纯电动汽车引起了业界的关注，其中重要的一点是它以有环保意识、“不在乎价格”，更在乎比别人抢先体验尊贵的富有消费群为客户，找到了一条依托市场而不是政府补贴，把电动汽车发展起来的道路。

从我国的现实看，在常规发展之外，是否也有实行战略目标的迂回发展道路。20 世纪 90 年代初悄然兴起了农用车，当时汽车业都认为低水平、不正规，应“斩尽杀绝”，但农民却非常欢迎。历史地看，农用车在改善农民劳动条件、提高劳动生产率、保障13亿人吃饭上绝对是功不可没的。20年后农用车已慢慢退役了。从中发展出了“时风”，走出了“福田”。

现在在山东和浙江等地的一些二三线城市和城乡交界处悄然兴起了与美国“邻里车”非常相似的小型四轮低速电动汽车。这种车有人愿意生产，有人愿意消费，需要政府补贴。如果我们效仿美国做法，不是限制，而是尊重市场的选择，政府加以疏导，那么很快就会有一个较大的发展。这是否也可以作为依托市场走出产业化困境的一种选择？在党的十八届三中全会之后，是否可以作为“使市场起决定性作用”的一次实践？

选择可持续并有杠杆效应的政策工具

燃油汽车经过一百多年锤炼形成的技术路线、消费习惯，特别是建立起的利益链条，有巨大的惯性和社会影响力。没有足够的激励和倒逼力量很难冲破既有格局。美国加州迫于环境的巨大压力，早在1990年就出台了《零排放汽车法案》。通用汽车公司也在90年代中后期率先推出了纯电动汽车EV1。但很快被利益集团，包括通用汽车自己扼杀，在社会上引起很大反响。

因此，与很多其他产品通过市场实现新旧替代的过程不同，汽车动力技术电动化替代的主要推手是政府。奥巴马上任伊始就把电动汽车作为减少对石油依赖、摆脱在温室气体排放中的窘境和拯救美国汽车业的一张王牌，2012年3月又宣布电动汽车普及计划；2010年4月日本经产省公布了《新一代机动车战略》；德国、法国、意大利等国家也纷纷出台了相应的政策。

各国政府的推进政策各有差异，但都十分注意推进的政策不要削弱市场竞争，而应通过市场得到放大。

推进政策大体可分为三类，即激励性、限制性和支持性政策。激励政策主要是以政府资金支持竞争前的研发，特别是电池技术的研发，公交车采购和政府采购等；限制性政策包括提高燃油消耗量限值标准、提高排放标准、加征碳排放税等；支持性政策主要是法规和标准的建立、基础设施的规划和建设等。

对私人电动汽车的买方补贴一直存在争议。近年美国加利福尼亚州的《零排放汽车法案》陆续被马里兰、马萨诸塞、新泽西、纽约在内的多个州采纳。按照规定，在该州的汽车销售企业必须使零排放汽车销量达到逐年上升的一定比例，例如2018年为4.5%，2019年为7.0%，2025年达到22%。零排放车型包括纯电动汽车、燃料电池车、插电式混合动力等，但各车型按减排效果有不同的“积分”系数。监管部门规定与销量挂钩的积分基准，未达到积分的企业必须向监管部门支付罚款，或是向其他公司购买积分。

《零排放汽车法案》的政策思路很值得借鉴。第一，这是高排放与零排放或少排放汽车间的交叉补贴，与碳交易的原则相一致，比财政补贴更具合理性；二是可以减轻财政压力，消除“对富人进行补贴”的质疑，政策具有可持续性；三是释放了政府长期致力于汽车电动化的信号，体现了“有保有压”，具有很强的倒逼与激励的导向，将促使厂商与政府合作实现目标。

理性认识替代性技术的发展过程：两种选择，两种结果

从产业发展的历史看，由重大技术上的突破，到形成有经济价值的主流产品，一般需要10年甚至30年。如复印机用了11年，电视机用了22年。液晶显示器则从20世纪60年代研发，直至40年后才成为市场主流产品。电动汽车研发工作起步更加久远，至今才见曙光，但要成为主流产品还需要10—20年。如果电动汽车不是放在国家和企业战略的基点，很难承受这样漫长的过程，搞不好就会半途

而废。

有正反两个方面的案例值得深思。进入 21 世纪，平板显示取代显像管的时代已经到来，但我们没有参与相关技术变革，既不掌握进展情况，也不理解这一变革的影响力，彩电行业命运依然绑在行将衰落的 CRT（阴极射线显像管）技术之上。2005 年前后，短短几年全军覆没，一切归零。类似产业惨剧曾发生在磁带录像机和彩色胶卷。这些事例一再告诫我们，缺乏自主技术支持的产业，规模越大风险越大。相反，20 世纪 90 年代，在通信装备由模拟向程控交换系统转换的时候，“巨大中华”实现了重大技术突破，进而在无线通信技术上实现了跨越，赢得了通信装备产业的主动权，今天已经进入产业竞争的前沿。

新兴产业进入孕育期，以知识产权为代表的“跑马圈地”运动已经开始。专利、标准、规制等都有先入为主和“路径依赖”的特征，一旦被他人抢先，要另辟蹊径，则要付出巨大的代价。因此，产业化孕育期是争夺未来产业领导地位最重要的时期。

现在的电动汽车，技术路线还有多种选择，知识产权、技术专利的壁垒尚未形成，国际标准尚待制定，商业模式有待开发，竞争格局还不明朗。这一切为技术追赶提供机会，是后起者进入的最佳时点。目前我们有两种选择：一种是等国外产业化、市场化基本成熟，越过风险期，我们立即跟进模仿。这样做，投入较少、风险较小，但永远也不能进入产业领先地位；另一种选择是，在选定的方向，以更大的政策和资金投入，加快后续研发、完善知识产权体系、制定技术标准、探索符合国情的商业模式，以我为主实现产业化。后一种做法需要较多投入、冒较大风险，还会遇到来自国际竞争对手的巨大压力。但一旦成功，则可改变全局，获得先发效应。

今天，汽车动力技术变革是又一个时机的来临。

把握机会，未来愿景更加值得期待*

近来电动汽车成为一些国家政府、行业和百姓关注的热点。但是汽车的电动化如果孤立、封闭地进行，其实并无太大意义，如果与清洁能源、信息化、智能化、共享化高度融合，就能再次改变世界，造福人类。

第一，汽车产业迎来了有史以来最大的一场变革。汽车在第二次工业革命中改变了世界，现在这个改变了世界的机器正在被改变。这一点已经成为一些国家政府和产业界的共识。随着一些国家提出禁售燃油车时间表的规划和我国双积分政策的出台，这个趋势已经明朗。电动汽车爆发式增长可能会在未来五年或稍长一些时间发生，它的基础就是电动汽车的性价比要达到或超过燃油车。各个厂商对这一发展态势会有自己的不同判断和战略，无可厚非。值得注意的是，我们遇到的可能不是天气的变化，而是气候的变迁。汽车动力技术的革命已经到来，不适时转型就会有被颠覆的风险。很多产业惨剧告诉我们，错过了战略转型的关键期，一切将悔之晚矣。

第二，电动汽车引发的是一场体系化、生态化的变革。就像智能手机取代功能手机一样，不只功能手机被替代，而且还颠覆了如摄影、录像、零售、支付、社交等众多行业，较大程度上重塑了产

---

* 本文系作者 2017 年 11 月 12 日在“全球未来出行高层论坛”开幕式上的致辞。

业生态和社会生活，催生了太多的新业态和新模式。电动汽车不只是替代传统燃油车，它更是第三次工业革命的支柱性引领型产品。可以较大幅度降低对化石能源的依赖，减少碳排放和改善环境；垂直一体化的汽车产业链会被打破，将广泛吸纳信息化、网络化、智能化以及新能源、新材料、先进制造等方面的新发展、新势能，成为众多产业融合创新的平台；它是提供多样化服务的重要载体；还将促进智能电网、智能交通和智慧城市建设。只有跳出电动汽车才能更加清晰地看出电动汽车在改变世界中的地位和作用。

第三，改变未来出行有赖于互联网加电动汽车。滴滴打车创始人程维说，互联网在中国发展了 15 年，“衣食住行”里的“衣食住”都被互联网改变了，人们从中获得了幸福感。但是只有“行”还是传统的，而且还变得越来越困难了。电动汽车加互联网加自动驾驶的未来出行模式有望较大程度上缓解甚至破解这一难题。共享单车已经成功地进行了一次大规模的社会实践。因此电动化只是这场汽车变革基础性的第一步，接下来必须使电动化和智能化、网联化、共享化深度融合，快速进入 2.0 时代，才能走进智能网联时代的共享出行。相信随着电池等核心技术的进一步成熟，随着电子信息和互联网新势力的大举进入，随着更安全、更高效的自动驾驶和汽车共享模式的到来，我们将走出城市交通的困境，给未来出行带来更美好的体验。

第四，政府要为电动汽车规模化进入市场做好准备。有关方面预计到 2030 年中国电动汽车保有量将达 8000 万辆。这个预计要变成现实，将涉及能源结构的调整、智能电网的建设、交通基础设施的升级、新一代移动通信的支持、产业链的调整改造、就业岗位转移，以及法律法规的调整等，是一场波澜壮阔的工业革命。每一方面都是周期较长、牵动全社会的巨大系统工程，也是拉动经济增长、技术进步和产业升级的巨大动力。为此，政府需要未雨绸缪，做好顶层设计，给市场和社会应有的预期，并进行系统的部署、有序推进。时间已经很紧迫了。从这个意义上说，政府制定一份时间表是明智的。

第五，不久前德国《质量管理》杂志的一篇报道称，德国质量协会的调查显示，80%的德国人认为中国正在成为德国制造的对手，甚至54%的受访者认为，中国竞争者将会超越德国。我认为这虽有些言过其实，但报道中提及中国制造赢得德国人的好感，最被德国人信任的中国产品排名中第一是电子信息和IT产品，第二是电动汽车，这使我有两点感触。首先，这两个产业正好是中国近年来发展比较好的新兴产业，显然，新产业固有壁垒较少，新进入者更容易在世界上取得突破，赢得信任，我们抓住了机会。其次，我们正在讨论的电动化、智能化、网联化、共享化的“四化”融合，这正好是排名第一位和第二位的有相对优势的互联网、电子信息与电动汽车的强强融合。从这一侧面可以看出，如果把握得好我们有可能成为赢家。

第六，电动汽车不仅存在巨大的发展空间，更存在巨大的想象空间和创新空间。电动汽车作为一个信息化、智能化的最佳平台，它的“眼睛”和“大脑”正在迅速进化，特别需要互联网企业的进入。我国信息企业、互联网企业有很强的经济技术实力，应当像特斯拉、谷歌、苹果一样，抓住电动汽车带来的历史性机遇、主动出击，分享这块巨大的蛋糕。汽车企业要像上汽、长安那样把互联网合作伙伴请进来；互联网企业要像阿里巴巴和百度那样把手和脚插进来。这样才能创造我国电动汽车产业更加美好的前景。

第三部分

附　录

日本未来汽车发展战略*

编译按：汽车的发展给人类社会进步装上了车轮、安上了翅膀。在人们尽情享受汽车带来文明的同时，不得不面对这样的事实：不可再生的石油资源将日渐枯竭，汽车排放已严重影响我们的生存环境，交通事故造成人员的伤残无情地质疑“驾驶乐趣”。进入21世纪，汽车技术发展遇到严峻的挑战：寻找无污染、可再生能源和采取更新、更有效的全新汽车技术。开发更安全、更环保、更便捷的汽车是全球汽车生产厂商和研究人员必须承担的义务与责任。

最近，有一篇关于“日本未来汽车发展战略”的报告，笔者读后很受启发。该报告是由日本汽车工程学会汽车工业技术与战略研究部门在广泛征集汽车专家、学者和政府官员意见及社会调查的基础上，总结研究并制定出日本2010年和2025年近期和中长期汽车发展战略。报告内容主要集中在三大领域：环境与能源、安全和先进的信息技术。报告详细阐述了实施战略和相关技术发展具体时间步骤，并明确提出政府、企业和科研部门各自应担负的任务。文章条理清晰、目标明确、操作性强，是日本人在汽车工业发展中“认

---

* 本文根据公开资料由国务院发展研究中心“培育新一轮经济增长的产业支柱与建设经济长期发展的体制环境”课题组于2004年整理汇编而成。课题负责人：陈清泰、吴敬琏；课题组成员：高世楫、张永伟、王青、肖庆文。译文原文“Japan plans for the Future”刊登在*Automotive Engineering International*, 2001年8月。

真”的又一例证。由此也真切地希望我国的汽车行业规划者也能认真研究制订出适合中国国情、切实可行的“发展计划”。为使广大关心中国汽车工业发展的读者能全面了解此报告的内容，特将全文翻译，也算是为中国汽车工业发展尽一份微薄之力。

综　述

面对来自西方发达国家和亚洲其他邻国的日益激烈的竞争，以及全球环境保护呼声日渐高涨，日本汽车制造厂商正在制定长远技术规划和工程发展战略。透过阅读最新版的发展计划可以深入解读日本汽车工业如何试图以技术优势在竞争中制胜。

日本汽车工业产值占本国制造业总产值的13%。汽车及其相关工业的员工占日本总就业人口的11%。日本汽车工程学会关于日本汽车工业技术与战略最新研究报告中将近年来日本汽车工业取得的成功归结为：制造与销售的汽车质量好、价格合理、油耗低、废气排放控制技术水平高、生产制造技术先进、劳动力资源丰富、工人素质高。

由于各国都在学习日本成功的经验，通过企业、科研和政府部门三方协作促进技术蓬勃发展；将日本的精益生产系统与信息技术相结合，创出新的先进制造方法。其结果，导致日本的竞争优势在20世纪90年代大大降低。此外，正如人们预计，中国与东南亚联盟各国正在努力发展本国的汽车工业，也对日本汽车工业构成了威胁。

与此同时，汽车工业也见证着跨入21世纪自身环境的不断变化。汽车工业正处在重要转折关头，面对涉及全球变暖和再生利用等全球环境与能源问题；面对汽车自身及其基本汽车制造技术变化（例如：燃料电池，智能交通系统等）和通过置换合并方式进行全球规模的汽车工业重组等问题。同时，日本也看到了它的劳动力市场，这个市场曾一直是构筑工业竞争的武器，现在随着全国出生率的快速下降，条件优越的年轻人对自然科学和制造不感兴趣，增长变得没有优势了。很多问题在未来可能会凸显。

基于上述原因，日本汽车工程学会汽车制造工业技术战略研究部聚集了来自企业、学术和政府部门的专家，分别从各自对未来汽车技术发展战略的研究成果及观点来分析研究具体的工业问题。明确了未来日本汽车技术发展的方向后，研究集中在环境开发，此项研究将促进大学、国家实验室与企业之间的协作。基于这种共识，把将要研究的技术不拘于现存惯例按其发展先后列出，参照社会和用户对2025 年的预测需求，确定了未来必须开发的关键技术和研究目标。此外，还制定出到 2010 年发展这些技术的规划和实现途径图。他们的调研包含大量问题，调查表以问卷形式给出，或贴到日本汽车工程学会的网站上，或邮寄给社会各界委员会的主席们。

报告确定了 2025 年用户的主要需求（见表 1）。基于社会的需要和用户的要求，将研究集中在三大领域：环境与能源、安全和先进的信息技术。靠着对社会预测和技术趋向的关注，设定了 2025 年三大优先领域的发展目标。选择了基础技术，这些基本目标使企业能够达到或超越。

表 1　2025 年汽车用户的需求

1. 全球环境保护和有效的能源利用
   电动汽车、燃料电池汽车、混合动力汽车、1 升轿车、超小型迷你轿车等
2. 开发替代能源
   电力、氢、植物油、可再生能源等
3. 控制大气污染
   尾气排放水平降至现有标准的 1/10，零排放电动汽车（ZEV），汽车尾气排气优于周围环境质量等
4. 提高再生利用率
   报废汽车再生利用处理，材料的粉碎分解等
5. 交通安全
   自动故障回避，零碰撞汽车等

（续表）

6. 为老年人驾车安全所做的努力 驾驶状态支持系统，自动驾驶装置等
7. 智能汽车与智能交通系统应用 互动式数据交换，多种媒体合并，“能思考”的汽车，驾驶支持和向导等
8. 最大化的交通效能 个人的机动性，信息交流，智能交通系统等
9. 更加便捷 新的车辆拥有形式（从私人拥有汽车过渡到租赁），车内装备办公设备，快捷行驶，汽车能侧向运动等
10. 更加舒适 长途旅行驾车不再感到无聊、郁闷，给人以驾驶乐趣的汽车等

全球环境保护与能源有效利用

报告认为，21 世纪汽车技术最重要的一点是降低汽车从生产至报废全程对环境产生的不可避免的影响。无论局部或全球环境保护问题，如全球变暖、汽车排放、报废车辆处理，还是由日渐枯竭的石油燃料向替代能源过渡问题都应加以关注并采取措施。

防止全球变暖

2025 年发展目标：开发百公里油耗 2 升汽车

开发理想油耗、超低排放的汽车是解决能源与环境问题的根本之道。目前有少量 3 升车已推向全球市场，但 2 升车的技术难度极大。

一般的改进动力系统、空气动力学设计和减少车身重量等方法大幅提高了燃油经济性。继续在汽油机和柴油机上采用传统方法已无更多潜力可挖，必须创新解决目前的技术障碍。

燃料电池是替代汽油机和柴油机的新动力源。燃料电池体积小、重量轻、输出功率大、能量密度高，但要达到在汽车上实用的目的必须要研制开发，同时还要研究解决氢气制造、储存和配送技术。燃料电池用于汽车时，燃料电池还要依照整车系统解决自身问题，如燃料电池特质的改进。燃料电池的形式、基础设施的开发方向等也是未来研究要解决的问题。研发工作中必须注意考虑从车辆制造直至最终报废全程总能源利用率，并建立相应的国际标准。

此外在清洁能源车辆与低污染车辆开发与商业化过程中还要注意防止全球变暖问题。减轻汽车重量非常必要，但是简单降低汽车重量意味着以安全为代价。因此，需要大力发展重量轻、强度高、成本低的超级合金以及超级聚酯合金（新型塑料）和成型技术。

基于上述认识，实施下述三大战略将是达到发展目标的保证。

战略一：开发燃料电池作为新动力源

燃烧氢的燃料电池是首选。这包括直接以氢作燃料的燃料电池，也包括用甲醇作燃料直接分解再燃烧的燃料电池以及高密度储氢技术，大容量、高性能的替代燃油箱的辅助电池。氢生产和储运相关技术必须与燃料电池的开发同步进行：

- 到 2005 年，第一辆原型车问世，建立燃料的技术性能指标；
- 到 2010 年，燃料电池车辆将大批量生产并投放市场；同时，燃料供应等配套基础设施也将随之建立。

战略二：进一步开发清洁能源与低污染汽车技术并将其市场化

混合动力汽车和天然气汽车必须进一步改进与完善。现在市场上已经有混合动力汽车，但其发动机的效率应继续提高，控制系统应更加简化，成本也应进一步降低。必须开发先进技术，从而使市场在 2010 年前有重大突破。政府应采取有效措施，推动这些清洁能源汽车更广泛地使用。

战略三：减轻汽车重量

通过有关企业、科研单位与政府机构的通力合作，开发新型的轻质、高强度的材料，这是大幅度提高燃油经济性的重要手段之一（详见图 1 和表 2）。

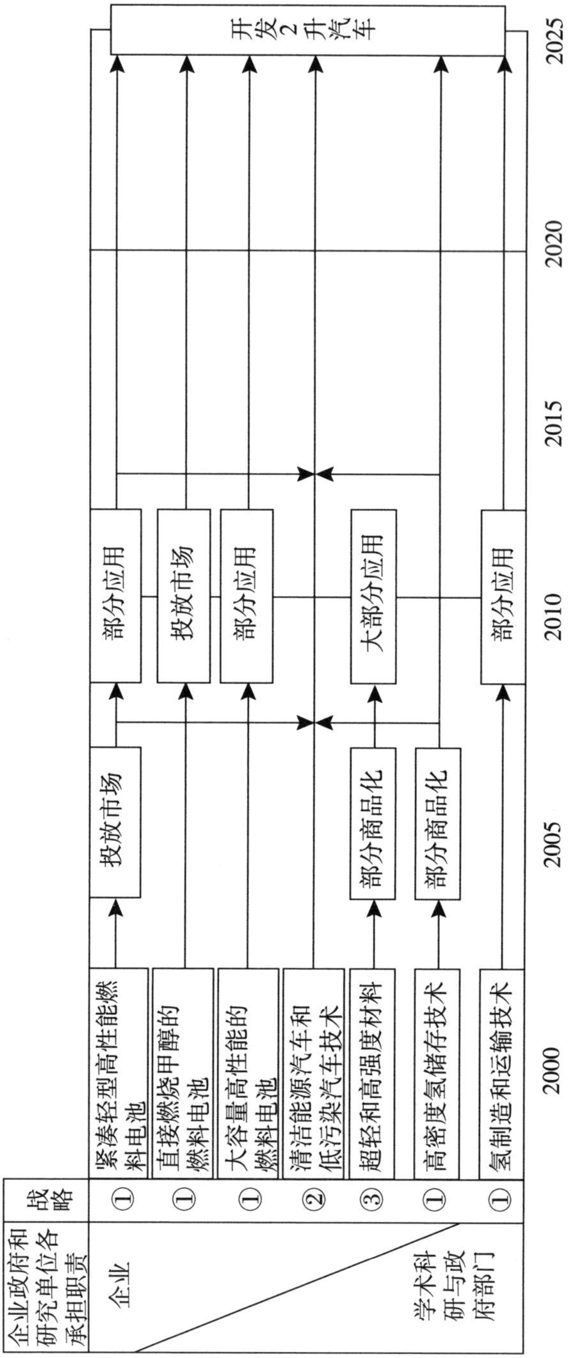

图1　控制全球温室效应实施方案示意图

表 2　控制全球变暖的关键技术

• 各种体积小、重量轻、高性能的燃料电池 • 高密度储氢技术 • 氢的制造和供应 • 使用甲醇作燃料的直喷式燃料电池 • 大容量，高性能的后备电池 • 超轻，高强度材料（低成本超级合金） • 清洁能源和低污染汽车

控制大气污染

2025 年发展目标：废气排放值是 2000 年排放水平的 1/10

为了降低汽车排放，应进一步提高发动机设计水平，不断开发高质量排气催化转换器。石油行业应继续努力减少燃油中铅和硫的含量，这对保障催化转换器使用寿命至关重要。高性能催化转换器与清洁燃油相结合是进一步控制污染排放水平的基本保证。此外，大力推广使用直喷式发动机是控制温室效应、大大提高燃油经济性的好办法。为了提高燃油经济性兼顾降低废气排放控制，开发稀薄氮氧化物催化转换器极为重要。

与其他内燃机相比，柴油机的热效率高、能源利用率也高。但是，柴油机比汽油机的氮氧化物和颗粒排放量高，不能使用汽油机用的三元催化转换器。现有技术不大可能大幅度减少氮氧化物排放，需要研发新的技术。此外，近些年来柴油机还面临“社会问题”，即冒黑烟和排放颗粒问题（直径 2.5 微米左右的颗粒或粉尘对人体健康有害，应该加以限制）。

采取措施降低成本、开发新技术、发展燃料供应基础设施，推广应用先进的清洁能源和低排放车辆是降低污染水平的又一重要方面。报告提出实现该长期发展目标应实施的战略。

战略一：开发超级高性能的催化转换器

对于柴油发动机而言，为使其催化转换器的清洁率达到汽油机的水平，特别要研制出过滤装置，将废气中有害人体健康的颗粒物质除掉。

为了实现排放水平是2000年水平1/10的战略目标，需要开发低温反应催化转换器，快速减少发动机启动后热车阶段的有害物排放量。预期

- 到2005年，这种新型柴油机催化转换器将面市；
- 到2010年，将催化反应时间降低到当前值的一半。

由于这种催化转换器的开发需要基础研究的支持，产业部门与科研部门的合作极为重要。

战略二：定义并促进清洁燃料

燃料中硫的含量对催化转换器的使用寿命影响极大，对高性能催化转换器而言，最重要的一点要求就是其所用燃料中硫的含量应接近零值。2005年将使用低硫油，2010年随着技术进一步发展，低硫油的市场需求会更大，届时一些合成燃料也会得到应用。汽车行业、科研机构、政府部门以及石油行业应该联合起来，并且与其他国家密切合作，共同制定油料技术标准。

战略三：不断改善与提高发动机燃烧控制技术

迄今为止，在改善发动机燃烧控制方面，个体部门研究一直独领风骚。大学实验室曾经在这方面取得很高水平，但至今少有实用。随着控制技术领域的尖端处理器技术的应用，今后大学与国家实验室燃烧控制研究必然会提高。

基于上述战略考虑，2010年前优先发展的技术及其实施路径（详见表3和图2）。

表3　控制大气污染的关键技术

- 发动机燃烧控制系统
- 低温反应催化转换器
- 柴油发动机用氮氧化物催化转换器
- 降低颗粒排放量的催化转换器（微米级排烟滤清器）
- 含硫量极低的燃料
- 人工合成燃料
- 研发清洁能源和低污染汽车

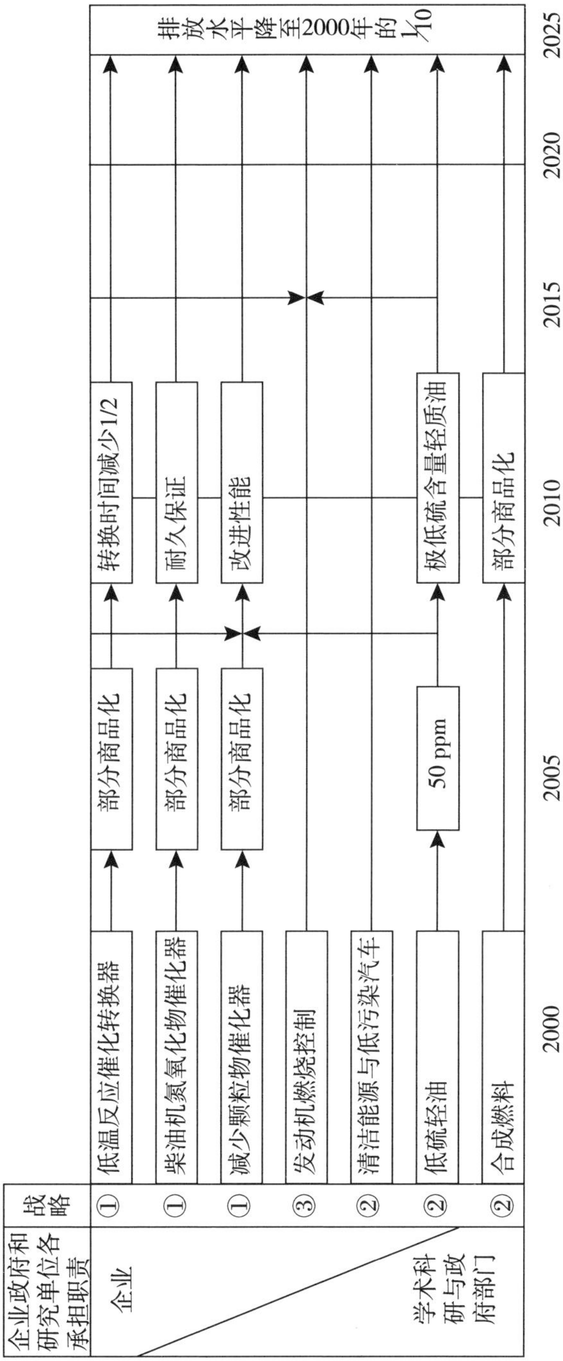

图2 控制大气污染实施方案与进程示意图

促进再生利用

2025年发展目标：报废车辆再生利用率近100%

当一辆汽车不再具有使用价值时，作为报废车辆从客户转到经销商或报废处理服务商店送去拆解并粉碎。有用的部件如铁制品和有色金属制品等可以再制或再生利用；其余的就要粉碎成粉末当作垃圾处理。由于大量废物中含有许多诸如铁等其他有用物质，为了更有效利用能源，积极促进汽车的再生利用是一件十分迫切的任务。此外，在拆解报废车辆时还应注意防止其中的铅和重金属等有害物质污染环境。

日本国际贸工部行业建设委员会在1997年制订了车辆全寿命周期再生利用计划，要求至2015年，汽车的再生利用率将达到95%。为达此目标，从车辆设计阶段就要同时综合考虑回收利用、便利拆解，制定与之适应的制造工艺。

为实现以上发展目标实施战略如下。

战略一：易于再生利用技术研究

将树脂类和玻璃类材料分类，应尽快考虑设计零部件便于分类的研究。部分玻璃部件已经开始作为原材料回收利用，这项工作还应继续进行。2010年完成非热塑性树脂类材料的再生利用。设计更易分类的工艺，尽早将杂质从回收的金属材料中分离。与此同时，应推广在某些领域已经实践的将粉碎后的细末用熔化法加以分离的技术。防止再生处理过程中金属与树脂材料性能退化的技术研究十分重要，它是在多次再生过程中使材料保持原有特性的保障。此外，将树脂经过再聚合反应重新加入原材料的工艺正处在试验阶段，这将成为未来再生利用的基本方法。由于上述众多研发领域需要基础科研的支撑（例如防止材料性能退化技术和树脂再聚合技术等），因此，不仅要鼓励企业，而且应充分调动大专院校、国家实验室的积极性，并促进它们之间的联合研究。

战略二：开发再利用技术

零部件的积极再利用对降低环境的影响是最有效的方法。促进其有效再利用的前提条件是提供有质量保证的再利用零部件供货系统，因此必须研究产品寿命检测技术。甚至人们可以期望：材料和零部件自身会变“聪明”，并且具有自诊断功能。此外，还必须努力开发寿命长的零件和具有自恢复功能的零件。

战略三：建立全社会的再生利用体系

再生利用战略实施的各个阶段都需要许多相关行业参与，为了切实提高再生利用的效果，需要建立一个全社会的再生利用系统。只靠汽车行业和废物处理行业的努力是远远不够的，政府对再生利用技术开发以及建立全社会再生利用系统的积极支持是成功的基本保证。为了达到高效、低污染燃烧和满足特定的法规要求，热量循环再利用也需要联合技术开发。

到 2010 年各项发展技术次序以及实施途径详见表 4 和图 3。

表 4　再生利用关键技术

再利用技术
- “聪明的”材料
- 产品/材料寿命检测技术

分类和材料再生利用技术
- 树脂、玻璃的分类和再利用
- 消除金属不纯度和防止材料性能退化
- 防止树脂材料性能退化

化学再生利用技术
- 树脂材料再聚合技术

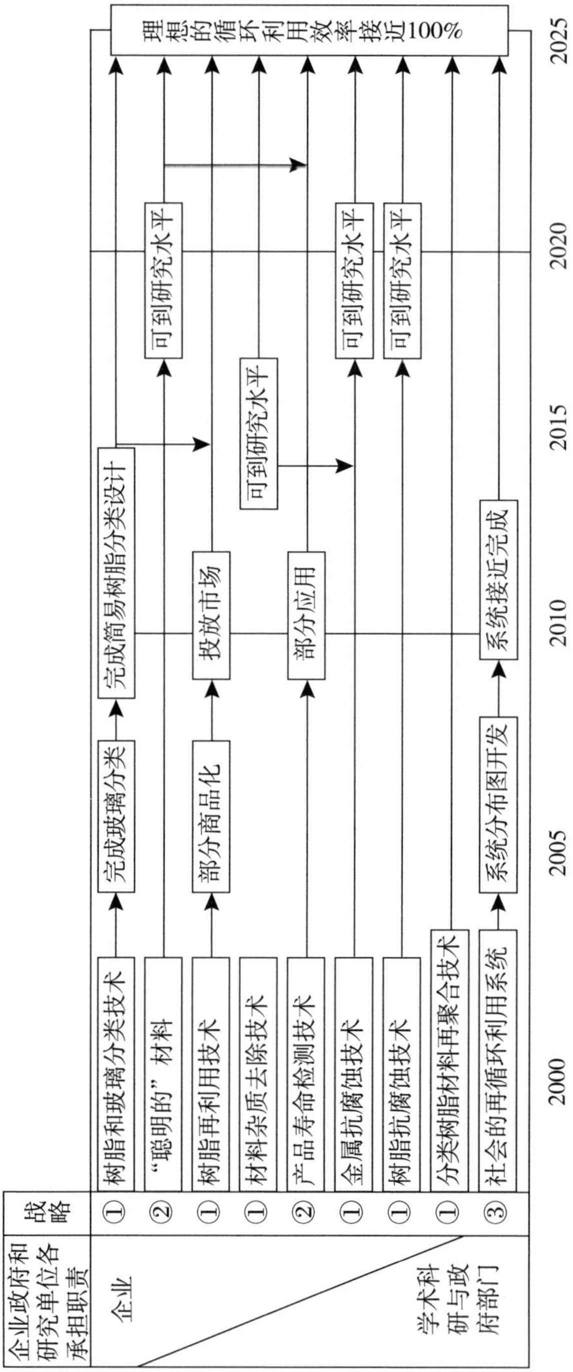

图3 再生利用实施方案示意图

降低车辆噪声

2025年发展目标：将汽车噪声降至2000年噪声法规定值的1/2

目前，世界各国都在采取各种措施降低噪声，以满足排放法规要求。但是，还要进一步解决发动机缸体、活塞敲击、冷却系统和进气系统产生的噪声问题。在某些大型车辆上发动机已经封装或有覆盖物，但降低噪声研究和主动的噪声控制这些措施中哪种最有效还在研究。在控制传动系统噪声方面，一些非常重要的前沿技术旨在降低排气系统表面辐射噪声，用激光抑制能量。通过改善轮胎花纹和轮胎结构，可以降低轮胎发出的噪声。

借助道路环境控制，例如，通过使用铺设隔水双层路面，可以大大降低行驶噪声。高速公路上设立的高隔音墙也可有效地降低噪声。预计，今后会有更先进的噪声隔离墙和交叉噪声隔离墙问世，进一步降低噪声。

通过对车辆和道路基础设施双管齐下的综合噪声控制，车辆在路上的行驶噪声将能降低2—3分贝。降低噪声的努力必须遵循持续的原则。表5列出了将要研发的降低噪声的方法和技术。

表5　降低噪声的方法和技术

车辆方面
• 降低发动机噪声
• 降低排气噪声（排气系统表面辐射噪声）
• 低噪声轮胎
• 封装
基础设施方面
• 铺设隔水路面（轮胎与路面噪声）
• 噪声隔离墙

改进安全性

2025 年发展目标：将交通事故伤亡人数降至 2000 年水平的 1/2

1999 年日本交通事故死亡人数为 9005 人（事故发生后 24 小时内的死亡人数），这个数字在近几年呈下降趋势。然而，交通事故数量和伤亡人数却创造历史最高水平。尽管在政府第六个交通安全基本计划期间交通事故死亡人数正在稳步降低，但是由于汽车总量日益增加和驾驶人员日趋老化，要实现日本政府在基本计划中设定的交通事故总量、伤亡数量减半的控制目标绝不是一件轻而易举的事。然而，维持机动车在社会中的存在是公众意愿，加强汽车安全创新和确保在安全技术方面的国际领先优势，这些安全目标的建立被视为勇敢的挑战。此外，还必须指出，交通部要求尽一切手段提高车辆安全性，将 2010 年交通事故死亡人数（按事故 30 天内统计）减少 1200 人。

为了实现这个指标，不但要提高汽车安全技术，还应采取各种综合措施：包括发展交通安全设施、建立应急和安全教育机构。目前，我们对交通事故发生的机理还不清楚，应尽快搞明白。此外，把以安全车身、安全驾驶和智能交通系统为基础的安全导航支持技术推向市场非常必要，同时政府不断改善安全措施也非常必要。

在安全方面，许多涉及事故预防（主动安全）、事故危害最小化（被动安全）、事故发生后保护乘员免遭伤害、紧急救援、通过检测驾驶人员打瞌睡或精力不集中来阻止人为错误等有关技术的需求将会增加。未来的研究应深入那些与不同车重、不同车型相关的一致性的问题，因为它们经常是灾祸的引发因素。高精度人体模型几乎可以逼真地模拟人体运动，它的研发能极大地降低灾祸和伤害；而研究人体阻力和计算机模拟是研发安全手段和安全设备的基础，所以应进行更加深入的研究。

对于降低交通事故，不仅驾驶员要关注，行人和其他可能的事故受害者都要关注。这包括普及社会各类人员汽车常识和提高驾车技能，加强学校专家的责任，安全教育教员的培训，早期教育阶段就加入交通安全方面的课程，并给予相关研究费用方面的支持。

根据此报告，为实现上述战略发展目标，需要实施以下战略。

战略一：交通事故预测技术的研究

2010 年的研究目标包括交通事故研究和分析、事故发生机理的解释、复杂的三维有限元人体模型技术研发、交通事故对人体危害的预测、创建人体运动模型和人体伤害预测技术、交通事故预测技术。到 2025 年，上述研究成果将用于开发各种有效的安全设备和仪器，并投放市场来降低事故。报告建议，为此应成立一个包括汽车工程专家、交通工程专家、驾驶员心理学家、人类工程学专家、道路工程专家和统计学专家在内的联合专家组。研究如何减少交通事故对人们，特别是对老年人的伤害；同时，还应该研究老年人的判断力和决断等行为状态以及他们的身体特征。

战略二：车辆环境和驾驶条件检测技术的研究

先进的电子技术使降低交通事故的“智能”汽车技术得以发展。应大力研发可以使车辆能识别障碍物、道路条件和驾驶员状况及专注力（是否在打瞌睡，或对短距离目标的疏忽）等环境识别技术，并以此建立事故避免技术。尽管上述主要工作是由汽车制造商承担，但是像神经计算技术和智能摄像机等基础技术，则需要与电子公司合作。随着车辆智能化日益先进，人机接口技术也必须更加完善，使驾驶员与车辆间保持最优的和谐关系。

战略三：在建设基础设施时提高综合的安全措施

在建设基础设施时实施安全措施方案而不必等待战略一（交通事故预测技术）完成后再做。这些安全措施包括制造商开发和生产安全产品、制定安全标准等；此外，其他所有相关安全措施也应继续执行，例如：人车分道，安装更多的交通信号装置和其他的安全设施，自动紧急报警服务，有效地利用紧急救援直升机和救护车，以及改善安全教育等。

基于以上战略，到 2010 年要完成技术的步骤和途径，见表 6 和图 4。

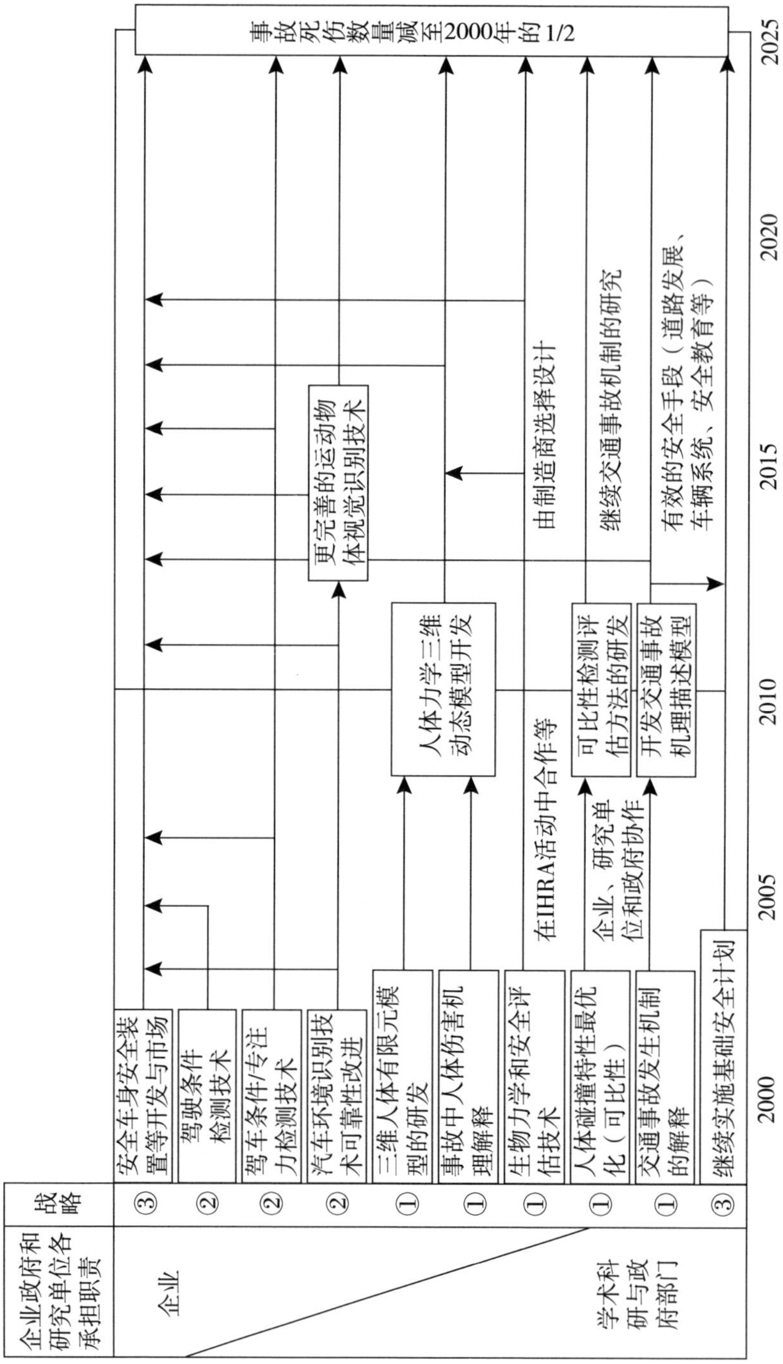

图4 安全技术实施方案示意图

表6 交通安全关键技术

- 更复杂的智能汽车和安全驾车支持系统的开发
- 交通事故发生机制的解释
- 三维有限元人体模型的开发（事故人体伤害预测）
- 生物力学和安全评估技术（包括假人模型的改进）
- 车辆周围环境识别技术（障碍物及路面条件的传感器与识别技术）
- 驾驶员驾驶状态识别（瞌睡、反应迟钝和驾车专注力下降的识别）
- 驾驶员意图检测技术（神经计算技术等）
- 优化驾驶室碰撞特性（一致性）
- 优化驾驶过程的人机接口
- 各种先进的乘员保护装置研究

发展先进的信息通信网

2025年目标：实现多媒体的网络安全与汽车设备的兼容

进入21世纪，一项汽车技术必然伴随着信息技术经历革命性的改变。随着智能交通系统（ITS）的发展，将以信息技术为媒介建起连接人、道路与车辆之间的网络，来缓解和抑制交通拥挤，用更有效的交通来减少环境影响，提高安全和舒适性，有助于老人、残障人士自我照料。汽车导航系统正在广泛地被认知，像汽车信息通信系统（VICS）、ITS服务如自适应巡航控制（ACC）、电子收费系统（ETC）和急救系统（紧急报警）都逐渐进入实用阶段。随着这些信息技术更大的进步和更广泛的应用，汽车的双向通信和无论何时何地进行商务通信都成为可能。为了确保健康的商务发展，构筑ITS环境是基础，还包括辅助适当的法规调节和加速实施标准化及必要的基础设施的建设。

20世纪，汽车上安装了各种不兼容的媒体用于音乐播放和数据访问（如盒式录音带、CD、MD、DVD播放系统和便携式半导体记忆装置等）。与外部通信媒介相结合如：AM、FM短波收音机，广播电视，不同频道平台的手机，还有可选的VICS（汽车信息通信系统）和无线塔台及FWL多路通信等，众多技术的进步带来的复杂化使用户不知所措。此外，用户可能必须用电子钥匙和不能起点火钥匙作用的IC卡进出汽车。随着功能的增加，汽车变得越来越复杂。应开发“不需要知道媒介”的汽车来解放用户，这样他们可以方便地使用21世纪的信息工具。无论是在家还是在办公室毫无差别地访问大量高质量信息的环境将得以实现。

报告指出：为实现上述发展目标应实施以下的发展战略。

战略一：先进的外设技术解决多媒体兼容性

关键技术是复杂的人机接口问题，就是要解决大量数据在“想要的时间和想要的形式”并按所设计的格式无差别的通信。这个战略的主要要素是：连接社会与机动车之间大量的流畅数据的高速网络信息通信平台，与宽带设备数据共享的车内高速局域网（LAN），用户可在车内外自由使用的多模式终端。大学和科研机构需要加强人体系统模型的基础研究，同时汽车制造商、电子设备商和通信部门要联合开发加速信息通信技术向低噪声、小体积、低成本和高速度发展。

战略二：建立可靠的电子身份识别验证系统

有了多模式终端的数据信息集成，信息安全变得至关重要。为了减少被盗恶果，安全的识别验证成了基本要求。通过网络商提供的服务，车辆可以直接连接到互联网，从汽车上可以直接访问服务器和账户结算平台，因此身份识别和其他的系统安全技术将是首要考虑解决的问题。这需要汽车行业、电子设备商和通信行业共同努力加速开发封装技术，使之能适应恶劣环境，并且体积小、重量轻、低成本用于汽车。

迈向2010年各项技术的发展步骤和途径见表7和图5

表7　发展先进的信息通信社会网技术

- 先进的人机接口技术（语音识别、智能仿真）
- 信息通信平台（新一代网络电话、短程通信、数字广播）
- 车内高速局域网（新一代协议）
- 多模式终端（精巧的记忆芯片，新一代操作系统）
- 包括身份识别的系统安全技术（指纹识别，IC卡，网络）

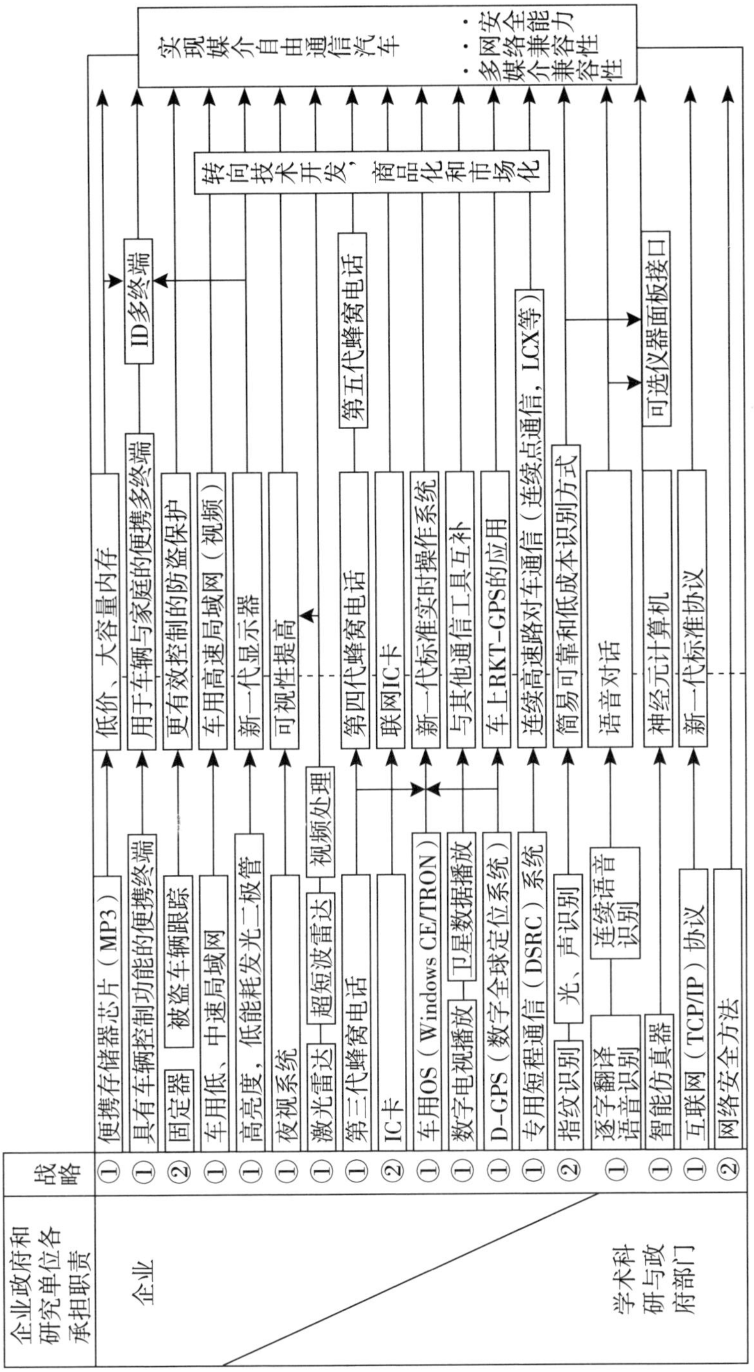

图5　先进信息通信实施方案示意图

企业、科研和政府的三方合作

日本汽车工业为了能满足社会和用户多样复杂的要求，同时在工业和社会结构全球化进程中保持竞争力和持续增长，本报告的结论是：企业界、科学界和政府部门必须融为一体。通力合作而不是单干才能最有效地利用资源（包括劳动力、原材料和资金）。因此，每一学科领域各自的权利责任必须分明。此外，需要联合行动来解决社会问题，如环境保护和安全问题，以及呼吁国际社会贡献技术成果支持发展中国家。

奥巴马的新能源计划和电动汽车政策*

奥巴马的新能源政策计划政府提供40亿美元贷款和免税，支持每年将汽车燃料经济标准提高4%；到2015年实现美国道路上行驶的可充电电动汽车达到100万辆；2012年前美国联邦政府购买的车辆中一半是插电式混合动力汽车或电动汽车；初期以7000美元的抵税额度鼓励消费者购买节能型汽车；设立国家低碳燃料标准（LCFS），要求燃料供应商至2020年减少10%的碳燃料排放。

加快引进低碳非石油燃料

这将促使政府和私营行业大举投资于先进汽车技术，包括混联式充电混合动力车和弹性燃料汽车等新能源技术，并将重点放在研发先进电池技术方面，减少美国的石油消费量。动用40亿美元的联邦政府资金来支持汽车制造商组装新的节能汽车；另外，奥巴马公布的经济振兴计划一半以上涉及能源产业。因此，能源产业的转型和发展是奥巴马经济复兴计划的核心，奥巴马新政的目的就是要通过新能源产业革命再造美国增长。奥巴马认为发展可

---

* 本文根据公开资料由国务院发展研究中心“培育新一轮经济增长的产业支柱与建设经济长期发展的体制环境”课题组于2009年整理汇编而成。课题负责人：陈清泰、吴敬琏；课题组成员：高世楫、张永伟、王青、肖庆文。

再生能源将催生一个全新的产业，并为美国创造数百万个就业岗位。能源改革已经成为奥巴马经济振兴计划的命脉之所在，改革成败之所钥。

新能源战略的具体内容如下：

大力发展清洁能源，创造绿色就业新岗位

奥巴马的新能源计划一方面是向石油公司收取利润税，作为对个人和家庭的直接能源补贴，为美国家庭提供短期退税，应对日益上涨的能源价格；另一方面还将大力推动科技研究和创新，开发太阳能、风能、地热能、核能和水电等清洁能源，积极发展混合动力汽车、动力电池、核电设备、风电设备、太阳能设备等，以降低目前对石油的过高依存度。清洁能源已经成为美国能源的重中之重。

奥巴马政府要求至2012年美国10%的电力消耗源自清洁可持续的能源资源，这个额度到2025年将达到25%。该要求将刺激私营经济在可再生能源资源方面的重要投资，为美国尤其是农村地区创造数以千计的新工作岗位。

政府将大量投资绿色能源，在未来10年投资1500亿美元用于清洁能源，积极发展下一代生物燃料和燃料基础设施建设，加速可外充电式电油混合动力车商业化，扩大可再生能源项目的商业规模，投资低排放煤场，并开始向新数字电网过渡，为相关公司提供税务优惠。这将改变美国经济，在诸如研究、制造和建筑等领域创造500万个新工作岗位，同时还将鼓励新兴商业的诞生。

提高燃油经济性标准，全面发展节能汽车和电动汽车

奥巴马的新能源政策计划每年将汽车燃料经济标准提高4%。这将促使政府和私营行业大举投资于先进汽车技术，包括混联式充电混合动力车和弹性燃料汽车等新能源技术，并将重点放在研发先进电池技术方面，减少美国的石油消费量。动用40亿美元的联邦政府

资金来支持汽车制造商组装新的节能汽车，力争到2015年实现美国的混合动力汽车销量达到100万辆；且2012年前实现美国联邦政府购买的车辆中一半是插电式混合动力车或电动汽车，并以7000美元的抵税额度鼓励消费者购买节能型汽车。另外，奥巴马将设立国家低碳燃料标准（LCFS），加快引进低碳非石油燃料。该标准将要求燃料供应商至2020年减少10%的碳燃料排放。

提高能源效能，遏制全球变暖

奥巴马支持减少温室气体的排放。将建立一个以市场为基础的总量管制和排放交易体系，实行“限制排量与交易许可”计划，减少会导致灾难性变化的碳排放量，至2020年把碳排放量减少到1990年的水平。到2050年降低至1990年水平的20%。同时利用限制排放和交易许可拍卖所得收入，投资气候友好型能源发展和计划，增加对清洁能源的开发与部署方面的投资，每年提供150亿美元用于提高能源效率及投资代用燃料。呼吁世界排放量最大的国家专门就全球能源和环境问题召开“全球能源论坛”（包括八国集团的全体成员及巴西、中国、印度、墨西哥和南非），以提高能源效能、遏制全球变暖。

提升能源安全，优先考虑阿拉斯加天然气管道建设

奥巴马政府将与加拿大政府、阿拉斯加州、石油和天然气生产商以及其他利益攸关方一道推进管道建设。计划中的管道将输送日产量40亿立方英尺的天然气，约占美国目前消费量的7%。此管道不仅对美国能源安全至关重要，还将创造数以千计的新工作岗位。

节能、节约成本和高能效

到2020年，将美国能源部预测的电能需求水平降低15%。为此开展的节能计划是，到2030年将让消费者节省1300亿美元，减少

50 亿吨二氧化碳的排放，并创造就业。

政府将采用创新方法极大提高建筑物效能，设立国家建筑物节能目标：在未来 10 年提高新建筑物效能 50% 和现有建筑物效能 25%，至 2030 年使所有新建筑物的碳排放保持不变或产生零排放：将大规模改造联邦政府办公楼，包括对白宫进行节能改造；5 年之内将所有联邦政府建筑能效提高 40%，所有新修联邦政府建筑到 2025 年实现零排放；对目前的联邦能效标准进行大幅修整。将推动全国各地的学校设施升级，通过节能技术建设成 21 世纪的学校；要对全国公共建筑进行节能改造，更换原有的采暖系统，代之以节能和环保型新设备。

实施新刺激方案促进公共事业公司提高能效，建设更多适于居住且可持续发展的社区。鼓励骑车与步行，积极发展公共交通事业；将改革税法，为驾车、公共交通或通勤者谋取平等福利。

投资数字智能网，提高国家电网的智能性、可靠性和安全性；帮助消费者利用太阳能电池板或风力涡轮机等可再生能源发电。

新能源技术资金投入保障

充电式混合动力汽车、风能、太阳能、核能等，将获得政府实际资本支持，对于乡村的清洁能源产业也会有一定的信贷支持。而且，奥巴马政府将建立一个联邦资金支持的全国清洁能源的贷款机构，向可再生能源项目投放低利率贷款或进行贷款担保，以激励普通投资者在可再生能源领域的发展。

目前有关初期投资资金已经明朗，根据美国众议院 2008 年 1 月 15 日公布的奥巴马团队的 8250 亿美元经济刺激计划的细节方案，美国基础设施改造方面获得的投资资金份额达到 900 亿美元，其中包括为使联邦建筑变得更加节能而进行的修缮和更新项目。该方案同时确定，政府还将向能源项目投入逾 500 亿美元，其中用于改造老化的美国电网的投资金额为 110 亿美元，国会也将为可再生能源发电和输电项目提供 80 亿美元的贷款担保。

新能源发展战略的作用

金融危机为奥巴马团队提供了创造历史并达到历史顶端的机会，在美国历史上最强大的能源行政力量的主导下，美国还将在节能汽车、可再生能源、分布式能源供应、氢能、天然气水合物、清洁煤等诸多领域探索利益最大化的创新战略，这种探索既源于美国已经拥有的世界第一流的研究力量，也出自美国再造国际分工、占领全球经济制高点的迫切愿望。

形象地说，油气为主的经济相当于从北峰登顶珠峰，绿色能源计划意味着从南坡登顶珠峰，这是比布什直接攻打伊朗和伊拉克更伟大的计划，它将使从西亚到俄罗斯和南美的石油国家利益联合体遭遇釜底抽薪式的打击，被迫放弃高油价的利益，自动转换到比美国低得多的全球经济的等级结构之中，从而完成世界力量重组，其战略功效更高。

从这个意义而言，美国能源产业的重组也将是美国全球战略力量的重组，它也将把美国从现在的经济、环境和国家安全危机中解脱出来。

因此，这个能源改革将使奥巴马成功地以绿色经济为主推动一场新的经济革命，美国将再次主导全球经济的制高点。而且，通过建立清洁的能源结构将彻底改造美国的生产方式和生活方式，这个革命将比 10 年前的信息技术革命更为重大、更为深远，应该是农业文明以来最伟大的革命。也正是基于此，奥巴马经济改革计划也被称为美国复兴和再投资计划，其中的能源体系变革将是 21 世纪人类最大规模的经济、社会和环境的总体革命。

美国新能源战略的现在进行时

美国的人造小太阳

2009 年春季，美国研究人员将用激光点燃一个人造太阳，它就是“美国国家点火装置”，俗称“美国人造小太阳”。实验的目的就是利用一粒不超过针头大小的核燃料来产生1亿摄氏度的高温和超过地球气压数十亿倍的高压。如果实验能够成功，将标志着具有实际意义的核聚变发电站建设已经迈出了第一步。石油、天然气、煤炭等不可再生的矿物能源，不仅造成温室效应，而且还有枯竭之忧。而核聚变反应所需要的燃料重氢地球上到处都是，人们不必担心原料会像石油那样逐渐枯竭。重氢可以从海水中提取，生产超重氢所需要的锂元素可以从一般的石头中提取。这两种原材料，也就是水和石头，地球上可以说是无穷无尽的。

从长远来看，核聚变能将是人类未来能源的主导形式，被科学家称为“能源危机的终结者”。参与“美国人造小太阳”研究的科学家表示，现有的核电厂和核武器都是采用核裂变的方式来获得能量，这种能量获取方式会产生放射性物质，对人类和周边环境构成危害。核裂变发电厂将渐渐退出能源舞台，而被核聚变发电厂代替。

如果核聚变发电能够研究成功，将对人类的能源供应产生最为深远的影响，它将成为人类有效利用核聚变能的重要一步，人类将真正拥有取之不尽用之不竭的清洁新能源。

新能源动力汽车和锂电池

未来，以新能源为动力的汽车必然会加速发展，而锂电池动力则成为其中最大的亮点。新能源是汽车发展的未来，而动力电池技术则成为行业发展的关键，核心技术在电池上的突破已经成为最大的亮点。这其中锂电池和锂离子电池是20世纪开发成功的新型高能电池。因其具有能量高、电池电压高、工作温度范围宽、贮存寿命长等优点，已广泛应用于军事和民用小型电器中，如移动电话、便携式计算机、摄像机、数码相机等，并且部分代替了传统电池。随着科技水平的不断进步，锂离子电池以其特有的性能优势，已在电动汽车中开始使用，并将成为未来电动汽车的主要动力电源。

2008年科学界又发现了镉磷催化剂，它可以利用电能把水中的氢分离，然后再将分解的氢气经过合理的工艺流程制造为燃料电池，这同样为人类开辟了大规模使用氢能的可能性，也是极为可贵的能源新发现。

智能电网和超导电网

智能电网再造美国电网体系

美国将启动智能电网改造计划。智能电网的本质就是能源替代和兼容利用，它需要在创建开放的系统和建立共享的信息模式的基础上，整合系统中的数据，优化电网的运行和管理。它主要是通过终端传感器在用户之间、用户和电网公司之间形成即时连接的网络互动，从而实现数据读取的实时、高速、双向的效果，整体性地提高电网的综合效率。

智能电网能够将新型可替代能源接入电网，比如太阳能、风能、地热能等，实现分布式能源管理。发展智能电网产业，建立美国横跨四个时区的统一电网，能最大限度发挥美国国家电网的价值和效率。智能电网改革将推动美国能源革命的深度裂变。

根据美国能源部的统计，通过对美国电网的智能化改造，预计未来20年内可节省近千亿美元的投资。智能电网技术革新打开了电信、电网、电视网等整合的通道，为全球电力、电信产业、通信产业、电视媒体等改革提供了独特机遇。

奥巴马政府经济振兴计划中，特别提出进行大规模改造联邦政府办公设施，提高其节能水平；大规模地投资公路、桥梁等基础设施建设以及在美国各地推广普及先进的宽带，这三项计划都必然与智能电网相联系，推进智能电网计划是奥巴马任内的重要改革举措。

超导电网再造美国能源体系

超导电缆就是采用高温超导材料制作的电缆，与传统电缆相比，它具有输电过程中的能量损耗低、输送容量大、体积小、电磁污染少的四大优点。在相同截面下，输电能力是常规电缆的3—5倍。它是目前人类能够掌控的最具环保价值的缆线，也是提高电网安全性、可靠性、基本上杜绝火灾隐患的择优措施。建设具有远距离、大容量、低损耗输电能力的超导电网是克服常规电缆远距离输电时对高压电缆依赖的唯一途径，是21世纪人类不可能不圆梦的电力生产方式，至少是21世纪前50年解决一个国家或地区大容量、低损耗输电的最佳途径。因此，将国家电网革新提升为超导电网，是全球生产力面临的最伟大的变革之一。

美国在“美国电网2030”规划中，也提出了采用超导技术建设其骨干电网的建议。美国的能源法中也率先世界其他国家肯定了超导电缆电网的作用。

2008年4月22日美国纽约长岛电力局和美国超导公司联合宣布世界上第一条高温超导（HTS）电缆已于同日在商业电网中投入运行。该系统运行电压为138kV，由并行排列的3条独立单相HTS电缆组成，安装在LIPA的地下输电走廊内，由6个终端装置与LIPA电网相连。该条HTS电缆长610米，用液氮冷却系统进行低温冷却，能为30万户家庭供电，其装机容量为600兆瓦。这将成为第一个把超导体用在电网传输电压水平上的工程。超导将被视为下一代能源传输系统的强劲动力。

伴着美国纽约州长岛在商业电网中安装了第一条超导输电缆的举动，纽约市也已经宣布启动名称为Project Hydra的计划，即“九头蛇计划”，其主要框架就是2010年启动的曼哈顿电网升级改造，它也将使用美国超导体公司开发的液氮冷却系统和超导电缆，以实现纽约电力体系更加可靠的运转。“九头蛇计划”的启动为美国启动国家统一电网的超导技术改造打开了阳光大道。

尤为值得重视的是超导电缆还能利用现有各种线路，例如管道线、铁路线、公路线等进行安装，这又可能大幅降低美国电网的升级成本。因此，超导电缆正在进入美国电网改造的主要市场，一场营建美国能源高速公路的革命行将展开。

因此，奥巴马将在美国能源改革的下一步战略中关注超导电网改造的运转。目前公开推进能源体系转型计划的主要世界经济体系只有美国，而且目前执行这个计划的也只有美国。如果美国借此发展智能电网产业，8—10 年内这个产业规模将超过 5 万亿美元；如果美国借此全力发展超导电网产业，8—10 年内这个产业规模将超过 30 万亿美元*。

---

* 另从媒体上获悉：美国在经济振兴法案中与电动汽车有关的支持费用为 140 亿美元。其中：创新技术贷款担保 60 亿美元；插电式电动汽车税收抵扣 20 亿美元（每辆车税收抵扣最高 7500 美元）；先进电池生产补助 20 亿美元；联邦政策用于购买低能耗汽车预算 3 亿美元。3 月 19 日美国能源部宣布先为电池生产商提供 15 亿美元资助；为电动汽车其他关键零部件生产资助 5 亿美元，对各类插电式混合电动汽车技术和解决方案评估、充电基础设施建设及专门技工培训资助 4 亿美元。美国能源部 6 月 23 日宣布将向福特汽车公司提供 59 亿美元贷款，向日产公司和特斯拉汽车公司提供约 21 亿美元的贷款。向福特公司的贷款主要是帮其改进工厂以生产 13 款节能型汽车。特斯拉汽车公司将得到 4. 65 亿美元贷款，主要用于在加利福尼亚州电动汽车和依靠电力的动力传动系统（见 2003 年 6 月 25 日《参考消息》）。

一盘未下完的好棋*

编者按：“小的时候我就喜欢汽车”，这是陈清泰回忆过往经历时的开场白，而这句话他也在各种场合多次重复。尽管在当下，外界把更多的目光放在其曾经的国务院发展研究中心党组书记、副主任的身份，以及更早的国家经济贸易委员会副主任身上，但作为第二汽车制造厂（东风汽车）的第三任厂长，他的所思所为也为中国汽车业留下了不可磨灭的痕迹。

陈清泰，籍贯河北丰润，1937 年出生在北京。按照儿时的心愿，他 1957 年进入清华大学动力系汽车专业学习。毕业后曾留校任教 6 年。1970 年他申请调入中国第二汽车制造厂，开始是在政工组宣传组工作。

1971 年陈清泰“归队”，从事技术工作，先后历任产品设计技术员、工程师、总成设计试验室副主任、产品处副处长、二汽副总工程师兼产品设计处处长，1982 年起任二汽总工程师。1984 年 8 月，陈清泰开始担任二汽总厂厂长，1985 年 6 月兼任东风汽车工业联合公司董事长、总经理。

二汽 1969 年建厂，1986 年 1 月竣工验收，前后经历了 17 年。

---

* 本文系作者于 2011 年 9 月 27 日接受《汽车商业评论》杂志“口述历史”栏目的采访文稿。

建设期间可以以1978年作为界点分为两段：前一段是国家投资，全国支援的建设阶段；后一段是自筹资金、量入为出的续建阶段。陈清泰成为二汽“掌舵人”之际，正是这个企业建设期即将结束，面临着向发展阶段转型的时期。他秉承二汽改革的精神，克服工厂内外的种种阻力，调整企业发展战略，明确了轻、重型卡车，以及轿车的发展方向，并在20世纪年代初与雪铁龙汽车公司合作，组建神龙汽车有限公司。

鲜为人知的是，在担任二汽厂长期间，陈清泰把技术研发提到了企业发展的最高地位，首次提出结束汽车产品“几十年一贯制”的思路，在厂领导班子支持下，推动技术研发、技术装备和教育培训三大中心建设；在企业管理层面，他借鉴外国经验，运用投资、利润、成本三大中心概念，力争将二汽由传统生产型企业转变为现代经营型公司。此外，陈清泰还为二汽确定了走出十堰的“三级跳”战略，为现在东风汽车的全国三地布局埋下了伏笔。二汽已经成为改革开放初期中国企业改革与发展的一个缩影。

1992年离开十堰后，陈清泰不再插手东风汽车公司的事务，碍于身份，也很少对国内汽车行业做出公开评价。

有闲散时间，他就用另一种方式表达对汽车的感情，他在自家阳台上设置了一个小“车间”，不时动手做一些小“活计”。在单元房的门廊处两个摆满汽车模型的玻璃柜正是他亲手所造。

2011年9月20日上午9时开始，陈清泰在北京家中接受了《汽车商业评论》近7个小时的采访，期间他的夫人楼叙真女士一直陪在左右，追忆着两人从清华大学便开始共同拥有的“汽车记忆”。

楼叙真是陈清泰在清华大学文工团时期就相识的恋人，她早自己的先生一年半进入二汽，曾是二汽的计算中心主任和技术中心主任。文中除标明楼的插话外，其余均为陈清泰本人口述。

比较小的时候我就喜欢汽车。我家是从浙江义乌迁到河北丰润的，所以我籍贯是丰润，但从来都没有回去过。我 1937 年 6 月 17 日在北京出生，正赶上动荡的时期。我还记得很清楚小孩子们是怎么跟日本人周旋的，向住在胡同里的和站岗的日本人扔石头。

我家曾住在东四十二条，但在安定门内分司厅小学上学，所以每天要走很远的路。安定门那边的城墙都是完整的，每天早上打开城门，下午五六点就关门。城的外面有一圈护城河，河边上有环城的铁路。1950 年我上了中学，北京二中。学校在东四北，我家又搬到北新桥北，上学也得走很远的路。

上学路上最引起我兴趣的就是看车。中华人民共和国成立前，城里的毛驴车、马车比较多，有时还能看到骆驼，那时的环城有轨电车还很完整。抗日的时候，街上可以看到日本的卡车，但对轿车没有太多印象。抗战后，开始有了美国汽车，别克、普利茅斯，等等。车从身边开过一点声音都没有，感觉很神奇，引起我很大的兴趣。

中学的时候写作文，讲长大后的志愿，我就写了一篇愿意做工程师的文章。我那时最大的理想就是家里能够有一个工作间，能够做我想做的事情，希望将来能做汽车。我现在家里还搞了个小“车间”，平时“没事找事”地做些东西是我最大的休息和娱乐。

我 1956 年考大学。按学校推荐及考试成绩，9 月，我到了留苏预备部。当时是准备 1957 年去留苏。后来国家考虑到国内的教育有所改善，决定不再派高中生到苏联去读大学，改派研究生。在留苏预备部一年的后期，经历了反右派，铺天盖地的大字报，课也停了。

1957 年，根据原来的高考成绩重新分配。这样，1957 年 9 月我到了清华大学，按我的要求到动力系学汽车专业。清华为加强基础课，决定把学制延长到六年制，我们是过渡班，五年半。清华的汽车专业学科在全国可能是最早设立的，孟少农从美国回来就到了清华，我们那时有宋镜瀛等教授，清华的汽车专业应该是全国最好的，另外一个就是吉林工大了。

清华当时实行学生半脱产的“政治辅导员”制度，一方面希望加强学生工作，另一方面给品学兼优的一部分同学提供一个社会工作的锻炼机会。1958 年我就做了校学生会的副主席，这样就把课程适度拉长了，晚了一点毕业。所以我真正毕业是在 1964 年 2 月，毕业时获得了优秀毕业生金质奖章。清华学制长，但各用人单位按毕业年限定工资、分房子。后来学校按入学算，承认我们是 1962 年毕业。

我进清华不久就参加了校学生文工团舞蹈队，后来做了校文工团政治辅导员、党支部副书记。我夫人楼叙真那时就在舞蹈队。

楼叙真： 那时蒋南翔校长提出的方针是：全面发展、因材施教、殊途同归。当时我们文工团、体育代表队骨干的党团关系集中在社团，住宿、食堂也集中，只有上课才回到班里，所以文艺社团的生活对我们后来影响很大。

毕业的时候我想去一汽，搞汽车专业我当然还是希望到企业，但学校一定要我留校，说如果有教师名额就直接留校，如果没有名额，就让我读研究生。这样我就当了助教。助教也是半脱产，一半在清华团委，一半是在教研室。

“文化大革命”期间我到了江西的鲤鱼洲农场，就是清华的“五七干校”，开始种水稻。那里血吸虫很厉害，很多人都得了血吸虫病。我们搞汽车专业的几个教师后来去开拖拉机，算是逃过了一劫。

1966 年她（楼叙真）毕业，学校闹革命，无法分配。二汽正在筹建，我很想去，但清华的政策是“一个不进，一个不放”。她是学工业自动化的，是“万金油”，我们就策划她先分到二汽，我再作为“家属”调到二汽。我们跑到机械部去看有没有到二汽的名额，再回学校做工作。1967 年 9 月她分到了二汽。那时候我还在江西，没办法，就一个月给学校写一个报告（希望调走）。直到 1969 年底，学校通知我从江西回北京，放我去了二汽。

从搞宣传到产品设计

二汽当时也是军代表在管理，按军队的机构设置，就是三大组：政工组、生产组和后勤组。1970 年 2 月，我到了十堰，不由分说就让我去了政工组的宣传组。我当时很郁闷，我到二汽来不是干这个的，还是想搞专业，但人家说已经安排好了，没什么好讨论的，就先去吧。

我在宣传组就得写点文章，大多数是些假、大、空的套话。我跟宣传组组长说，今天我们所写的这些文字，明天可能就是批判我们的材料。因为写的都是违心的，违背正常规律的非理性的东西。

我在宣传组待了一年多，1972 年“归队”到了生产组的产品设计组。

当时国家批准二汽的建设任务是三个新车型、年产 10 万辆：一个是 2. 5 吨军用越野车，另一个是它的变形车型，一个民用 5 吨卡车，还有一个是 3. 5 吨军用越野车。二汽先搞的是 2. 5 吨军用越野车。早期设计班子在一汽，完全从零开始，自己设计，没有一份外国图纸，没有一个外国人参与，没有一个外国专利。

1972 年时产品设计组已经回到十堰，我去了就开始做制动刹车系统，把单管路改成双管路。我们当时叫总成组，后来叫总成科，主要工作有底盘系统，包括制动系统、冷却系统设计等；另外还有几个实验室，比如发动机实验室、总成的零部件实验室。

后来我承担了一些设计实验的任务，其中一个是设计中央充放气系统。它是军用越野车的一个特殊系统，在车辆行驶过程中可以给轮胎充气和放气。这对越野车的通过性非常重要，比如在爬坡的时候放气，轮胎跟地面的接触面积加大，抓地能力提高，这样爬坡能力就能提高；等回到正常路面，把气充起来，行驶阻力就会减少。总而言之，就是在汽车行进中控制轮胎气压的一套系统。

我和朱伯山负责这套系统的设计，设计的难度主要在系统布置和密封。开始的时候我们曾用橡胶来密封旋转，后来又改为平面密封。工作没有完上面就决定把这项目停下来了。据我了解，几年前，国内有人已经搞成功了。大约是 1973 年或 1974 年，产品设计组的负责人王汝湜去英国考察，看到了一种卡车上的放气制动装置，停车时制动气放掉或漏掉的情况下，车轮是抱死的。只有把气充起来这种停车制动才能放开，与传统的手制动相比，这是具有连锁性的安全装置，他认为对我们很有意义，回来后要我们进行研究和实验。我们参考他带回来的图片，分析它的原理，设计出来，经几轮实验、改进，把它做成了。现在很多卡车和大客车都用这个装置，我们当时的研发是国内最早的。

后来我当了总成室的副主任，主任是李荫寰。我们不断加强实验室的建设，到 70 年代后期，总成实验和发动机实验搬到了新的实验室。那时做道路实验很痛苦，一轮实验跑下来至少要 2.5 万公里，有的要 10 万公里。一次实验就要几个月甚至半年。实验周期对研发周期影响很大。路面的选择很有讲究，多少山路、多少碎石路、路面不平度的强度等都有要求。好不容易选好了道路，做了实验，回来根据实验结果改进之后再去试，人家道路返修了。再做实验就没有重复性，没办法验证改进的效果。

汽车整车实验要缩短周期，有两个途径：一个是建试车场，一个是把一部分实验移植到室内。这样条件是可控的，实验具有重复性，实验结果有可比性。

整车室内实验可以按道路行驶状况分解为两部分，一部分是由路面不平造成的垂直振动，包括扭曲；另一部分就是平直路面上的行驶，包括上坡、下坡、加速、制动等。把这两个模拟下来，主要的路上状况就有了。1979 年我们从美国引进了 MTS 整车电子液压振动实验台，这个实验台是当时水平最高的，后来一汽也引进了。

虽然引进了设备，但如何在室内再现汽车在典型道路上的振动状况是个难点。比如，标准路面怎么选？信号如何采集？数据如何处理？实际的做法是让车子按照预定车速在标准路面上行驶一次，把车上的振动记录下来，再把车子放到实验台上，通过复杂的“闭环迭代”过程，再现汽车的振动状况。

为了压缩实验时间，通过数据处理，可以删除对车子的疲劳寿命不产生影响的部分。这样在路上跑一天的实验，在实验室里可压缩到 20 分钟甚至更短。后来，我还专门就迭代问题发表了一篇论文，在 1982 年的全国汽车工程学会上发表。

之后，我们又策划建一个转毂实验台。但这件事还没做完我就离开了产品设计处。在产品设计处差不多 10 年的时间里，我在实验室建设上花了不少力量，零部件性能和疲劳实验台陆续建了起来。

楼：在这之前，道路实验是最花费精力、最费时间的，一个原因就是没有汽车试验场，室内实验能力不强。电子液压振动实验台的引进使我们的技术水平上了一个大的台阶。我们学起来也很不容易，很多纯数学模型，计算机的很多东西也要搞清楚怎么弄。现在计算机很普及，但当时都是全新的一套技术。

我 1979 年做了产品设计处的副处长，1981 年做了二汽的副总工程师，开始介入全厂的工作，但还兼任产品设计处的处长。这段时间我的主要精力还是在产品设计处，直到 1982 年底我做了总厂的工程师，就不再兼任处长。

坚持不懈搞研发

从企业发展来看，二汽大规模建设是在 1969 年，在这之前还有四五年是前期预备阶段，定厂址、开始产品设计、选拔人才等等。当时定的二汽建设任务是三个车型，10 万辆的规模。经历了“文化大革命”，国家经济能力已经大大衰落，没有能力再给二汽投资了。于是，二汽就面临着工厂没有建完，国家投资停止的困境。

这时饶斌同志已经调回机械部。黄正夏同志面对困难的形势提出了“自筹资金、量入为出、续建二汽”的方案。就是说，二汽用自筹资金的办法完成国家规定的建设任务，最重要的途径就是搞承包。当时首钢已经开了一个头。到 1982 年，国家已经投资 16.7 亿，但到完全建成大约还需要 4 个多亿。我们算了一笔账，二汽按 1982 年上交的利润为基数，年递增 7%，超额的利润与折旧和大修理基金统筹使用，用于续建，有可能完成建设任务。续建的主要工作是 3.5 吨的军用越野车。那时这个车型还在设计过程中，产品研发、生产准备、厂房、技术装备等后续工作都需要钱。

1982 年，万里同志来二汽视察的时候，我们就提出了向首钢学习的承包方案，他很赞成。1983 年，时任总理来二汽考察，我们再次提出要搞承包，他也很赞成。二汽有建设任务，又不直接向国家要钱，这就容易得到国家的支持。在万里同志的推动下，国家很快就批下来了。这样，二汽就算活下来了。

在这段时间里，还有一件事让我印象深刻。1981 年 9 月，中国汽车工业总公司组织我和一汽的史汝辑、田其铸一起到德国参加法兰克福汽车博览会。这是当时汽车顶级技术的展示。我是学汽车专业的，但这种场面还是第一次见识，简直太兴奋了。我们三个人在那儿老老实实地看了一个礼拜，但还是没看完。看整车、看工艺、看零部件，做记录。当然我们重点还是看卡车，看到一些新的结构，我们就在那儿讨论。看完展览会以后，我们又访问了几家汽车公司，像奔驰、大众等，还有几家零部件公司，像采埃孚（ZF）、吉凯恩（GKN）等。因为我们在厂里都是副总工程师，所以跟他们主要讨论的是技术问题。这次德国之行让我大开眼界，可以说对我后来的汽车生涯产生了很大影响。回来后我就和陈耀明等推动在 5 吨卡车的基础上开发出了国内第一款6 ×2 的车型。就是在 5 吨车的后桥旁左右各加一个支撑轮。汽车载重量可以提高到 8 吨，大大提高汽车载重比，是一种经济实惠的车型。

我们当时对汽车生产的概念还停留在一汽那种单一品种大批量生产的水平，但到奔驰的卡车厂考察时，我问他们一条线生产有多少品种车型？他说，说不清楚。我说，你估计一下。他说，如果把细微的差别算起来，用户可以在上万种不同的组合中选择。在生产线上看去，几乎看不到完全相同的车。

在奔驰的发动机生产线上，我问他们，一台新发动机从研发到商品装车要进行多少实验？陪同人员说，总计要进行 10 万个台时实验。我想到，东风汽车的发动机前后只做了四千台时的实验，就当作商品卖出去了，出了问题再攻关，就是因为实验开发工作没到家。

这不是我第一次出国。在引进电子液压振动台到美国验收的时候，我也访问过一些零部件企业，如 TRW（天合汽车）、罗克韦尔等。给我印象非常深的就是他们对每一个零部件都要不厌其烦地进行实验—改进—再实验，真正做到万无一失。车子的可靠性、耐久性就是在这个过程中实现的。道理很简单，汽车是一个零件以万计的复杂产品，如果一个零件 10 万公里出一次问题，那么汽车走不了十公里就要出一次故障，这个车就没法开了。

联想到我们自己，不仅我们的技术能力、经验和别人有差距，更重要的是我们的实验没有做到家，技术和生产上的问题没有在实验室里充分暴露，并改进消除。这等于就把市场当作了实验室，显然就是在砸自己的牌子。所以东风车出现连杆螺丝断了、曲轴烧了、拉缸、节温器失效等等问题，其实并不奇怪，人家可能都发生过，但都发生在实验中，并消除在实验室。

大开眼界之余使我有了很多感受。回来以后，我写了一份参观博览会的考察报告。对技术工作应该怎么做，我们应该把技术放在什么样的位置等进行了讨论。

考察大众、奔驰等企业时，他们炫耀自己，感到自豪的是什么时候做出了世界第一辆汽车，研发出来什么新结构，在哪些技术、工艺、生产方式上有了突破，做出了什么全新的产品等等，而不是简单的生产规模，这一点使我有强烈的感受。“百年老店”正是通过不断的技术创新、管理创新才能一步步走到今天。而在中国，工厂建成了，研发就不那么受重视了，兴奋点就转向规模扩张。最后，就是一个产品几十年面孔不变、品质不变，以不变应万变。

我有关汽车行业的第一篇文章就是1982年写的《结束汽车产品的几十年一贯制》，其中很重要的背景就是到美国和德国考察的所见所闻与国内巨大的反差所形成的一些想法。有这些思考，我到总厂之后，就开始考虑二汽该怎么办，怎么能避免“几十年一贯制”。

我感到，“几十年一贯制”是体制性问题带来的结果。在国外，企业竞争很厉害，消极地讲，产品落后了，市场就不接受了，企业就完蛋了；积极地讲，只有开发出人无我有的优质产品，才能赚大钱。我们这里是计划体制、短缺经济，虽然产品落后，但只要政府把它分配给谁，谁就得要，产品不愁没有出路。所以，决定企业地位的是生产规模，而不是技术的改进和产品的更新，企业也就没有技术进步的动力。1978年体制改革开始后，这个问题就日益明显地提出来了。

我做总工程师是中组部任命的，我的前任是孟少农和陈祖涛，厂长是黄正夏。当我接受“口述历史”采访之后，我就想，我和二汽的老领导所处的时代已经有所差别，在考虑和处理问题上有没有区别？我是学汽车专业的，我到汽车厂不是“服从组织安排”，是为实现我毕生的汽车梦。所以我无论是做技术工作，或者做技术管理工作，甚至做企业主要领导，我都把它作为毕生的事业，实现自己的追求。

做总工之后，我想推行我的想法，但我又感觉到，要形成共识是非常之困难的。大家已经把过去的一汽作为天经地义的模板，而老一汽就是苏联的做法，重生产、轻技术。

二汽当时也有一些好的条件，就是在技术上吃过苦头。在“文化大革命”时代，根据林彪的“一号命令”，二汽的技术装备是

“带病进山”，产品开发试验也做得不充分。第一个车型——2.5 吨越野车是1975 年正式出厂的，车子出来要到武汉去报喜，沿路上组织很多人护送，路上出现问题就准备推。那时有人形容是“看起来龇牙咧嘴，走起来摇头晃尾，停下来漏油漏水”。为解决技术装备和产品的大量问题，二汽70 年代末、80 年代初不得不下大力气组织了两项大的技术攻关：一是设备攻关，一是产品攻关。当时的国家机械委副主任林宗棠带队，组织全国机床行业的力量进行设备攻关；孟（少农）厂长、王如湜、孙儒等人组织我们进行64 项产品技术攻关，一个个解决，立了很大功劳。

后来，中越自卫反击战期间，国家从二汽调了一批车，这批车的表现非常不错，被称为“英雄车”，这样才慢慢使二汽东风车的名誉恢复。

针对用户使用中暴露出来的问题，通过技术攻关解决生产的问题，直接服务于市场和销售，大家很理解，都很积极。但是，对一个新厂要不要进行下一代产品和技术的研发，很多人就缺乏紧迫性，在认识上存在很大差距。

1983 年我向饶斌同志汇报时，他问我做总工这段工作得怎么样，有什么想法。我想了想，怎么样用最简单的话来回答他？我说，一年多来我实际上做了一个宣传员，宣传技术进步对企业的重要作用，技术工作在企业中应该处在什么地位。他问我有没有效果，我说，统一思想认识有很大的难度，但多做工作还是会有效果的。

我当时想得最多的就是二汽一定要避免走上一汽的老路：搞个几十年一贯制，最后来一个垂直转产。一汽的历史是体制造成的，不能怪一汽自身。改革开放了，时代变了，我们不能再走这条路了。必须生产一代、开发一代、预研一代，才能使企业永葆青春，这关系到企业的未来。

福特汽车的人到二汽来考察时，他们管技术的人就跟我说：企业今天的状况某种意义上是在六七年前决定的，因为那时的研发决策就决定了今天的结果；反过来说，今天的决策又决定着企业的未来。

在当时经济十分拮据的状况下，二汽能下决心坚持建设技术中心，黄正夏、孟少农和陈祖涛同志起了很大的作用。在大家的推进下，1982 年二汽开始筹备建立技术中心，到 1986 年、1987 年，已经形成了较强的开发能力。设计实验面积有几万平方米，聚集了 2000 多个工程师和专业人员，特别是有一批国内顶尖的技术带头人，如支德喻、王汝湜、杜时可、陈纫秋、刘彩芬、陈锷闻、顾永生、马克定、陈耀明、顾伯良、梅世和、陈传颖等，以及电子显微镜、噪音室等实验设备、测试设备，在国内汽车行业绝对是一流的。从发动机、底盘、零部件实验到油料实验、材料试验、工艺等研发能力都起来了。

那时我们也借助了一些外力，最主要的就是计算机应用。我们和 IBM 在三方面进行了合作。第一个是用计算机来改造生产线。当时我们有五百多条生产线，这些生产线都是用分立器件组成控制系统，故障率比较高。在 IBM 专家指导下，我们改用单板机控制生产线。首先是在车桥厂做的实验，我记得大约是在 1983 年，利用“五一”放假期间改造了一条线。改造后整体故障率大幅度下降。即便出现故障，把单板机插件一换，生产很快就可以恢复。工厂面貌全变，生产率大幅度提高。接着又改造了铸造二厂的一条线。经过几条生产线实验验证，效果非常明显，尝到了甜头。开始是总厂安排任务、组织力量进行改造，后来各个专业厂都自己要求、自己干。

第二是用计算机改造生产管理。这里涉及生产计划、供应链、库存、物流、生产现场等整个系统的改造，国内的管理软件还没有。碰到的第一个问题就是我们的十几万张图纸编号如何适应计算机管理。因为图号的改变几乎涉及每一个生产工人和管理人员，还涉及生产管理平稳过渡等问题。为此我们集中了厂内搞标准化的专家唐振声、宁向吾等同志攻关，前后用了五六年才解决。

第三是计算机做辅助设计、辅助生产，源头是产品设计图纸的数字化。汽车造型是艺术、是美学，要让它变成计算机认定的东西，就是要把各个曲面用数学定义下来。那时候买不到软件，这是很困难的。我们找了北航的专家合作，最终打通了这个关键点。这样，我们就可以把车身造型的数据传到模具厂，用多轴数控机床直接制造模具，整个生产过程就全变了。

楼：而且日后和其他企业合作，像引进日产柴的驾驶室，都得用计算机，要不是我们这次打通了，后面根本没法做。

企业的信息化涉及企业生产经营管理的全局，它的推进只能靠厂里的主要领导。当时黄正夏、李惠民等专门到美国考察，接受IBM 的培训。他们深切理解了计算机管理对企业的巨大效益，回来后积极推动计算机应用，很快建立了计算中心，在全国企业里较早地购置了大型计算机。

我们和 IBM 的合作持续了很长时间，和 IBM 驻北京的首席代表王学蒙也成了朋友。

另一件对我影响比较大的事件是在 80 年代初，在中汽总公司组织下，我们与美国通用、福特和克莱斯勒三大汽车公司退下来的主管技术的副总裁进行交流。他们几次到中国来考察，包括到二汽来进行交流，介绍新产品开发的程序，为我们介绍案例。

20 世纪 70 年代石油危机后，美国人要买小型车，但美国公司没有，日本车借机大量进入。通用汽车公司感觉受到了巨大的威胁，他们决定用最短的时间开发出一款小型车。怎么办？他们就用系统工程的办法，制定了一个 92 个月的计划，重叠时间，一步一步安排下去，开发出来了一个新的产品，这在当时是很快的了。为保证进度，新的发动机最多时同时有 90 多个实验台做各种实验。这些介绍和讨论使我深受启发。

再如，二汽的发动机是自己设计的，为了改进技术，我们就和英国里卡托公司进行咨询合作。在性能指标达到设计要求、零部件实验过关后，要进行可靠性实验，按照他们的标准进行全速全负荷2000小时实验。2000小时不出问题算是过关，如果出了问题还得改进。这样严酷的实验标准，我们还是第一次接触，使我们学到了不少东西，培养了不少人才。像现在奇瑞汽车搞发动机的胡复，就是当年参加里卡托项目的。

楼：这个合作好像是邓小平批的，这是改革开放以后，中国第一个与国外的技术合作。技术中心的第一任主任是李荫寰，后来他到中汽总公司担任副总，我就接了他的班。再后来厂里就不太重视技术中心了，很多人都慢慢离开了。后来我到奇瑞去，还能看到很多从我们二汽技术中心出去的人。

建立技术中心，是孟厂长（当时二汽的人仍愿意按照孟少农在一汽时的副厂长职务，称他为厂长）的积极主张。虽然我做总工，不过谁都知道后面有他的支持。但在建设过程中，我还是感到旧体制的惯性太强大了，从上到下都有各种各样的障碍。

企业的有限资源，特别是资金怎么分配，这是很难的问题。分管不同的部门，就有不同的理解。在现有产品的市场表现还不错的时候，产品开发还有什么价值？再说，技术这个东西是一会儿这样，一会儿那样，不行还会废掉。特别有些属于内在质量，要把它搞清楚特别费时费力，马虎一点，一时半会儿谁也看不出来。如果把钱用在产能扩张，把生产线建起来，零部件哗哗往外出，这大家都看得见、摸得着，卖出去就能赚钱。在计划体制、卖方市场的情况下往往更容易倾向于后者。实际上产品"几十年一贯制"就是这么产生的，作为总厂的决策者应当权衡利弊，做出平衡和选择。

结束厂内承包困难重重

1984年8月，我上任厂长，考虑问题的角度也就更宽了，其中很重要的就是二汽现在处于什么发展阶段？我到底应该做点什么？

发展的大战略是什么？

从外部环境来看，国家正在由计划体制向有计划的商品经济转轨，市场化程度逐渐提高。从二汽来看，建设时期经饶斌和黄正夏两任厂长，用十六七年的时间为二汽打下了基础。我接手的时候，10 万辆的建设任务即将完成，二汽正在由建设期走向发展期。

这时，面对外部环境的快速变化，市场竞争的格局逐渐形成，企业的体制、机制、战略和管理下一步朝哪个方向发展？实际在做总工的时候，从分管厂里规划的角度我就已经在思考企业下一步发展的问题了。结合二汽的情况，我写了一个《结束汽车产品几十年一贯制》的续篇——《建设经营开发型企业》，探讨二汽怎样由一个工厂走向一个公司，怎么由计划体制下的国有企业走向有计划商品经济中一个真正的商品生产者，也就是说要由一个生产型企业变成一个经营开发型企业。

我接任厂长后，面对着一个绕不过去的问题就是内部的承包。二汽对国家的承包很成功，在国家停止投资后没有死掉，能“自筹资金，续建二汽”，靠的就是对国家的承包。但是把对国家承包向内部转移，实行“分层经营承包责任制”的做法却存在很大的争议。

这项制度实行之后，对调动专业厂的积极性非常有效，37 个专业厂以及生产性承包单位劲头十足，1984 年全厂热火朝天，结果到 1985 年就发现了大量的问题，水泼出去容易，收回来难。首先是管销售的周维泰副厂长发现这样不行，用户反映产品质量下降。因为承包了，专业厂拼命搞产量，不顾质量，而总厂只管结果，放松了过程管理，质量当然就会下降；另外，各个专业厂有了自主权、自主钱，开始自己决策投资，到外面投资联营，二汽整个规划、管理体系就开始涣散。在这种情况下到底该怎么办？

我确认这种状况是不能持续的，但各个专业厂已经成为既得利益者。当时他们也有实际的困难，那就是各自都办着一个“小社会”，要管职工的住房，要改善生活，要管子弟上学等等，因此他们总希望有点灵活的钱，自己来运营。

我们发现，这种承包的办法造成专业厂质量越差效益越好的结果。总厂有较严的质量标准，产品质量不合格不能装车。这样正好，总厂不要的，他们自己拿出去卖。生产零件部件的、搞发动机总成的都这么干。

发动机厂要自销发动机，就需要缸体毛坯，没有总厂的调度令铸造厂不能给。发动机厂就说有的毛坯质量不合格，要求“补废”，铸造厂只能按总厂规定补。后来铸造厂发现发动机厂把那个毛坯加工完装机卖出去了。这时他们就派技术员过去检查，发现质量确实不合格，就拿榔头把毛坯敲碎。总之不能让别人拿自己的东西去赚钱。当时甚至出现了“地下调度处”，一些个体户从铸造厂买毛坯，转手高价卖到发动机厂。

更为严重的是，在十堰周围开始出现拼装车，他们在专业厂不仅能买到发动机、车架，而且什么零部件都有，合格、不合格的也搞不清楚。那时装了车不愁卖不出去。

这样的状况延续下去大企业就瓦解了，总厂一些领导十分担忧。

在全国企业扩权承包“横向无边，纵向无限”的形势下，二汽要搞活是不是意味着下边的每一层都可以进入市场、独立经营？增强专业厂活力的含义是不是就是每个专业分厂都可以独立面对市场，决策投资？这是一个很大的问号，争论很大。我主张现代大企业是一个有机的整体，不能这么干，企业作为一个法人只能是一个经营主体，在管理方面应该分层次，该放的管理权应该放下去，但是经营权、决策权、投资权必须集中统一，否则就会被肢解。

这种承包显然是不能继续下去了，但停下来阻力很大。首先是专业厂，另外在总厂也有不同看法，还有就是中央的一些同志也是支持的。当时我非常为难，因为我是厂长，出了问题要我负责。我到北京去给向饶斌同志汇报，向吕东和袁宝华同志都做了汇报，争取上边的理解和支持。

当时我把这种制度带来的弊端总结了这么几条：

第一，有隐瞒生产能力的倾向。比如，一班能生产 1000 量份，但就说只能生产 800 量份，剩下 200 量份用来“自主经营”。这样，谁产能隐瞒得越多，谁的日子就越好过。

第二，出现了反经济核算的倾向。乱摊成本，成本是总厂出，底下留一个小金库是自己的。

第三，有外延扩大生产的倾向。各专业厂追求扩大产能，造成的结果是总厂的生产能力的不平衡。

第四，有追求自我封闭，反专业化生产的倾向。一度各个专业厂之间关系紧张，就像刚才讲的发动机的例子。有的厂到外面搞小生产，自己布点，把专业化生产秩序给打乱了。

第五，有追求工资福利最大化的倾向，各个专业厂经营状况差距越拉越大，相互间福利攀比越来越严重。

总之，为了短期利益，不管长期利益，为了局部的利益不管二汽的整体发展。这样的状况持续下去极其危险。

后来中央的一些老同志支持了我的看法。虽然很艰难，但二汽最终化解了这个问题，把底下的销售权陆续收回。

与此同时，我也在考虑将前方生产厂分为总装、零部件两类专业厂。零部件的经济规模远比整车要大，有些零部件厂最终应当成为独立的专业厂，不仅可以为东风车配套，而且要为更多的厂家配套，具备条件时还应打到国际市场。但与此同时，东风车也可以不用你的零件，从外部零部件厂配套。但这是一个改革的过程，不可能一蹴而就。

1986 年下旬，中央宣布二汽领导班子的调整，我继续做厂长，马跃做书记，整个班子“年轻化”了。

关于大企业的改制和经营思路，我也是找各种机会跟更多人进行讨论。当时北京有一个由欧盟出资支持的中欧管理培训中心，也就是上海中欧管理学院的前身。我把欧盟的专家们请到二汽，专门请教讨论如何建立公司制度。吴敬琏、周小川、郭树清、楼继伟等经济学家，也到过二汽调研企业改革，给我们洗脑讲课。蒋一苇来二汽介绍股份制，讨论二汽的股份制方案。福特副总裁迈克唐纳来二汽考察，我也和他认真讨论大公司的组织结构和内部的投资、采购、销售、财务等方面集权和分权的边界。

楼：我记得迈克唐纳特别提到三个中心：利润中心、投资中心和成本中心。这个概念现在谁都很清楚，但那时使我们豁然开朗。实际上，专业厂就是成本中心，销售部是利润中心，总厂是投资中心。那个时候大家都想当投资中心，想当利润中心，不愿意当成本中心，所以全厂就乱了。

包括出国的时候，有机会我就反反复复跟访问的企业讨论，即便我已经有了明确的概念，但还是希望不断得到印证，因为这对二汽的改制太重要了。我们熟悉的都是传统的国有工厂的一套，没有公司文化，所以我们特别想把事情弄清楚，这样才能说服大家一起干。

上马轿车一波三折

二汽 10 万辆的建设任务，国家是 1986 年 1 月竣工验收的。之后，我们由建设期正式转到了发展期。在此之前我们曾经制定过一个到 1990 年 20 万辆卡车扩能的计划。但是随着二汽发展阶段的变化和汽车产销形势的迅速发展，在产品系列和产能建设上要不要调整？

二汽在分层经营承包后出现了投资项目过多、资金使用分散、建设战线过长的问题，应当说情况是相当严重的。我上任后在领导班子里已经几次讨论收缩战线的问题。1984 年全国出现经济过热，1985 年国家采取措施压缩投资规模，这一形势有利于我们做好厂内的工作。这年 11 月我在二汽第三届党代会关于二汽“七五”计划的报告中提出，国家对工业投资规模实行三年踏步的这个时期，我们必须果断地采取缩短战线、确保重点的一系列措施，保住“七五”基本目标——5吨车上质量、上品种、上水平；建成8吨车生产能力。会后我们就组织力量修改计划，把20万辆卡车的计划调整到15万辆，砍掉了约70个项目，“七五”期间压缩了大约7个亿的投资。这样做不仅可以保住基本目标、提高投资效率，而且可以为发展轿车留出空间。

对于汽车这种产品，在社会保有量很小的时候，车型比较单一，以中吨位的卡车为主；随着保有量的增加，对卡车而言，轻型车、重型车的比例就会逐渐上升，中型车的比例减少，最后变成一个最小的份额；相应地卡车和乘用车的比例也会发生变化，卡车的比例下降，乘用车的比例上升，甚至会达到75%以上。

20世纪80年代中期，在汽车行业二汽状况是最好的，如果国家要上轿车，二汽最有条件。在“七五”期间如果二汽不在轿车上打开局面，一门心思把所有资源投向卡车，就会贻误时机，路子越走越窄。因此，我提出，二汽要调整计划，压缩战线，为调整卡车产品结构、发展轿车留出空间。统一思想是很困难的，因为我们也是“分兵把口”，哪一块儿都不想压。但后来压的结果还是很好的。

在厂内，对卡车要由中型向轻型和重型发展早已取得了一致，困难是厂里做不了主。当时一汽、二汽都强烈提出要向轻型、重型发展。国家计委研究后定了一个基调：一汽向轻型发展，二汽向重型发展。二汽对发展重型车已经进行了大量的准备，但要我们放弃轻型车，我们很不甘心。1985年9月我向国家计委汇报二汽“七五”计划时，我汇报了重型车的开发，也汇报了“三省五方”发展轻型车的进展。最后宋平主任说，二汽要集中力量搞好重型车，轻型车太复杂，还有依维柯，二汽的轻型车以后再说。其实我们早已跟福特在谈轻型车项目，福特提供的是福特（英国）开发的Transit，就是后来江西汽车引进的“全顺”系列车型。当时这是一个很有特色的全新车型，无奈国家不同意，只能停了下来。

1986 年，我们开始启动轿车项目。二汽的轿车从哪里起步？我们比较“书生”，从社会（市场）需求调查和国际经验、政策研究开始，写了一个研究报告给国家，提出如果国家不尽快布局轿车生产，我国即将迅速增长的轿车需求将只能依赖进口。这年 12 月下旬，我们通过“二汽动态”向国家递交了一份《汽车工业面临动荡和再组合》的调研报告。1987 年 1 月 27 日，国家计委主任宋平在这份“二汽动态上”做了批示，说“二汽提出的几个问题很重要，中型车已经无发展余地，应该发展什么产品？二汽多次提出要搞小轿车，国家似乎没有必要去限制。应当由二汽组织，有计划地去开发新产品，行政干预要减到最低限度”。这个批示就给我们今后的发展打通了道路。

1986 年底我找了当时的国务院经济社会发展研究中心的副主任张盘，还有管产业的鲁志强，谈了我们发展轿车的想法和意见，他们都很赞成，并提议召开一次研讨会，研究一下政策，制造舆论，统一思想。我非常赞成，说欢迎把会议地点定在二汽。这样，由发展中心牵头，策划以“国务院决策咨询领导小组”的名义，在二汽搞一个中国汽车发展战略的研讨会，正式提出关于轿车产业发展的基本思路。之后把会议形成的意见报给国务院。

1987 年 5 月 20 日，第一次中国汽车工业发展论坛在二汽召开，马洪、段君毅、周子建、饶斌等人悉数参加。会议第一天，国家经委技术经济研究所的何世耕和日产公司代表发表了他们就中国发展轿车的合作研究报告，丰田也发表了一个研究报告。之后，日本人离开，我们开始内部讨论。

大家关注的焦点是发展轿车的问题，认为中国发展到这个阶段了，轿车应该提到议事日程上来。对采取什么政策，什么思路，大家展开了讨论。孟少农有一个讲话，谈了中外合作几种方式的利弊，很深刻，今天看起来也不过时。还讲到一点，就是“大厂做小车，小厂做大车”，意思是小车技术要求高、经济规模大，应该靠大厂；大车则相反。这一点是整个行业都认可的。

我从企业的角度做了一个发言，主要讲的是中国轿车工业的重要抉择。讲了五个问题：战略重点到底怎么选择，市场目标到底怎么选择，发展模式到底怎么选择，依托力量到底怎么选择，还有一个就是筹资方式和经营主体怎么选择。

会议之后，发展中心把报告报到了国务院。时任总理做了批示，表示原则上支持。这样等于把发展轿车这个问题正式提到了国务院的层面。由于宋平之前对我们的“动态”已经有过一个批示，因此二汽发展轿车的路子即将打通。

接下来要实干了。会后我就找中汽协陈祖涛同志商量，看能不能发动一次“进攻”，争取把二汽轿车项目定下来。他很支持。接着，我就和中汽协的李荫寰、薄熙永趁热打铁，一起策划，想趁这年 8 月，中央在北戴河办公之机，去北戴河做工作。

这样，我们在 7 月底就到了北戴河。在那里我写了一份报告给姚依林，希望国务院在北戴河期间，能就二汽轿车项目问题听取汇报，对我们下一步发展轿车的目标和二汽“七五”规划调整给予指示。这份报告是在 8 月 6 日报上去的。

很快我得到通知，国务院 8 月 12 日下午在北戴河开会讨论。当时我们兴奋不已，对二汽来说，这是经不起失败的大事，如果国务院讨论同意了，二汽就将上一个大的台阶；如果把报告毙掉了，那么我们几年之内都翻不了身。为了慎重起见，我们事先给参会的领导，像李鹏、张劲夫、黄毅诚、林宗棠、何光远等一个个汇报、沟通，听取他们的意见，拿捏汇报时的分寸。12 日的会由姚依林副总理主持，会议开得很顺利，到会的人都很支持二汽搞轿车。

陈祖涛首先汇报，他讲到刚刚在二汽开了汽车工业发展战略研究会，大家认为中国发展轿车的任务应当提上议程，条件最好的还是一汽和二汽。还说二汽在轿车上做了不少工作，国家应当支持。

我汇报时提出了不要国家直接投资发展轿车规划，还提出两种可供选择的方案，一种是“技术引进，自主建厂，进口替代，远期出口”；另外一种就是“联合开发，合资办厂，出口导向，进口替代”。

何光远说，大家一致赞成轿车要靠一汽、二汽大集团，要再搞一套“全国支援”，另起炉灶不可取。要上只能靠一汽、二汽，上海已经是既成事实，希望三家发展方式和进度适当拉开。

黄毅诚、林宗棠和张劲夫副总理都发表了意见，没有人反对。

李鹏说，原则上同意二汽的意见，轿车上就这三家，谁也不再批了，口子要守住。所以，“三大”就是从这儿来的。关于两种方式，李鹏说，可先从第二种方式起步，不要走装车道路。

姚依林同志表示，原则同意二汽的轿车总规模30万辆，分两期实施，第一期15万辆。二汽发展轿车应当首先从第二种模式开始，瞄准出口为主，一汽是挡住进口。二汽这条路会艰苦一点，实在不行再说。

会后形成了一个会议纪要。这样二汽的轿车项目就此落地。

关于两种发展模式，其实是有一个背景的。1986年，富士重工时任社长田岛敏弘给姚依林和张劲夫写了一个报告，之后又通过发展研究中心的李建国向中国政府转达他的意思，希望拉着美国一家公司跟中国一家企业三家合作，每年在中国生产30万辆轿车，美国、欧洲和中国各分担销售10万辆。这个方案对政府很有吸引力，因为那时国家缺外汇，特别希望多出口。所以几位领导对富士重工的报告都有过批示。富士重工找到二汽，我们跟他们进行了很多次交流，在这个基础上，就出现了前面讲的“第二种发展模式”。

当时我们很希望联合开发，跟富士重工做了不少工作，甚至他们的研发中心都让我们去考察了。他们也派人到我们这边来，拿了一些样车在中国共同路试。

楼：说老实话，那个时候我们很多人都没有开过轿车。他们派来的一个实验员是个非常好的工程师，他的父亲侵略过中国，所以他一定要到中国来，为中国做些件事。他很认真，给我们介绍轿车怎么实验，甚至告诉我们的实验员开车时一定要把尾骨靠在座位的哪里。

20世纪80年代中国的路不好，吃住条件也很差，但他们跟着我们全国跑路试。一看到东风的服务站就高兴得不得了，因为到那就有吃有住了，起码能洗澡。

二汽轿车的ABC有些就是跟富士重工学的。1986年、1987年前后，我们派了很多人到日本学习，从产品设计到工厂设计。

很可惜，这个事情没有干成。富士重工的大股东是通用，作为第三方把通用拉进来，通用就要做主，要选它的一个旧车型，我们坚决不干。1.6升左右的汽车，通用根本没有优势，而且用现成车型就无所谓“联合开发”，就会掉进完全引进的陷阱，跟桑塔纳的路子就差不多了。富士重工影响不了通用，不敢得罪他们，但我们不害怕，最后合作也就没有成功。

富士重工的方案走不通，预示着“联合开发，出口导向”的路子就走不下去了。

按照国务院领导“货比三家”的要求，我们跟五六个国家的16个公司进行了接触。最后落到雪铁龙是两大因素：一个因素是法国政府承诺这个项目中国可以是“零外汇”。他们提供全部外汇贷款，而且其中一半是软贷款，年利率2%，宽限期11年半。建厂11年后企业已经赚钱了，还款的压力比较轻；另一个因素是雪铁龙提供的是一款还没有投放市场的“未来车型”，也就是说我们两家投产的时间差不多，等于一开始我们就有了能够跟上当代的产品。

最终，1989年12月19日，我们双方在法国签字。

这里面还有一个插曲，就是关于车型的选择。我们搞的是1.3升到1.6升的轿车，这是大众汽车消费的“大路货”，在经济起步阶段是轿车的主体，从这个“大路货”做起，然后再往两边延伸，在这一点上没有什么分歧。但是我们选择的是两厢车，这是争论比较大的。

当时国内不愿意接受两厢车，都说“兔子尾巴长不了”。但就我而言，是从理性的角度来判断的。这一层次的消费者，买车是为了实用，而不是显示身份，这和豪华车买主的心态是完全不一样的。而且，我从北美之外各国汽车产业发展的情况看，对于经济适用型的轿车，两厢型车身利用率最高，这是市场最终选择的结果。我相信中国大众汽车消费的选择与世界多数国家不会有很大的区别。

雪铁龙提供的是两厢车，这和我们的意图是吻合的。1988 年邹家华同志到法国考察，也是带着两厢型的疑惑而去的。他在巴黎的街上就数过往的车辆，按照他直接数出来的数量看，大概 78% 是两厢车，所以他也完全接受我们的看法。

由建设期向发展期过渡

20 世纪 80 年代中期，国家经济体制改革迅速展开，给企业的改革和发展提供了众多的机会。当时我最关注的就是二汽转型的问题：一是二汽如何由建设期顺利转向发展期。建设期是国家定目标、主要靠国家投资；发展期主要就得靠自己选择目标、自己筹资和经营运作；二是如何由计划经济下的国有工厂，转变为国家计划指导下的商品生产者。国有工厂是国家下计划、国家提供生产条件、国家管销路，企业职责就是搞好生产；商品生产者就要面对市场，满足用户，投身竞争。在厂里经过几轮的酝酿，我提出，我们的改革就是把二汽由“生产型企业”建设成“经营开发型企业”。

为此，要充分利用和重组二汽各种因素，形成实现这一目标的能力、区域布局、经营方式和组织体制。

先说“能力”问题。所谓开发型企业就是面对未来的企业。因此，企业在不断加强应对现实竞争力的同时，必须具有面对未来、应对未来，并赢得未来的能力。能力在哪里？就是“三大中心”。除了刚才讲到的技术开发中心，还要组织好已有资源形成技术装备中心和教育培训中心。

技术装备中心主要是把二汽较强的后方生产和管理能力组织起来，增强综合实力，服务于二汽的技术改造，提高二汽适应市场的能力。这个中心主要由二汽的六个后方厂和两个后方生产处室组成：包括通用铸锻厂、冲模厂、设备修造厂、刃量具厂、装备制造厂和动力厂。

教育培训中心就是培养、培训人才。那时刚刚经历“文化大革命”，二汽又远离大城市，人才短缺。二汽从建厂起对教育培训就十分重视。建厂后很快就建立一所汽车工业学院，后来叫作湖北汽车工业学院，还有管理学院，多数专业厂还有技工学校，还有基础教育的中小学 38 所。

特别值得一提的是，在教育处处长徐家煌的努力推动下，经教育部批准，我们和德国弗朗霍夫学会合作建立了一所非常好的“双元制”技工学校。一个年级的学生约 400 人，学生们从拿锉刀开始，一直到数控机床如何操作、编程都有德国教师常驻指导。我们当时在全国技工大赛不断拿奖的技工们，很多就是从这里培养的。这个学校为二汽批量化地培养年轻的高级技工。

这三大中心表面上看和生产没有太多直接关系，但它是在为未来进行准备。当时工厂建设任务那么重，我们每年总得拿出一两个亿投到三大中心，其中光培训中心就得几千万。

此外，就是二汽的区域布局。1983 年开始筹划在襄樊布点，建立第二基地。1985 年之后进一步扩展，形成了当时叫“三级跳”的战略布局。二汽的总部是在十堰，那是三线建设、准备打仗背景下决定的，但是我们不能困在十堰，必须要走出去。这样，我们就以十堰为基地，第一步跳到了襄樊，搞了 10 平方公里的开发，作为第二基地。在那里建了铸造厂、柴油机厂、汽车实验场。还有一个装试厂，开始搞的是轻型车的装配，主要是小批量车的装配，包括轿车初始的小批量装配，还有热电站、动力配套、宿舍、生活区等。

第二步是跳到武汉，这里就涉及轿车选址的问题。轿车选址是非常困难的，很多地方都在争我们的轿车项目，从厦门一直到镇江、岳阳等。但是我心里很明白，假如我们跨出湖北，二汽就死定了。这边把我们的脖子掐死，二汽肯定活不了，所以我们也只能冠冕堂皇地去跟人家谈。

后来由邹家华副总理主持召开了几次论证会议，中汽总公司的一个咨询组跟我们一起到几个地方进行了调研，最后确定的方案是：装配厂在武汉，发动机和变速箱是在襄樊。这样的决策也涉及当时的体制问题。武汉属于计划单列市，要是所有工厂都放在武汉，等于湖北省就什么都没有，所有必须要有一部分分解到襄樊。

第三跳就是走出湖北，这是1990年前后的事了，当时确定在广东惠州。大家都知道熊猫汽车的事，实际上在那之前，我们跟惠州市委书记李经纬同志已经谈过几次。跳出十堰我们的阻力相对小一点，但是跳出湖北难度是很大的。把投资搞到省外面去，你跟省里的关系怎么处？

我们当时就从搞改装车起步，利用二汽的底盘做翻斗车，当地有销路。因为这个项目比较小，不是大投资，可以自己做主。从长远来看，我们是在这里埋下一粒种子，将来最好是上轿车，靠近市场；或者搞轿车零部件，培养生产点。我们曾考虑在那边组装雪铁龙的高档车XM，但没有成功。

一段时间广标（广州标致汽车公司）状况不好，邹家华、曾培炎等同志很希望我们接下来，但最后没有接成，这就是我离开二汽之后的事情了。不过，日后的风神蓝鸟，还有东风日产的基地也都在那边搞起来了。

熊猫项目是一个历史插曲，一个“统一教”的美籍韩裔来找我们谈轿车项目，讲话狂得不得了，说他可以从哪搞什么车型，钱怎么来，几年之内把市场占领，还可以大量出口。他先是找的二汽，派人到二汽介绍建厂方案。后来又找到印尼华侨陈由豪一起投资，还请我在北京一个饭店租的总统套房里商谈。

我听了他讲的东西后就感觉悬，根本就没谱。我想，如果地方听了他的这番话，肯定一拍即合，就会中计。所以我就先跟他谈起来，给他一颗定心丸。同时给何光远部长打电话，说如果这个人到部里去谈，你们一定要留一个心眼儿，如果需要的话我先把他拖住。

后来熊猫在惠州占了一大块地，建立十几万平方米厂房就放在了那里。我们还租过他们的厂房，搞改装车。

回过头还是讲转制。我们由一个国有工厂转成一个现代化公司，除了三大中心、三级跳之外，随着国家改革形势的发展，二汽的经营理念、手段、方式都必须转变。在经历了国家计划、国家投资；自筹资金，量入为出阶段之后，二汽进入发展期。“国家投资”不再有了，“量入为出”必然捆住自己的手脚，二汽的经营方式必须转变。总结二汽改革实践的经验，我提出要抓住“三大法宝”。

第一个“法宝”是“灵活经营”，就是指凡是市场经济在当期可以用的手段，二汽一定要最敏锐地发现它，把它用好用足。这里包括股份制的问题、到企业外融资的问题。比如企业原来的发展是量入为出，就是自己有多少钱，办多少事，这是传统的自然经济的办法。现在则可以通过股份制等办法筹集资金。在一些项目上，如轿车可以合资，类似可能性越来越多，这在过去是不可想象的。此外，还有企业自销部分的定价权陆续放开，可以通过增加品种、改进性能，卖出好价钱。同时，旧体制中可用的方面我们还要把它们用好，比如计划单列、进出口权、财务公司，等等。

第二个“法宝”是“挖掘金山”，就是走内涵的路子，通过技术改造，在我们原有生产条件下注入新的技术，特别是用计算机控制和管理，就可以把整个生产水平提上去。用单板机改造生产线控制系统我们已经尝到了甜头。

还有改善管理，这里潜力太大了。我印象最深的就是学习日产柴的“一个流”生产管理。过去我们为了维持生产线的正常运转，设备和设备之间要留出较大的空间放在制品，防止某一个设备出现故障全线停产。按照“一个流”的管理理念，是倒过来，不是掩盖矛盾，而是暴露矛盾。把在制品减到最少，“只有一个”。一台设备出了问题全线就得停产，倒逼整个管理系统把设备维修做到好上加好。生产装备之间的间距小，可多机床管理，工厂面积也节省了；在制品少了，库存减少，资金利用率就提高了。对于每个员工来说，他的生产率高了，相应地，工资、奖金各方面也就上去了。

实行“一个流”管理的时候，我们做过测算，比如在一条生产线上，工人看着很紧张，但拿秒表算一下，在整个工作时间里，他的工作负荷率是 25%，也就是说，他真正有效的工作时间就是 25%，因为机床工作时人实际上是等在那里，通过多机床管理日本个人的负荷量在 70%。在车桥厂实验时，我们把机床的距离缩小，布局改成环形或者是 U 型，人就不会在来回走路上浪费时间，工作负荷率提高到了 50% ~60%。

第三个“法宝”就是“横向联合”，组织专业化生产，搞专业化分工，用社会的生产力来实现二汽的目标。具体说就是二汽所要做的事情并非每一项都由自己去投资，自己来做，二汽那种大而全的局面面临着改造。

二汽的横向联合最早是饶斌同志提出来的。在全球汽车业生产中，二汽可以说是一个“怪胎”，在特殊的历史条件下，国内没有零部件供应能力，二汽只能自己搞。包括螺钉螺母等标准件、活塞环、节温器，甚至制作车厢的木板都有自己的专业厂。另外，生产大量装有货箱的标准车，而针对用户需要、效率更高的专用车、改装车却很少。

这种“大而全”的生产组织结构和产品结构是不合理的，所以当时厂领导希望搞横向联合打破这一局面。专用车、改装车品种多、数量少，可以用二汽的地盘发挥地方厂的积极性，也可以打开二汽的销路。70 年代末，厂里组织了一个小组，到全国各地区考察。回来后就选择了八个地方企业搞联营，有的搞配套，有的搞改装，这就是后来所说的“老八路”。黄正夏时期正式成立了“东风汽车工业联营公司”，联营工作迅速发展。我主持工作的时期依然把横向联合作为二汽发展的一个重要支柱。

再有，就是建立经营开发型企业组织体制。

在十堰山区，当时在没有计算机和无线通信，主要靠人工的情况下，可以有条不紊地组织汽车大规模流水生产，这是很高的管理水平。但二汽毕竟是按照计划经济下国有工厂的模式构建的组织管理体制，它的特点是“以生产为中心”，保障和维持现有生产的能力很强，但涉及企业发展、市场营销和经济核算的能力比较薄弱。

二汽要由计划经济下的国有工厂，转变到商品经济下的公司，企业的管理理念和管理体制必须进行大的改革。重要的是由生产型的组织管理，转向经营开发性的体制机制，要强化保障长远发展的开发体系，强化提高经济效益的营销能力，强化实现战略目标的投资体制和财务管理。

实际上，二汽向公司制转化的构想，我在 1985 年、1986 年左右就形成了，核心部分就是建立三层次管理体系。最上边是公司总部，是个简练的机构，统管公司财务，是公司战略中心、投资决策中心；第二层是事业部，像卡车部、零部件部、采购部、销售部、发展部，还会有轿车部等。这是利润中心，主要是按总部的计划进行投资，赚取利润上缴总部，由总部决定资金投向。最赚钱的部门不一定是最应该投资的部门；暂时不赚钱的不一定是不该投的。第三个层次是生产单位，如专业生产厂，它们是生产中心，按计划组织生产、保证质量、控制成本。

在这个体系中管发展、管生产、管销售等等，各司其职，责权到位。三个层次综合起来，协调运行才能保障二汽在当期的生产营销中不断进取，获得更高的收益；又能使二汽高瞻远瞩，为进一步发展谋篇布局，摆下一个个棋子。

但是，这样一个大的体制转变是非常困难的。特别是经历过“分层经营承包”那一段，各个单位都想自己去搞经营，也就是做买卖，都想有“自主钱”，有投资决策权，转这个弯要做很多工作。二汽新的领导班子1986年年中调整后，最紧迫的一项任务就是前边说的调整规划、收缩战线，这也是一项很难的事，因为钱投下去就收不回来了，所以必须抓紧。另外，当时正在制定“七五”计划，可以说是二汽争取轿车项目的一个“窗口”，要寻找机会、抓紧做工作。体制转变只能分步进行，比如在零部件厂中仪表厂带头进行试点，目的是探探路，成功后制定办法，之后推行。

实现企业转制还有一项基础性工作，就是企业文化的建设。我记得为这事我和马跃同志讨论过，也组织力量进行过调研。当时二汽有8万职工，分散在不同层次、不同岗位。在传统的政治动员的作用逐渐弱化的情况下，靠什么凝聚职工？“物质刺激”可以调动人的积极性，但我们没有这个条件。而且这是个无底洞，不可持久。国际一些成功的公司，像IBM等不断建设企业文化，形成良好的企业价值观，成为企业凝聚力的重要因素。

在二汽每年一次的干部轮训上，有几年我都亲自去讲关于企业文化的内容。1989年春节前后，我的腹部发现有一个肿瘤，开刀之后，我到黄龙疗养院休息了一段时间。在这段时间，我写了一篇《二汽的企业文化和管理准则》，1989年3月4日写完的。我试图通过通俗、简洁的文字阐述二汽价值观和企业哲学，形成二汽的共识，使各个岗位不同层次的员工可以理解、可以指导行动。由于它对企业建设太重要了，所以我觉得需要实践反复再推敲，直到我离开二汽也没有拿出来。

1991年朱镕基同志到二汽考察，之后让我到北京去。当时我是有些犹豫的，因为我觉得自己的事情还没有做完，像企业整个转制，神龙轿车项目也才定下来，刚开了第一次董事会，我不太愿意放弃，但最后还是去了。1992年8月17日，我开了最后一次厂长办公会，大家欢送我离开了二汽。

汽车工业的亲历与思考*

第一步是怎样迈出的

说起中国的制造业，我一直很关注。我从小喜欢动手，中学写作文《我的志愿是什么》，当时就是希望做一个工程师。我对汽车非常喜欢，20 世纪 40 年代，北平城里很少看到轿车，抗战胜利后国民党进来了才开始有，大都是美国汽车。我上学的路上一看见，就目不转睛地盯住它开过去。

大学我进入清华的汽车专业。毕业的时候，我希望能到一汽做一名“红色工程师”，学校没同意，我就服从分配留校了。后来“文化大革命”开始，学校的状况让我更想离开。那时，国家要建设二汽，1970 年 2 月我调到了二汽，先后历任技术员、产品设计处处长、总工程师、总厂厂长，一直到 1992 年 9 月离开。所以，无论从经历还是喜好来说，我更多是一名工程师。许多人把我看作经济学家，但真正说来，我还是工程师思维更多一些。

中华人民共和国成立后，我国的制造业几乎是一片空白，全国没有一家汽车制造厂，只有一点维修能力。后来在苏联援建下搞了一汽。一汽是苏联全面包建的，从产品、技术到主要的装备，都由他们提供，工厂的组织管理模式也是照搬。国内派人到苏联接受培

---

* 本文为《纵横》杂志于 2017 年 3 月对作者的采访。由高芳采访整理。

训，把图纸、技术带回国，再由苏联专家现场指导生产，我国的汽车工业就是这样起步的。这使我国从几乎一张白纸一步达到当时苏联的一般水平，这是很不容易的。

中国汽车界备受尊重的孟少农是我们学习的榜样。他是我们国家汽车行业最早的、也是最有影响的工程师，很长时间是汽车行业唯一的中科院院士。他在20世纪40年代初清华毕业后到美国留学，学成后先在福特做了几年工程师，后于中华人民共和国成立前回到国内，立志建设中国自己的汽车工业。但他发现，当时国内没有建立汽车工业的任何基础，于是他回到清华做教授，决定从培养人才开始。1951年筹建一汽，他带了一批学生到了筹备组。那个时候，就是以这些人为技术骨干，新中国的汽车工业由此起步。在苏联的帮助下，在1956年7月新中国第一辆“解放”牌卡车生产出来，实现了中国汽车制造从0到1质的飞跃。

早在20世纪50年代初毛主席就提出，“要建设第二个汽车厂”。之后起起落落，几度搁浅，到20世纪60年代中期正式开始筹备建设。当时在“准备打仗”的背景下，二汽是三线建设的一个项目，厂址定在湖北十堰。那是一个很偏僻的山沟，是抗战期间日本人都没打到的地方。

当时正值“文化大革命”，国际上对我们进行封锁，中苏关系也已破裂。就这样，以一汽的技术力量为基础，组织了一个班子搞产品设计。其中没有一个外国人，没有一张外国图纸，没有一个外国专利，完全靠我们自己，所需要的设备就靠机械部动员全国机床企业研制，选国内有实力的企业对口援建一个个专业厂。因为有一汽建设和生产的经验积累，无论领导还是技术人员，大家都信心十足。

1969年，在正常筹备过程中，林彪发布战备的“一号命令”，二汽的建设不得不因此加速，大规模建设全面展开。

我是1970年初到二汽的，很快到了产品设计部门，主要负责制动系统设计。二汽的第一个车型是载重2.5吨军用越野车。它与卡车相似，但必须满足部队作战的各种需要。例如一般的卡车是“4×2”，共4个车轮，有2个轮子驱动。这样的车满足不了部队在无路或泥泞、沙滩、陡坡情况下越野能力的要求。2.5吨的越野车是“6×6”，有6个轮子，每个轮子都驱动，离地间隙较高，再加上采用低压越野轮胎等措施，越野能力就提上去了。但在技术上就复杂得多，比如前轮既要驱动，又要转向，因此轮边各有一个“等速万向节”。当时没有国外技术，完全靠自己设计和制造，那时这个瓶颈的突破就是一大胜利。

车的设计总体来说还是很不错的，但是试验做得不够充分，生产工艺、装备都还不过关。生产出来后，大家调侃地说它“看起来龇牙咧嘴，走起来摇头晃尾，停下来漏油漏水”。“龇牙咧嘴”就是指做得不规整，例如车门、覆盖件跟车体间配合的缝隙不均匀，有的地方大，有的地方小，很难看。“走起来摇头晃尾”，就是指车子跑到一定速度前轮就摇摆，造成整车摇晃。“停下来漏油漏水”就是制造精度不高，加上密封件不行，漏油、漏水。这都是产品和工艺上不过关。车子是1975年下线的。车子造出来，要开到武汉“报喜”。厂里为此组织了一批工人跟着，防备万一出了故障好把车推走。幸好当场没有“出洋相”。但这表明我们对当时的车子缺乏信心。

汽车是一种零件数以万计的大批量生产的产品，技术上有很高的要求。像奔驰，我们考察的时候他们说，一种发动机从研发到上市，要做各种各样的台架试验至少10万台时。我们当时没有这个条件，发动机大概只做了4千多个台时。所以车子卖出去之后，不断出现各种各样的故障：杠杆断了、缸盖螺栓断了、活塞拉缸，还有翼子板开裂等，实际都是试验验证做得不到家。

当时的厂长是饶斌，他是一汽的首任厂长，也是二汽的首任厂长。很多人都把他看成中国汽车工业之父，他有思路、有能力，也有权威。面对严峻的质量形势，武汉“报喜”之后，经他与机械部研究，调集国内最强的力量组织了两大攻关。一个是技术装备攻关。

二汽需要的专用机床大都是国内自主研制的“首台首套”，在“一号命令”下，很多设备又是带病进了山，一干活问题全出来了。当时请出了机械行业顶级专家林宗棠（后来荣任国家航空航天部部长）带队，组织全国承制厂家的工程师到二汽攻关。另一个就是产品攻关。部里将孟少农老先生从陕汽调到二汽做总工程师（在一汽建设时他是主管技术工作的副厂长，所以大家都称他为孟厂长），负责组织这项工作。产品方面的问题列出了64项，设立专门的办公室，每天开调度会，一项项安排任务、研究技术方案、组织力量进行实验。1979年，中越边境自卫反击战打响了，国家要求二汽尽快提供一批两吨半越野车上前线。这对我们是一个很好的机会。一两千辆车陆续送到前线，维修保养人员也跟随到达。技术攻关后的车子经住了严酷的实战考验，表现得很不错。部队还给了一个美誉，叫它“英雄车”。经过这场考验，我们取得了部队的信任，这对当时的“二汽”太重要了。

军品的特点是技术要求高，但生产数量很有限，二汽在攻关的同时加紧开发五吨卡车。两顿半越野车的发动机、离合器、变速箱、转向机等很多部件都可以通用。有了两大攻关成功的基础，民用五吨车的质量逐渐稳定下来。对于中国的汽车工业来说，这是首次以中国人自己的力量设计开发出系列车型。

二汽自成立起，就是在全国支援下以自己的力量开发新车型，以自己的力量搞工厂设计、工艺设计，主要以国产技术装备组成生产线，建设了一座规模化生产的汽车工厂……这在中国历史上是破天荒的第一次。在这个过程，整个队伍受到了全面的锻炼，整体水平有了很大提高。当时的十堰是一个荒僻的小山村，交通闭塞、生活艰苦，但二汽的干部、技术人员、生产工人都是自愿申请，远离长春、上海、北京、武汉、西安等大城市到这里。当时大家都有一种强烈的使命感：为中国汽车工业打翻身仗，改变中国人不能造汽车的历史。

改革开放下的锤炼

1978 年迎来了改革开放。经历“文化大革命”，国家经济状况已经到了谷底。二汽是国家项目，计划的是三个车型——两吨半的军用越野车、五吨卡车，还有一个三吨半的军用越野车，总规模年产 10 万辆，计划总投资 16.7 亿，当时投下了 14.6 亿。三吨半车军队有需求，开发工作正在进行，但国家已经没有力量投资了。这个“半拉子”放在那儿可怎么办？已有的两个车型肯定支撑不了二汽这么大个摊子。当时十堰聚集了二汽 36 个专业生产厂，8 万名职工，加上家属 14 万名，还有五六万人的施工队伍，一旦停工，这么多人怎么办？所以，当时二汽处在给把劲可能上去、搞不好就会垮掉的境地。另外，还有一个严峻的问题，那就是：中国汽车工业的路下一步到底怎么走？

老厂长饶斌 1979 年调回北京，由黄正夏同志接任厂长。经历十多年建厂的锻炼，二汽的干部大都是创业型的，对新事物敏感、有事业心、敢于担当。面对当时的困境，领导班子十分明白，单靠国家不行，要想办法自己找出路。民用车出来了，二汽是有希望的。民用车的需求很大，市场上又买不到，对我们来说这就是机会。但是那个时候还是计划经济，对于大型国有企业可以概括为四句话，“生产计划国家统一下达、生产资料国家统一调拨、生产的产品国家统购包销，企业财务国家统收统支”。所以没有国家计划企业什么也干不成；即便按国家计划生产的车也要以计划价由国家调拨，企业的利润十分有限，没有施展空间，只能维持简单再生产。

二汽领导班子相信，只要不向国家要钱，事情就相对好办。我们乘改革开放的东风提出了学首钢搞承包的方案，请求国家在给二汽下达指令性计划的同时，也给部分“指导性计划”。前者完全按计划走，指导性计划按指导性价格购买材料，生产出的产品由企业自销。我们提出的方案是以 1982 年上缴的利润为基数，每年递增 7%，利润留成作为自有资金完成二汽续建设任务。我们把这叫作“自筹资金，量入为出，续建二汽”。1982 年万里同志到二汽考察，他对我们的想法很赞成。1983 年中央主要领导到二汽时我们将这一想法再次提出，这年 11 月中央就定下来了，批准二汽搞承包。

就这么一点“自权力”，可就解决了大问题。我们有底气承包是当时卡车不愁销路，我们保证首先完成国家调拨计划、完成利润递增上缴，政府就放了心；再支持二汽一部分自产自销，完成建设任务，国家也减轻了负担。这个方案保障了国家的收入，二汽也获得了自主发展的余地，两者都欣然接受。二汽之所以能“活”下来，这是非常关键的一条。

接下来就是怎么发展的问题。1982 年底，我担任二汽总工程师。二汽中长期发展的问题成了我关注的重点。当时看到曾与二汽相似的很多三线企业衰落的景象，使我明白：国家没有能力救二汽，二汽必须靠自己的力量站起来。我考虑，一方面，国家已经开始改革开放，又讲了要放开搞活国有企业；另一方面，对处在山沟里的二汽来说，如果不发展，将来就可能困死在这里。于是我写了一篇文章《结束汽车工业的几十年一贯制》。一汽 1956 年出了“解放”牌，几十年没有换型升级，还是那个“解放”牌，企业活力日减，大家就把这个叫作“几十年一贯制”。二汽必须吸取教训，及早考虑后续发展。这篇文章得到饶斌等人赞赏，他对我的想法很赞同。

我到了总工程师的位置，开始接触工厂的顶层，也发现了很多矛盾。企业的自有资金是很有限的，到底如何分配？搞生产的专业厂的干部要求改善技术装备、改善工艺，提高生产保障能力。我主管技术工作和未来发展，就希望加大技术投入，保障企业的后劲。双方都有道理，问题是如何平衡？孟厂长是资深专家，对问题看得比较深远；黄正夏厂长是一个改革精神比较强，具有前瞻性的领导。经他们的反复协调，1983 年在资金还很困难的时候厂里决定建立三大中心：教育培训中心、技术开发中心、技术装备中心。教育培训中心：当时二汽完全没有城市依托，为加强教育培训能力，二汽设立的教育处统筹和管理教育培训工作，除建立38所中小学外，以自有资金建了湖北汽车工业学院，从全国聘请教师，培养本科生，相当部分毕业生可留厂充实一线岗位，保障上岗人员的基本素质。与德国弗兰霍夫学会合作在全国建立了第一所双元制的技工培训学校。德国人很严谨，他们带来了老师、教材及全新的教学方式，我们也派了很强的力量学习、配合。学习效果非常好，很多学生毕业进厂就可达到四级工水平，很受欢迎。当时每年的教育投入达到4000多万元。在技术中心建设方面，专门建了一个园区，有2000多名工程师，从产品设计、工艺到材料、油料、油漆、热处理和计算中心等，配备了比较齐全的实验设备；同时建设了试制车间，在襄樊建设了一个具有相当规模和水平的汽车道路试验场。可以说是当时国内汽车厂家研发力量数一数二的。技术装备中心集聚了五个专业装备制造厂和工厂设计研究院，形成了包括专用机床、模具、非标设备在内的研发、制造能力和工厂设计能力。这些技术改造和发展必需的保障能力很多是当时外面买不到的，不得不自己做。我坚信这三大中心的实力可以保证二汽的后劲。

二汽总的生产规模是年产10万辆，其中2.5吨、3.5吨军车4.5万辆，5吨卡车5.5万辆，这是国家定的。实际军车没有那么多订货，多余的能力可以用于生产5吨车。当然，如果挖潜，10万辆产量产能还有较大的增产空间。但作为汽车人都明白：在汽车从无到有的时候，需求量最大的是4吨、5吨之类的中吨位卡车；随着汽车保有量的增加，需求的结构会发生变化。从卡车来看，一个是向大，一个是向小。也就是大型车和小型车占比增长，中吨位车占的比例会逐渐变小，这是已经被市场验证了的规律。另外，汽车保有量再增加，卡车的比例会下降，轿车的比例会上升，最后轿车稳定在80%左右。直到20世纪80年代初，国内几乎都是中吨位卡车，后来南汽生产了小一点的“跃进”牌。而轿车几乎为零，1958 年一汽出了“红旗”牌轿车，但那是高级公务车，数量极少，上海有个“上海牌”，后来也不太灵光了。因此二汽必须尽快布局未来的卡车产品结构，之后考虑轿车。当时我们就向国家提出二汽的卡车要向两头发展，搞重卡和轻卡。那时一汽也在向国家争取，几经周折，后来国家定了，叫作“一汽向下，二汽向上”，即一汽生产轻型卡车，我们向重型卡车发展。我们对此有想法，因为轻型卡车的批量大，重型卡车批量小。尽管如此，终究是开了一条路，可以开始了。这样二汽就开始开发重型车。首先是 8 吨车，后来又往上走，重型车站稳了。

这种局面我们还不甘心，厂里几经研究决定，轻型车还得干。于是我们在襄樊搞了一小摊子，专门研发轻型车。这就在卡车产品上形成了较好的布局。

另外是生产布局。二汽按三线建设的要求，建在了十堰。但汽车生产的特点是“大进大出”，十堰并不适合汽车产业发展。后来我们开始了“三级跳”。十堰是第一个基地，1984 年“跳”到了襄樊、开始布局武汉；再一跳，超越湖北、走到全国。当时没提“走向世界”，因为对我们来说太遥远了。就这样开始了襄樊的工作，规划占地约 10 平方公里，首先建了一个占地 3000 多亩的汽车道路实验场，又建起了电厂、动力厂和道路、上下管网等基础设施。这就为后来的生产工厂建设创造了条件，接着建了铸造厂、柴油机厂、试制工厂，后来又建了一个轻型车厂。再后来与雪铁龙合资的发动机、变速箱工厂也建在了这里，形成了一个新的生产基地。

二汽轿车这样起步

1984 年，我接替黄正夏担任二汽厂长。1986 年，二汽三个车型 10 万辆建设任务完成并通过了国家验收。下一步怎么发展？从卡车的布局上，我们已经有了“向上”“向下”的占位，但 8 吨车还在开发中。当时卡车的销路很好，比较赚钱，所以厂里有一种意见，就是年产 10 万辆翻番，扩大产能到 20 万辆。另外一种意见认为，在 10 万辆的基础上，通过挖潜、填平补齐，充分利用既有产能，把较多的资金用在 8 吨车。我的主张是后者。我想，当务之急是赶快把 8 吨车搞上去，完成卡车产品布局，再抽出力量上轿车。这样才能在国内汽车业站住脚，因为这时桑塔纳轿车已经开始生产了，对我们影响很大。经过反复讨论，这一想法得到了领导班子多数人的赞同。接着我们调整了二汽的“七五”计划，砍掉总计约需 10 亿元投资的 64 个项目，以有限的资金保证“七五”期间年递增 1 万辆生产能力、保证老产品不断改进，同时集中力量开发出具有国内先进水平的 8 吨平头柴油车，使二汽的汽车产品由长头扩展到平头、由汽油机扩展到柴油机、由中型车扩展到重型和轻型车。调整后，“七五”期间二汽保持了同行业较好的经济效益，完成了卡车的布局，也为轿车发展创造了条件。

筹备轿车的难度是很大的。首先就是国家这一关怎么过。计划经济下，国家对二汽这类大厂管得很死，因为它是国家财政收入重要来源，二汽的产品发展、重要项目、重大投资国家不仅要管，而且管得很具体。另外，当时很多人的观念还停留在轿车是资产阶级高消费之中。

二汽与一汽和上汽不同，从来没有搞过轿车，要让国家批准生产轿车非常困难。1986 年，大约在 10 月，我们向国家计委上报了二汽要求“开展普通型轿车前期工作”的报告，12 月 18 日又通过“二汽动态”向国家计委反映：“汽车企业横向联合的积极性很高，但中吨位卡车已经没有发展空间，那么联合起来干什么？”12 月 27 日，国家计委主任宋平在这份简报上批示，“二汽多次提出发展小轿车，国家似乎没有必要去限制”，并要求有关司局进行研究。看到这个批示，我非常兴奋，感到有机会。于是马上赶往北京，找到国务院经济技术社会发展研究中心（后来改称国务院发展研究中心），与副主任张盘以及鲁志强等人一起讨论、策划。最后做了一个方案：请当时国家经委的技术经济研究所组织国内调研，由其邀请外国专家介绍国外轿车发展状况；在调研的基础上开一次高层研讨会，梳理会上的主要意见，最后向国务院汇报。这是 1986 年年底 1987 年年初商定的事。

国务院发展研究中心当时的地位很高，由他们协调和邀请有关领导和部门，我们二汽做好会务筹备工作。“中国汽车工业发展战略研讨会”于 1987 年 5 月在二汽开，段君毅、周子健、马洪、饶斌等老领导，有关政府部门人员、经济学家、汽车企业的领导 100 多人悉数到场。会议分作两个阶段，第一段由经委技术经济研究所所长何世耕发布调研报告，日产和丰田的专家分别就国际轿车工业情况及对中国轿车发展的建议做了发言。第二阶段是外国专家离场后的闭门讨论。到会领导都讲了话，政府部门发言，企业也发了言。大家对汽车业的战略地位、发展目标、未来产品结构、发展模式等进行了讨论，都赞成应及早部署轿车生产，防止中国市场一启动就被国外企业占领。孟厂长的发言讲到汽车产业发展规律，他说卡车最多是“中学水平”，轿车才能达到“大学水平”，中国的汽车工业中学毕业了就应当、也有条件“上大学”。他还指出，从国际经验来看，“大厂造小车、小厂造大车”，像一汽、二汽这样的大企业，进一步发展还是要转向搞轿车。一汽厂长耿昭杰发了言，我的发言主题是“轿车工业的战略抉择”，提出当前国家必须在五个方面做出决策。

会后，国务院发展研究中心汇总会议情况形成一份政策报告，由马洪主任签报给当时的中央领导。领导批示：“北戴河期间议一次，请计委、机械委准备意见。”知道这个消息，我意识到，接下来就要抓紧落实二汽的项目。我很快就找了中汽，与陈祖涛、李荫环、薄熙永等人商量，争取在中央到北戴河办公期间进行汇报，看能不能把项目拿到。

我做了一些准备，于 8 月赶到北戴河。在那里我给常务副总理姚依林写了一份报告，讲到中国发展轿车的必要性和二汽下一步发展的形势、为什么要上轿车、上轿车的思路、资金来源，等等。因为之前有宋平的批示和中央领导对国务院发展研究中心报告的批示，所以姚依林同志很快决定在北戴河召开国务院会议，专门讨论二汽项目。会议请了张劲夫、李鹏副总理以及计委、经委、机械委、中汽总公司等部委参加。开会前，随着参会领导陆续到北戴河，我逐个进行了拜访，包括李鹏副总理、计委黄毅诚、经委林宗棠、机械委何光远，向他们介绍二汽发展情况和发展轿车的方案，回答他们提出的问题。一个一个谈完，我心里有了底，认为问题应该不大。8 月 12 日开会，我先汇报，然后陈祖涛讲中汽的意见、各个部委发言，接着两位副总理发表意见，姚依林同志做总结。最后，他归纳了几点，形成会议纪要。核心就是“同意二汽发展普通型轿车，按经济规模规划，分期建设”，可以“按建设程序办理立项手续”。

拿到“路条”了，接下来就要开展一系列工作，办理立项手续。二汽轿车项目就这样开始搞起来了。

在轿车车型的选择上，我比较“书生”。因为我是学汽车的，对一些问题有我自己的想法。轿车生产的入门有两种思路，一种是完全靠自己的力量搞进入家庭的小型车，就是所谓的“国民车”，排量很小，像日本开始的时候就是 350 毫升，后来提高到 600 毫升、650 毫升。1980 年我国居民收入还很低，电视机、电冰箱、洗衣机这三大件才刚刚兴起，轿车进入家庭的时机还没有到来。这种思路难以行通。另外一种思路就是以工厂机关等社会公务用车为主、兼顾少数私人用车，从 1.5 升左右的“大路货”切入。在欧洲，绝大部分都是这个级别的车。社会需求量大可以把规模搞上去，把产业带起来，给以后再发展创造条件。中国只能走这条路。

在车型上，我们选择的是紧凑型的两厢车。当时很多人反对，有广东人说，“兔子尾巴长不了”，“轿”车嘛，要像个“轿子”，有前有后。这个级别的车讲求的是实用，不是气派。两厢车紧凑、空间利用率最高、最实用，可以兼顾多种用途。在我们跟雪铁龙快签字前，邹家华副总理到法国做了一次访问。他在街上数两厢型占多大比例，结果大约是占到70%，他的疑惑打消了。

选择合作对象时，我们先后与通用、富士重工、欧宝等谈过，也与丰田、日产有过接触，但最后选定了雪铁龙。这里有两个原因。一方面是它给我们的是一种“未来车型”，也就是它自己当时还没生产的车型。我们1988年跟他们谈，它们提供的是1992年投放市场的车型。这使我们投产时仍可以保持产品的先进性。另外一方面是法国政府承诺，合资企业“零外汇”起步，所有外汇由法国政府提供贷款，其中一半是援助性的“软贷款”，年利率2%，7年宽限期，还款期12年。这就使我们大大减轻了筹集外汇和还款的压力。在合作方式上，双方各投资50%；技术方面，它们是主要提供方，在中国的改进型车由双方在武汉联合开发。

自主创新：通往光明的崎岖路

改革开放之后，我国汽车产业实行“以市场换技术”政策，引进外资。这是改革开放的重要战略决策。但是，对外放开与对内放开是不同步的，轿车产业在对内还没有放开的情况下对外放开了。这就出现一个问题：类似上海大众的合作模式一旦出现，自主开发模式就宣告终结了。第一年引进桑塔纳，第二年SKD（半散装件），然后不断地国产化，自制率不断上升。这样初始投资很少，接下来一边赚钱，一边发展。自主开发则完全是另一种情景。按照当时通用汽车公司的水平，从市场调研到产品面市，最快也要92个月。这期间企业要投资、投资、再投资，之后市场接受程度如何还是个问号。而桑塔纳引进的是成熟产品，目标客户是谁、市场接受程度怎样，在国外的市场上早就一清二楚。在同一个市场上竞争，自主开发方式肯定对抗不过引进合资的方式。客观上就把自主研发这条路堵死了。

而相比之下，卡车就是另一番情景。现在国外的卡车几乎进不来，就是因为我们自己的力量起来了。“五十铃”曾经进来过，后来退出了，因为我们的性价比更好，它竞争不过。回头看，国内汽车企业不是不努力，而是两类汽车技术上有“中学水平”“大学水平”的差别，发展的历史过程也不尽相同，造成了两样的结果。

现在，轿车自主品牌异军突起最耀眼的是民营企业。它们当初不正规、没有资质，没有对外合资、引进技术的资格，这就逼着它们全力以赴“自主开发”。比如，比亚迪 2003 年进入汽车行业之初就把电动汽车作为公司的长远战略，那时没有多少人相信电动汽车能与几乎完美无缺的燃油车抗衡。王传福作为一个企业家既有前瞻的眼光，也有魄力去推动，为电动汽车的发展做出了很大贡献，在这过程中自主开发能力日益壮大、自主品牌享誉度日益提升。另外如吉利也做得很好，李书福要向汽车转型的时候找我谈过，我说，向汽车转型有很大的难度，会冒很大的风险，事前一定要把问题考虑清楚，特别是在初始阶段，凭你的实力，要想找一个国外合作对象是很难的，主要得靠自己。吉利在走过初创的艰难之后，在自主品牌、研发投入，在国际化、发展新能源汽车等几个重要的节点都把握得很好，已经成为一家具有较强竞争力的国际化新型汽车公司。李书福是一个有理想的企业家，他把目光放得很远。并购沃尔沃 6 年后效果显现：吉利变成了一个全新的吉利，沃尔沃也有了很大发展，真正实现了双赢。目前它们的技术来源已经多元化，技术创新不是关门创新，而是把吉利作为一个平台，以我为主汇聚世界技术力量，组织跨国团队搞研发，已经初见成效。这种国际化程度是国内很多企业难以相比的。再举一个例子：要实现到 2020 年乘用车油耗 5 升的目标，混合动力是一条重要的途径。但最难突破的瓶颈是油电混合的传动部件和控制系统，国内企业做不出来，外国企业也不愿意卖。吉利七八年之前组织了一个团队投资研发，近年已经成功。吉利本可以用它作为撒手锏独享市场，但它没有。它认为这个技术成果应该让中国企业共享，吉利找了另外一个投资人科力远公司，由科力远占大股，淡化吉利的色彩，合资生产混合动力系统总成，哪家公司需要都可以用。我感觉这样的民营企业很了不起，是很多国有企业也难以做到的。

电动汽车的机遇与挑战

我很早就关注电动汽车的发展。国家较早在“863 计划”中就设立了电动汽车研发项目，2008 年北京奥运会后又实施“十城千辆示范工程”，推动电动汽车产业化，这就使我国的电动汽车发展基本做到了与发达国家同步。各国政府支持电动汽车，并不是因为公路上没有汽车可用，也不是化石能源已经枯竭，而是因为它自身可以做到零排放，可以与未来信息经济和信息社会很好地对接。但这都是社会效益或未来的事。对消费者而言，与燃油车相比，它却是“不经济、不方便、不放心”。不经济就是车价高，不方便就是充电难，不放心就是“里程焦虑”。在产业化初期，没有一定的销售规模，成本就降不下来；成本降不下来，市场规模怎么扩大？没有大量应用的考验，技术就不成熟，技术不太成熟怎能有更多的消费者应用？没有足够多的充电桩用户就不敢买，没有那么多电动汽车谁愿意到处建充电桩？这就是先有鸡还是先有蛋的困境，就是导入期的“产业化困境”。在这个时候，仅靠市场是推不动的，包括中国在内，几乎各个国家的政府都成了第一推动力。我们的政府非常英明，2009 年搞了“十城千辆”规模化示范，接下来又是两轮补贴政策，另外还有一些非补贴性支持政策，都起了很好的作用。这就使我们在百年来汽车技术最重要的变革中赢得了主动，使我们历史上第一次跟上了世界汽车产业发展的主流。

那么，我们能不能最终在电动汽车上取得竞争优势？我认为有希望，但也还存在着不确定性。从短期来看，就“车”的功能，我们做得还算不错，和国际先进水平比差距并不是很大。但是，这是在国外的企业还没有发力的情况下。一旦它们真正发力，我们就会受到很大威胁。现在有的国家已经开始考虑，到 2030 年新增车辆中不准传统燃油汽车注册。大众已经提出，2025 年起停止内燃机研发投入。种种信号表明很多国家把电动汽车放到了更高的地位，各大汽车公司都在酝酿发力，2020 年我国补贴政策退出之日，可能就是它们大举进入中国市场之时。留给我们培育竞争力的时间不多了。

从当前看，这个威胁既有技术上的，也有产品的综合品质。比如用户对汽车的要求并不是开起来能走就行，其中还有很多“体验”、文化的内涵。如造型、人体工程的设计是很微妙的学问，这方面我们的积累还跟不上别人。再有就是品牌，同样是车，开起来可能感觉差不多，但不同品牌的价格就有成倍差别。利润的差别，必然造成再开发能力的差别。

因此，我认为现在我们的电动汽车企业不要过度地追求生产规模，因为决定销售数量的不是生产能力，而是产品的竞争力。当前还是要把更多资源放在掌握核心技术、提高质量、降低成本、提高品牌的价值上。这才是企业未来的竞争力所在。生产规模的增长相对容易，而竞争力的积累却难得多。

从未来发展看，电动汽车就“车”的功能与燃油车相比优势是有限的。而它更不可替代的优势在于自身的零排放，在于与分布式能源的结合、与智能电网的结合、与智能交通和智慧城市的结合。这是未来十年、二十年发展的大趋势，在这几个方面燃油车是无法相比的。有鉴于此，把“三电”的基础打牢是当务之急，但我们不能把目光局限于此。后续的更高级别的竞争在网联化、智能化、辅助驾驶、无人驾驶。目前，全世界每年因汽车导致的交通事故死亡约110万人，中国约10万人。挽救生命、解决路面交通拥堵、提高交通和物流效率的根本出路要靠电动汽车的网联化、智能化，要靠智能交通和分享经济。

因此对于电动汽车的发展，政府的眼光应该超前一点，未来电动汽车和分布式能源的结合，以及和智能电网、智能交通、智慧城市结合的问题必须及早统筹考虑。这不是企业和行业协会所能做到的，需要政府做工作。如果能有一个早期的顶层设计，就能够指引行业和企业的发展。现在国际上展示电动汽车技术的更重要场合不是车展，而是电子信息展。因为电动汽车已经被看作功能强大的移动智能终端，跟传统“车”的定义已经发生了很大的变化。这也说明，电动汽车未来真正的竞争绝不局限于作为一辆车的行路功能。

现在这一轮科技革命带来的变化，会把技术的边界进一步打破。过去人类为了把技术做得精而又精，把本来是相互关联的事物分割成一个个学科，但是分割逐渐成了壁垒。到现在这个阶段，很多创新发生在多学科交叉、交汇之处。原来的燃油车形成了一套完整的系统，电动汽车出现后，其中不少已经用不上了，而一些跨界的新需求出现了。比如电动汽车和电化学、新材料、信息化、智能化、电力电子之间的关系变得更加密切，也给分时租赁、分享经济等商业模式带来了机会。电动汽车与这些领域的结合存在巨大的创新创业空间和商业机会，这种对接主要可以通过市场实现，但其中有些涉及政府管制、基础设施和标准规制等则需要政府的协调。

从现实看，壁垒不仅表现在学科之间，也表现在部门之间、行业协会之间。所谓壁垒就是缺乏相互了解、相互沟通，影响了相互融合。壁垒一旦打破，很多问题就可迎刃而解。中国电动汽车百人会的一个任务就是想办法在学科、行业之间促进沟通、促进交流。现在这些方面的工作正在进行。

汽车的生产组织方式是随技术进步不断变化的。最早是小批量、单件式的生产，是作坊式的。后来是单一品种的垂直化大批量生产，如早期福特T型车、后来的一汽“解放”牌轿车。在这过程中自制率逐步下降，生产组织逐渐扁平化。现在汽车厂自制部分大约占成本的30%左右，有的还要更低，这就形成了系列化、多品种混流生产。目前，电动汽车的产业化出现了两种情况，一是互联网使信息沟通的效率大大提高，为生产组织进一步扁平化创造了条件；一是随着电动汽车作为“智能终端”的性质凸显，厂商通过软件等系统不断为用户提供多样化服务，使其成了一个“长尾产品”。买卖双方由燃油车的一次性交易转变为长期的伙伴关系，厂商不断提供增值服务，满足用户新的需求，类似于智能手机。现在，互联网企业进入电动汽车产业时它们希望自己把主要精力用在搞研发、搞品牌和维护客户关系上，硬件委托专业公司生产，自己做好监督。这样的好处是自己不再是重资产的企业，没有资产存量的拖累，可以甩开膀子搞创新。这种生产组织方式在电子产品领域已经十分成熟。实践证明，它极大地促进了专业零部件制造企业和装配企业各自把业务做得更精、更专。由此大大提高了效率、降低了成本、提高了制造业的灵活性和适应性、加快了产品和技术更新，是可以与“工业4.0”和“中国制造2025”对接的一种生产组织模式。我认为电动汽车方面政府可以“放几条鲶鱼”，鼓励探索。

面对新兴产业的发展，政府管理方式、管理理念需要不断地进步。比如关于电动汽车的生产问题，现在很多地方政府制定雄心勃勃的发展计划，以特殊政策吸引企业大干快上；另一方面不少企业和投资者也有进入电动汽车的强烈意愿。这就致使中央政府十分担心“一哄而上”，采取了很多措施、设计了不少门槛，用行政工具降温。当前国家这样做是必要的，但政策如何把握需要进一步研究。在投资驱动的时候，一哄而上是灾难，但是在创新驱动的时候，情况却有很大的不同。这个时候，技术路线还有多种选择、相关技术尚未定型、商业模式有待开发，这里有巨大的创新空间，那些不确定的问题只能通过试错由市场做出结论。试错有两种方式，一种是政府主导，认定“依托企业”，以特殊政策支持。这种做法不仅周期长，而且可能由于选错企业或试错不充分而失败。另一种就是利用市场机制。当技术临近突破、产业化前景开始显现时，大量投资者看到了机会。他们为获取成功后的超额利润，有勇气、有意愿参与冒险试错。最终可能90%甚至95%会失败或退出，但我们不应限制他们的参与。这个发展过程大致是三部曲，起初，新进入者面对机会“蜂拥而入”；接下来进入者多了，那些试错失败或创新无果的逐渐被淘汰，形成了“大浪淘沙”；随着产业趋于成熟，竞争更加激烈，产业集中度提高，最后优强者“脱颖而出”。客观地讲，那些失败退出的企业，都参与了试错过程、分担了试错成本，为加速产业成熟做出了不可磨灭的贡献。从发达国家新兴产业发展过程来看，就是如此。如20个世纪初美国有2000多家汽车公司，加拿大人口那么少，但也有2000多家。到了50年代，美国剩下四家大型汽车企业，进入新世纪仅留下了通用、福特两家。加拿大本土的汽车企业一个都没了。再如21世纪初我国互联网企业也是“一哄而上”，经过几轮淘汰，“BAT”雄踞领军地位。因此，在发展新兴产业中我们不能不要过程，只要结果。

关于禁售燃油车时间表*

何伟：近日，工信部官员在公开场合透露，我国正在研究制定禁售燃油车时间表，一时间引起行业内外高度关注和舆论高潮。您对此问题如何看待？燃油车退出历史舞台，目前看是否过早？

陈清泰：的确，关于燃油车禁售的话题社会上非常关注，看法也很不一样。

提出禁售燃油车不是从中国开始的，实际上一些对环保、对未来更加关注的国家，2016 年就已提出。2016 年是一个重要转折点。在此之前，国际上对发展电动汽车还不是那么积极。

从产业发展的历程看，电动汽车已经几起几落，但一直没有发展起来。2000 年前后，通用汽车在美国加州推广电动汽车，当时受到一部分环保人士欢迎，加州政府还出台了一些规定，鼓励使用电动汽车，但最后又被灭掉了。一个原因是技术上还存在诸多不成熟，另一个原因是既得利益集团的反对。后来，我国在全球金融危机、经济开始下行的时候，提出发展新的产业支柱，并把电动汽车作为一个战略性新兴产业提上了日程。

我国 90 年代就设立了电动汽车科技专项，并列入 863 计划、973 计划，相关技术已经有了一定的基础。2008 年奥运会期间，我

---

* 本文为作者于 2017 年 9 月 14 日接受《中国汽车报》专访的采访稿。

国做了一次应用实践，之后开展了规模很大的“十城千辆”示范过程。从全球范围来看，奥巴马上台之后，提出要把插电式电动汽车作为一个发展方向，企业却表现得很犹豫，没有大的动作，其他国家也在观望。当时的电动汽车发展仍存在不确定性。丰田就认准了混合动力路线，再进一步就跨到燃料电池，没有看到纯电动技术的潜力，对纯电动不以为然。

特斯拉2002年创立，一边亏损，一边有新的投资者给它投资，这种状态一直持续到2010年上市。2013年第一款车型问世，一炮打响，半年间股票由每股28美元飙升至160美元，目前的市值与通用、福特并驾齐驱。它的成功也意味着电动汽车是可以被社会接受的。这好像给平静的汽车产业投下了一颗炸弹，对全球汽车业产生了很大的影响。一些股市评论家说，特斯拉创立的历史使命就是颠覆传统汽车行业。

中国于2010年开始实施财政补贴，2014年进一步采取鼓励措施推广电动汽车。我们主要还是从环境压力、产业发展，以及未来能源结构这几个角度来考虑的。中国是世界最大的汽车市场，政府和企业发展电动汽车的决心这么大、进展这么快，产销量都走在了前面，对一些国家和公司是有影响的。自2016年开始，挪威、荷兰、德国、英国、法国等欧洲国家相继提出禁止销售燃油车的时间表，比如挪威、荷兰是2025年，德国是2030年，英国、法国是2040年等。尽管“禁油”还不是法定的，而且禁售的是“传统燃油车”，不包括插电式和混合动力，但却显示了政府意愿和决心。这些消息一出，对全球汽车产业的震动非常大。

麦肯锡的一份研究表明，传统汽车企业拥有庞大的人员体系以及资本结构，已经不再是优势，反而成了转型障碍。利益的格局让传统汽车企业缺乏冒险探索新领域的勇气，这可能让它们裹足不前，从而陷入被颠覆的危机之中。汽车产业已经进入创造性破坏时期，守成者将面临巨大的挑战。汽车业正在发生破坏性创新，新的进入者机会很大。

一些敏感的零部件企业早已经开始转型。比如德尔福宣布，要将旗下燃油机业务部门动力总成事业部专门拆分出去，而全力去搞信息化、无人驾驶；博世出售其传统的汽车启动器和小型电动发动机部门，据说是由中国企业购买了，买到的不仅有其资产，还涉及约7000名员工，我认为这在将来或许是个“灾难”。

还有一些现象值得我们注意。2017年摩根士丹利发布了一个报告，其中提到，谷歌公司旗下成立了一个专门搞无人驾驶的部门，尽管现在没有推出任何产品，但摩根士丹利认为这个部门的估值可达700亿美元甚至更高。要知道，这个估值远远超过了通用汽车公司或福特汽车公司的市值；此外，目前优步的市值大约是500—700亿美元，也是赶超了通用、福特；还有，英特尔在2017年3月花153亿美金收购了以色列公司Mobileye，后者是一家无人驾驶技术公司。在此之前，英特尔已经和Mobileye、宝马有过合作，三家联手搞无人驾驶，而且下半年计划有40辆车投入测试，2021年有望批量化地生产。

这些估值，包括收购行为，都不是没有根据的，都能说明汽车产业的动荡和巨大变化。为什么优步的估值这么高？为什么英特尔会花这么高的价钱去收购一家不起眼的小公司？这些案例都与无人驾驶相关，而无人驾驶是和电动汽车天然相连的。很多企业把电动汽车放在这么高的位置，是因为看到了未来出行方式将产生的巨变。电动汽车的下一步发展就是无人驾驶，与此相关的就是类似优步、滴滴这样的分享式的汽车使用方式。

另外，很多国家的政府和企业如此关注向电动汽车转型，这表明电动汽车不是孤岛，电动汽车与可再生能源、互联网高度融合将会带动能源、交通、环境、出行方式，以及经济社会的系统性大变化，实质上这就是第三次工业革命的核心。由化石能源时代转向新能源时代，而中间的一个核心载体就是电动汽车，与之衔接的是智能电网、智能交通、智慧城市、分享式出行等，所以那么多国家认准并下决心推动它的发展。

现在中国也把禁售燃油车提上议事日程，我认为具体时间不是最主要的，我们必须弄清楚政府为什么要伸出一只“有形的手”来干预市场，而且力度如此之大，到了不允许销售的程度。政府应该十分清楚，如果这样做下去，将会造成大量资产损失，就业岗位遭到破坏，产业链也会产生巨大震动。难道仅仅是为了把燃油改成电吗？或者仅仅是解决环境问题？如果我们没有对实施这一政策要得到什么，能得到什么完全搞清楚，这条路很难走到底。

当然对于德国来说，发布禁售时间表还有另外一层含义：德国燃油车的资产存量太大了，包括技术、人才、设备等，所以要想转型并发展电动汽车，没有极特殊的手段和方式是不会转型成功的，因此它是带有倒逼性质的。我认为从某种意义上，这就叫壮士断腕，由政策倒逼车企加快转型，使产业得到再生。

到这个时候，壮士断腕是对的，只要一犹豫肯定全完了。有很多案例值得借鉴。比如，诺基亚、摩托罗拉、爱立信的垮掉，原因就是转型太慢。诺基亚的智能型手机已经开发到相当程度，但是由于资产存量的包袱太重，转型太慢，稍一犹豫，结果就被淘汰。我们国内彩色显像管行业的教训也值得借鉴，在平板显示器已经初现端倪时，很多国外彩色显像管资产开始抛售，而中国企业却争相收购。买进后没有生产就报废了。可悲的是，这种历史似乎还在重复，就像刚才讲的博世把部分传统汽车业务卖给中国的案例。

我们应该看到，颠覆性的技术和产品都有一个成长的过程，跨过成长期的几道坎，就会进入快速成长期。到那时再来筹划，一切都晚了。在这场国际性的电动汽车竞赛中，中国是输不起的，我们已经是全球最大的生产国、消费国。幸运的是，我们较早地把它上升到国家战略，在科技部等国家部委做了大量前期工作的基础上，不断地向前推进，进展还是很不错的，走在了全世界的前列。

何伟：关于禁售燃油车，目前看阻力较大，质疑声很多，如果我们要加紧制定时间表，那么确定在什么时间节点更合适？或是需要一个渐进的时间表？

陈清泰：向电动化的转型最终要由市场的力量决定。电动汽车有巨大的外部性，在转型的幼稚期政府的支持是必要的，但这个过程即将过去，政府要进一步培育市场，逐步由政府推动转向市场推动。

燃油汽车在第二次工业革命中曾被称作“改变世界的机器”，今天的电动汽车将再次改变世界。电动汽车造福人类潜能发挥的过程牵动经济社会巨大的系统性变革，政府不可替代的作用是把方向目标设定好，对与电动化进程相关的能源结构调整、智能电网、基础设施、智慧交通、智慧城市、未来出行，以及有关法规等做好顶层设计，规划好。这就是一项重塑美好前景的系统工程。从这个意义上说，有一个时间表，给社会一个应有的预期是必要的。

至于认定哪一年开始实施禁售，这不是拍脑袋去决定的。我非常希望全行业、全社会对禁售燃油车的原因有一个充分认识，形成方向性的共识，回过头来综合各个相关因素研究禁售时间、禁售过程。而且事实上，从市场与行业发展趋势看，很可能到某一时点之后，电动汽车的性价比上去了，即便再销售燃油车也会少有人购买，就像现在很少有人再买功能手机一样，而这并非是政府强制禁售的结果。我希望是一个自然而然、慢慢改变的过程。

何伟：为接替财政补贴政策，2017 年 6 月，工信部发布了双积分并行管理办法征求意见稿。由于受内外环境影响，双积分政策或延期一年执行，您对此怎么看？哪些企业或因双积分受益，哪些将面临挑战？

陈清泰：这个政策对企业有利或者无利，不能一概而论。我认为如果从宏观层面，也就是必须转型的角度讲，双积分对所有的中国车企都是有利的，只不过有利的形式不一样。对于像比亚迪或者新生的那些完全做电动汽车的企业来说，这是一种激励；对于以燃油车为主的企业来说，则是一种倒逼，希望企业通过这个倒逼的过程加快转型，不要被淘汰，所以对它们都是有好处的。这个道理与德国禁售令是有相似之处的。

何伟：当下的电动汽车领域，新生势力不断加入，并与传统车企共同角逐，有的甚至已经落实了量产车计划，您如何看待这类企业的发展？

陈清泰：我认为传统的产业政策一定要解开“紧箍咒”。目前政策的规定是防止“一哄而上”，面对众多投资者，政策的要求是赶快“刹住车”，从上到下的政策就是这样错误地执行着。

在机会来临时很多新进入者看到了希望和前景，积极参与投入，这种做法本身没有错。在产业处于还不成熟的初期，应该允许有个试错的过程，不应由政府来认定哪个企业行或不行。如果他们试错失败，等于向社会交出一份答卷，表示这条路走不通，后者要小心；他们也可能在某个局部获得了成功，但是却发展不起来，那么可以作为一个技术要素，转让给别人，这也是贡献。当产业发展到技术门槛更高的时候，就会有人选择退出或者出售，这就是大浪淘沙的过程，最后可以使产业集中度提高，几家企业脱颖而出。现在的BAT就是经过市场淘汰之后产生的，而不是由政府认定的，电动汽车也会经历这样的过程，但实际上电动汽车产业政策是管得最严的政策。

目前新造车企业是拿自己的钱来投资，没向政府要投资，所以在法规上没有必要去限制它们。我认为传统的产业管理理念应该及早转变。目前，产品的生产制造和研发、品牌营销是可以分离的，在这方面做得最成功的就是手机，品牌企业能够解除各种约束去创新、开拓市场，生产则委托专业企业进行，这样就形成了新的分工。同样，搞电动汽车的企业可以是轻资产，如果产品出了问题，由品牌厂商负责。这对于我们布局工业 4.0，对于建立扁平化生产方式也会带来好处。

何伟：您是否担心 2020 年补贴退坡后，我国电动汽车市场将出现断崖式下跌？

陈清泰：我相信不会是悬崖式下跌，原因在于电动汽车的性价比在迅速上升，在有的领域甚至和燃油车已经基本可以相抗衡了，这是非常重要的一点。电动汽车的发展驱动力会由政策驱动逐渐转向市场驱动。况且，2020 年之后，双积分政策作为一种非补贴性质的政策，让电动汽车的发展可以持续下去，可能会有波动，但不会悬崖式跌落。

斯坦福大学经济学教授托尼·西巴在他的文章《反思交通运输2020—2030》中提到，由于经济性不合算，到 2025 年将不会再有燃油车，私家车的性价比将可以与燃油车抗衡。电动汽车动力电池的比能量每年都在增加，成本也在下降，像轻量化研发等都在进行，电动汽车会越来越成熟。另外从电动汽车的性能上看，也不比燃油车差，与此同时充电设施建设每年都会有大的改进。现在一次性购买电动汽车的成本相对高一点，但是使用成本非常低，所以就算是买车成本高一点，也很快会抹平。

这个报告还提到，未来人们将会彻底停止驾驶行为，全体转向自动驾驶电动汽车，这种汽车的运行费用是矿物燃料汽车的 1/10，而燃料的边际成本几乎为零。一旦有数据验证由人来掌握方向盘是多么危险，那么城市内会禁止由人来操作汽车，这种做法还会慢慢扩展到郊区。无人驾驶现在的技术水平还不够，但为什么那么多人花大量资金去搞无人驾驶？因为这就是未来的方向。阿尔法狗可以打败全世界最高水平的棋手，那么无人驾驶的安全性总有一天也将超过有人驾驶。

电动汽车加上未来的无人驾驶、汽车共享，就代表着汽车行业的未来。再回到刚才说的禁售燃油车的话题，我还是想强调，对于中国来说，如果我们把禁售燃油车的原因想清楚了，还是应该及早地把时间定下来。

电动汽车是对全社会有很大颠覆性作用的载体，这种革命性替代，确实就是一种创造性破坏，它的破坏是很残酷的。如果做得好，那么在第三次工业革命中，中国可以是一个最大的获益者。因为电动汽车带来的革命性变化，都涉及中国目前的痛处，比如能源问题、环境问题、出行问题、城市问题等。前两次工业革命，我们都没有抓住机会，这次如果搞得好，很可能是一次历史机遇。

政府部门需要有一个顶层的规划布局，来保障各个环节在合理的时间节点推动到位；对自动驾驶等技术创新要把握好依法行政和宽容创新之间的尺度，为创新提供必要的环境条件。

如果要做一个归纳，应该说，燃油车曾经被称为改变世界的机器，今天电动汽车将再度改变世界。现在从政府到企业都应该认真研究，充分理解这种颠覆性意义，利用好以往的积累，抓住这轮变革，当一个领跑者。